U0036764

Deep Mind

Deepen Your Mind

前言

H 模型一共就兩個指標，再加一個原理。

- 兩個指標：
  - 量指標
  - 價差指標
- 一個原理：
  - 槓桿原理

其中最重要的就是槓桿原理，而兩個指標中，價差指標又比量指標重要。

但是當初我發現與研究的過程卻是倒過來的。我先從杜金龍先生的「技術指標在台灣股市應用的訣竅」中，琢磨出了量指標，接著再根據自己實際操作的心得，加入了價差指標。

雖然有好的策略，卻不保證能賺錢，所謂「水能載舟，亦能覆舟」，適當地提高槓桿倍數，可以增加獲利的能力，但是過度使用槓桿卻會破壞了一個好的策略，讓原本可以賺錢的機會，變成賠錢。更可怕的是會讓人入了魔道，幾乎可以說所有失敗的投資都是因為槓桿控制不當，書裡我會反覆強調並做深入的解釋。

我在 2003 年研發出 H 模型，它簡單清楚，理論完整，每天收盤前察看一下數字，按按計算機就可以操作了。下圖為歷史累積獲利，請注意單位為點數，也就是大台每點 200 元，累積 4 萬多點的獲利，就表示 800 多萬新台幣的利潤。

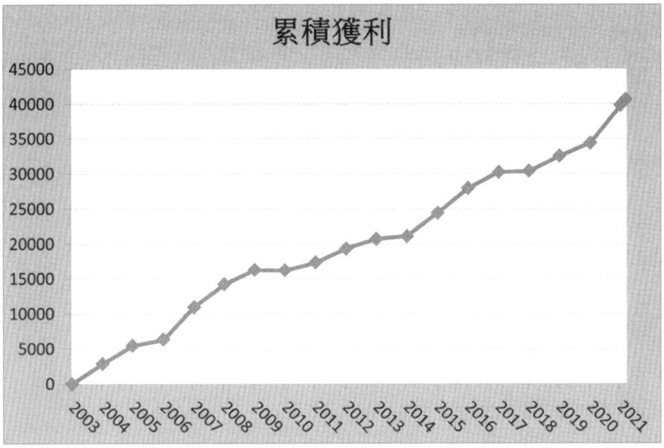

而且這是從頭到尾以 1 口操作所得到的績效，但是沒有道理在累積了相當的獲利之後，卻仍然保持 1 口操作。如果我們按照槓桿倍數 1，也就是累積的獲利點數超過目前的期貨點數，就再加碼 1 口，那麼獲利的速度將呈倍數成長，在不計入交易成本的情況之下，會得到如下圖的資產成長。

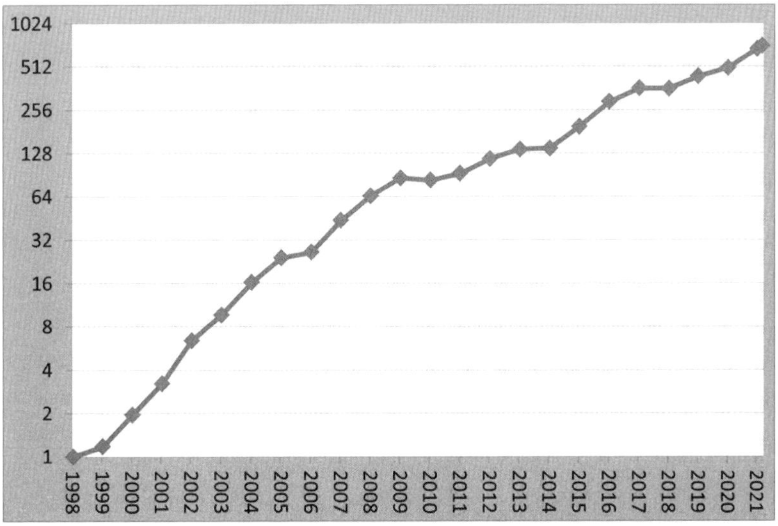

所謂槓桿倍數 1 指的就是：有足額的自有資金才進入市場操作 1 口。舉例來說，目前 (2022/2/25) 的期貨價約 17,606 點，台灣指數期貨的契約規格為 1 點 200 元，也就是說有 352 萬的自有資金，才入市操作 1 口，每獲利超過 17,606 點 (假設期貨價位不變)，才增加 1 口操作，就能達到如上圖的績效。

但熟悉期貨市場的人，都知道只要有足夠的保證金就可以進場操作，如果提高槓桿倍數會有什麼效果呢？我就不在這裡告訴你答案，免得你誤以為這是詐騙。

目前期交所規定的保證金才 18 萬 4 千元，那麼有 352 萬就代表可以操作 19 口，是這樣嗎？

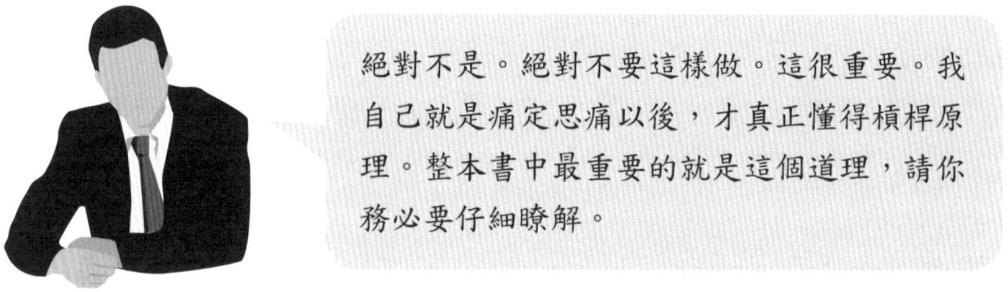
絕對不是。絕對不要這樣做。這很重要。我自己就是痛定思痛以後，才真正懂得槓桿原理。整本書中最重要的就是這個道理，請你務必要仔細瞭解。

我在 2014 年舉家從台北搬回台南照顧兩老。我很高興有搬回來，才不會在父親走的時候留下遺憾，也沒有讓媽媽獨自承擔。

但是人在南部太寂寞了，所以我建立了一個 Facebook 的粉絲專頁來聚集同好—「程式交易 Alex Huang」(https://www.facebook.com/AlgorithmTrading/)。我本來也沒什麼高尚的理想，但分享的過程裡，逐漸發現：很多朋友專精的領域並不在此，結果居然被人當成羔羊宰割。

想想 TRF 事件好了：TRF（Target Redemption Forward，目標可贖回遠期契約）是一種以人民幣匯率走勢進行押注的「衍生性金融商品」，銀行為了分散本身持有過多人民幣商品的風險，用各種話術牽引投資人持有這個高風險商品，後來人民幣匯率暴跌，造成持有人的鉅額損失，受害的多半是中小企業，而且數量高達 3,700 家，虧損金額超過台幣 2 千億元！

所以 2015 年起我開始把自己操作十幾年的模型分享出來，並給它取了一個名字：H 模型。那當然是因為我姓黃 (Huang) 啦！如果你夠勤勞，到我的粉絲頁上把 2015 年的文章找出來，就會看到我是如何手把手地把建構模型的流程寫在上面。

投資界有個傳統的問題是：如果方法有效，為什麼要告訴我？如果賺得到錢，為什麼要出來上課？這是從對立的立場來想問題。像球場上兩隊若爭輸贏，則必有勝負，若雙方認為是一起 play a good game，那無論輸贏都是一件快樂的事。

有人會擔心：一個公開的賺錢策略，還有可能繼續賺錢嗎？這我也不敢跟你保證，未來的事誰會知道，但至少到目前為止的表現都很亮眼。最主要的原因是：H 模型不是當沖模型，台指期每天交易留倉都有 10 萬口以上，市場規模夠大，倘若只是因為我的分享就能造成它失效，我想是一件值得我驕傲的事。

至於想要寫書的緣起就確實是有些目的了。因為我發現 H 模型的流傳漸廣，有人拿它當課堂範例，有人把它包在策略組合當中販售，有人拿我的資料傳述，甚至有人寫成論文…我都沒有意見，既然分享了，就不用去在乎別人怎麼利用。

但它畢竟是我的心血結晶，我想要人家知道它是我開創的。我不強調誰先誰後，畢竟市場分析與投資原理有很多研究者閉門造車，沒有人可以獨佔某個觀念或策略，但我是獨立開創，我想要人家知道這一點。

同時，如果片面地去了解 H 模型，會可惜了它本來應該發揮的獲利能力，尤其是如果以錯誤的方式進行 (主要就是槓桿倍數太高)，甚至會造成虧損，我不想背負這個罵名。

我本身兼具財務與理工知識，這本書希望可以搭起兩個領域的橋樑。

學理工的人很不願意接受風險的概念。這也難怪，誰會想住一棟有可能倒塌的大樓，或是坐一架可能墜落的飛機。但投資就是有風險，重點是它的報酬率值不值得去承擔風險，有沒有辦法在承擔同樣風險的情況下增加報酬率，或是在維持相同報酬率的情況下降低風險。

學財務的人聽到這裡馬上就明白：這是 Markowitz 現代投資組合理論。可是學財務的人往往不具備足夠的數理邏輯知識，不明白自己所面對的風險其實遠大於他所認知的風險，實際得到的報酬率卻遠小於期望的報酬率。

現在就請你開始享受這段「很少人懂，懂的人也不願意說」的知識之旅吧！

目錄

01 期貨市場

02 量指標

03 價差指標

04 投資組合

05 H 指標

06 H 模型

A 後記

01

期貨市場

❖ 期貨就是「未來的買賣契約」

❖ 現貨價格才是對期貨最重要的資訊

❖ 什麼是槓桿倍數？

❖ 期貨是最安全的金融商品

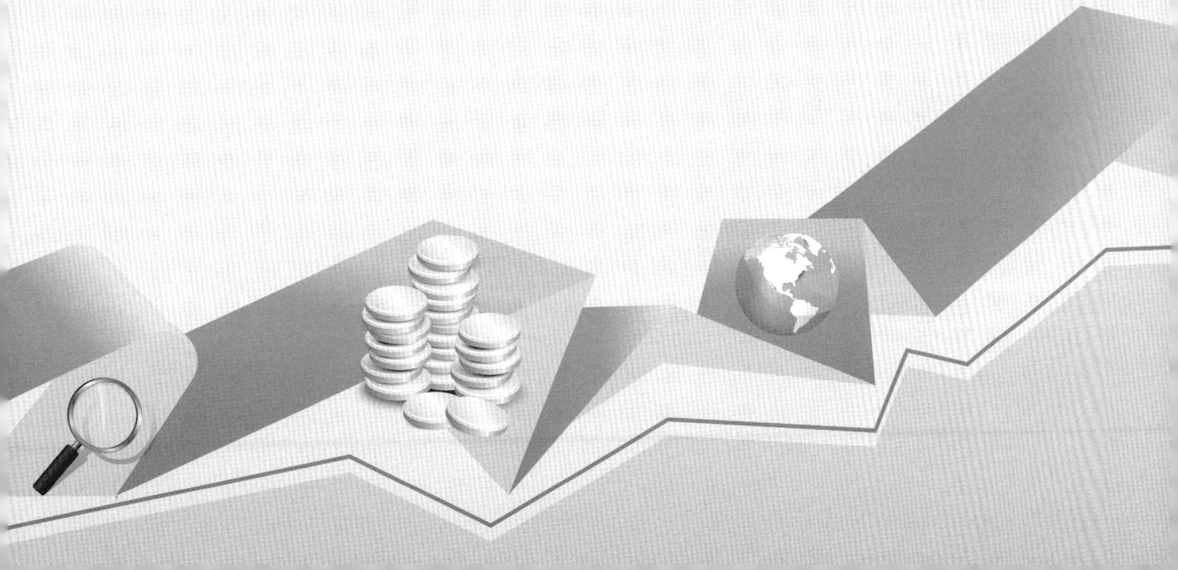

期貨就是「未來的買賣契約」

期貨就是「未來的買賣契約」。這大概是自從人類形成社會，開始互通有無，有交易行為之後就出現了，比文字歷史出現的時間要早得多。

比如說一個原始人手上拿著一堆貝殼，指著隔壁人家養的雞，「咕嘰咕嘰」地說了幾聲，再指指自己的老婆的肚子，大意是說：「我老婆下個月要生了，我要跟你買隻雞，給她補一下。」養雞的人搖搖頭，指著大房子裡的鍋子，「咕嚕咕嚕」喊了一陣，回答他：「不行，全部要拿去做雞精。」然後指著原始人另一個布袋裡的貝殼：「除非你要提高價格」。

這個老婆要生的人露出失望的臉色，又指指另外一個肚子平平的老婆，再「咕嘰咕嘰」地說幾聲，意思是說：「那等我把這個老婆的肚子搞大，你要賣我一隻雞。」養雞的人這時點點頭，但想想又揮揮手，比出翅膀拍擊的動作，意思是：「如果我的雞長大了，你沒有來交貨，我的雞不就飛走了嗎？」

手上拿著貝殼的原始人於是把貝殼分成兩半，一半先交給了養雞的人，然後指另外一半，也做出翅膀拍擊的手勢，表示：「那一半是訂金，剩下這一半等交貨時給你。」

這個未來的買賣契約就成立了。

這個合約裡有幾個要素：

1. 期貨價格：既是買賣契約，當然要有價格。
2. 交易數量：這個故事裡的數量是一隻雞，但有可能不只一隻，比如說可能一次訂下三十隻雞，要給老婆做月子，每天都吃一隻。

3. 契約價值：契約價值就是期貨價格乘以交易數量，概念上就是單價與總價的關係。

契約價值＝期貨價格 × 交易數量

4. 到期時間：同樣是買賣一隻雞，何時交易是期貨的關鍵，即時交易是一手交錢一手交貨，期貨卻要約定到期時間，近期交易的價格跟遠期交易的價格可能不同，跟即時交易的價格也不同，期貨的價格和即時價格中間的差值，稱為期貨價差。

5. 保證金：為了確保未來的交易能夠進行，雙方必須提供保證，這故事裡只有買方提供了保證金，但在交易所裡的期貨交易，買賣雙方都必須提供擔保。

這樣的買賣契約不知凡幾，隨時隨地都在發生。但牽扯到這個合約裡的買賣雙方是一對一的關係，如果最後原始人沒有成功搞大另一個老婆的肚子，他就不想買雞了，可是他又不想損失已交付的保證金，該怎麼辦呢？

如果契約的其中一方想退出，他可以去找另外一個原始人，那個原始人搞大老婆肚子了，然後把合約讓給他，從他那裡拿回保證金，由後來這個原始人去履行合約即可。

但是哪有那麼容易的事，剛剛好找到一個老婆要生的原始人可不是天天發生的，這時市場機制就應運而生了。他可以在市場上高喊：「誰的老婆要生了？」其實不用啦，他應該喊：「誰要買以後長大的雞？」如果有人應聲，他就可以脫手了。

但若此時有人應聲，可是他用手比了一個由大而小的手勢，再做一個跑步的動作，表示他要小一點的放山雞，不要一個關在籠子裡的大肉雞，交易又卡關了。市場機制因此不能發揮作用。

解決方法是：買賣的時候，大家都指定相同規格的雞，賣的人要拿符合規定的雞來交易，買的人也必須接受。但就是有人要不一樣的雞，該怎麼辦呢？

很簡單，換成現金就可以了。雖然契約裡訂的是這個規格的雞，但交割的時候可以現金交割。比如說三個月前訂下了價格是 100 個貝殼，但現在同樣規格的雞價格是 110 個貝殼，原本的賣方可以把養大的雞拿去賣別人，得到 110 個貝殼，把多出來的 10 個貝殼交給買方，買方原本準備了 100 個貝殼買雞，得到賣方給他的 10 個貝殼就有 110 個貝殼了，可以在市場上買到原本的雞，或者是他可以去買他自己想要的不一樣的雞，補足價差就可以了。

這裡又帶出了兩個重點：

1. 客製化契約：由買賣雙方議定合約的條件，每個合約都有不同規格，除了兩造，難以轉移合約。

2. 標準化契約：由市場訂定合約規格，買賣雙方的合約都遵守這個規格，若有不同需求，可以現金交割，再到現貨市場找尋合適的商品。

形成公開市場的關鍵就是要訂定標準化契約的規格。大家要不要猜一下最早的標準化期貨交易所是在那裡開始的呢？美國？英國？中國？

都不是。是在 1710 年的大阪堂島米市。當時是江戶幕府時代，德川家發給旗下武士的薪餉是糧票，但這些武士並不是吃飯就好，他們也要穿衣服買東西，必須把糧票換成現金，於是市場上就有了交易需求，而且是很標準化的契約規格，就是糧票。

在那個年代，決定一個城市大小的主要因素不是工作機會的多寡，也不是空間大小，而是糧食。能夠取得多少糧食決定了人口數量。什麼倫敦、巴黎、紐約、上海、廣州…都太小兒科了。當時最大的都市是東京，它從沿海航運取得關西地區的糧食，人口大約有 100 萬，比北京的 65 萬還要多，順帶一提，北京是靠大運河取得糧食。倫敦、巴黎的人口都不到 50 萬，紐約是新都市，搞不好人口都沒破萬呢。

那時日本有兩大交易所：大阪的堂島米市，和江戶（東京）的藏前米市，股市中鼎鼎有名，大家耳熟能詳的本間宗久就是那個時代的人。對非投資業的人可能不清楚本間宗久，他是山形縣酒田人，相傳他靠著「酒田戰法」累積了大量財富，一直到二次世界大戰敗後，日本實施農地改革以前，本間家是日本最大的地主。

什麼？你沒聽過「酒田戰法」？那 K 線總聽過了吧。相傳本間宗久每天在日曆格子上畫出當天的四個交易價格（開盤價、最高價、最低價與收盤價），從開盤價到收盤價以實體長條表示，上升為陽線，下跌為陰線，目前台灣是以紅升綠跌來表現，歐美及香港則是綠升紅跌。超出實體的最高價與最低價部份則為上影線和下影線。

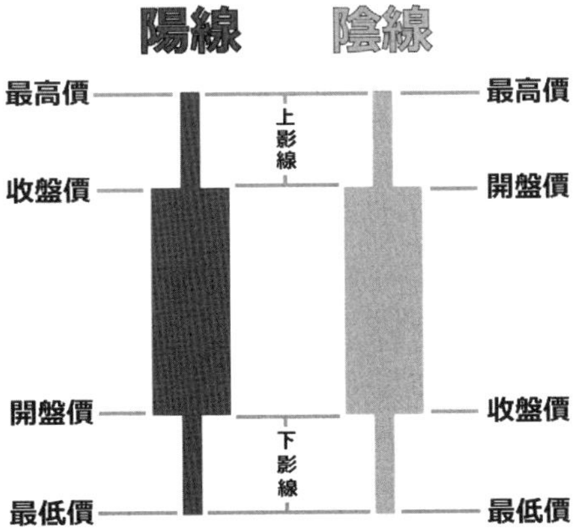

因為是畫在日曆格子裡，很像日本將棋的棋盤，因此稱為「罫」線，在日文裡就是棋盤的意思，讀音是 Kei，上次聽到有人說是因為英文叫 Candle Stick，根本就搞錯先後順序了。西方不太用 K 線，對他們來說是外來的東西，名字當然也不會是從那邊傳回來。

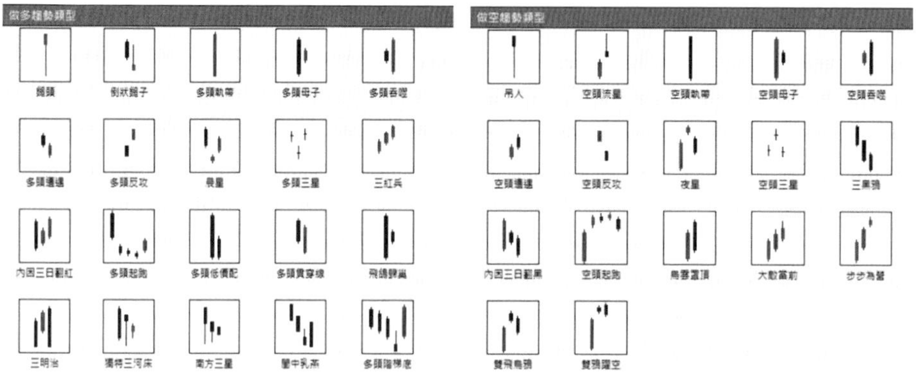

▲ 酒田戰法多方與空方趨勢，圖片來源：XQ 操盤高手

現在最大的期貨交易所是美國的芝加哥期貨交易所，它成立於 1848 年。它的興起是有原因的。我們說一個交易所的興起必須商品規格能夠標準化，也就是市場同意大家都用一樣的度量衡，一樣的成色。

美國的開發是從東岸往西推進，陸路交通限制了推進的距離，一直到鐵路出現，才開始了「開發大西部」的時代，湯姆克魯斯和妮可基嫚主演的遠離家園，講的就是那個時代。

最早的火車當然就是蒸汽火車。蒸汽火車的特點之一是：一旦熄火要再發動，就很耗時費力，可是不熄火的話，木材不斷燃燒可是很高的成本。所以快速裝卸成了一個營運的關鍵。而最快速的裝卸方法，就是把穀物打開來混裝在一起，火車到站就用傾斗快速的倒入，於是各農莊的特色都被混合了。本來各農莊的產品分別包裝標示，各有特色風味，售價與交貨條件也都不一樣，可是鐵路出現以後，大家不再堅持自己的耕作方法，只專心生產可交易的農作物。這樣商品就標準化了，也就具備了期貨交易所興起的條件。

早期的交易所就設立在這些農產品集散地，例如芝加哥、堪薩斯和紐約。附帶一提：股神巴菲特的老家奧馬哈就是個鐵路網中樞，當地最有名的是牛隻交易，他老爸也是個證券營業員，巴菲特創業的時候，他老爸還很驕傲地帶他到銀行貸款，為他做保。

除了農產品期貨以外，另一個大宗就是貴金屬，例如銅、銀、鎳…等。1970 年代石油危機過後，開始有能源期貨此一品項，但是最最最重要的，卻是從 1982 年開始上市的金融指數期貨。

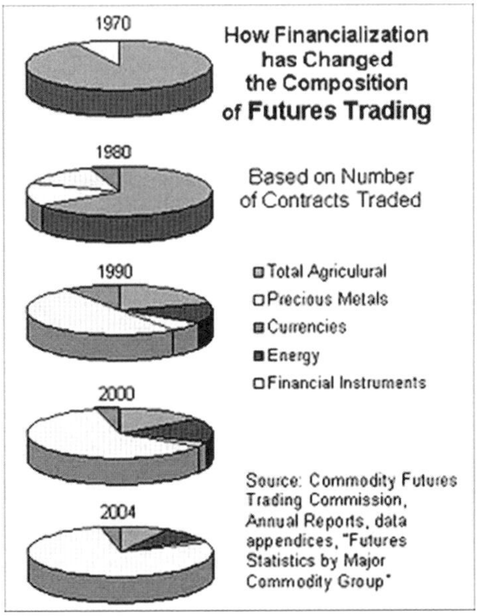

自堪薩斯交易所推出 Value Line 指數期貨與芝加哥 CME 推出 S&P

500 期貨以後，到 1990 年金融期貨市佔率即高達二分之一，2000 年時為三分之二，到 2004 年就有四分之三，如今應該 9 成以上的交易量都是金融期貨了，如果再算進各式各樣的衍生性金融商品，金融商品的市場恐怕高達 99% 了。

這個市場結構的劇變，居然是 H 模型得以獲利的一個重要關鍵，因為許多投資人仍依然過時的方法來看待市場，若能解析出正確的市場資訊，就有機會獲利，另一面也可以幫助市場走向健全。這些內容我們會在後面的主題裡跟大家分享。

酒田戰法到底是不是本間宗久所傳下來的，根本沒有證據，極有可能是後人託名之作，就像傳聞本間家有個本間丈太郎，是位名醫，曾經救了一個被炸彈破碎的男孩，這男孩後來成了一個技術高超的密醫，本名間黑男，大家叫他「黑傑克」……

好啦，說正格的，本間獲利的訣竅不是什麼酒田戰法或稱 K 線戰法，我一說你就會知道非常合理，他的方法非賺不可。

他在大阪到東京大約 500 公里的距離，每隔 5 公里就安插一個傳訊站，用旗語傳遞價格訊息，所以能比別人早一步知道價格的方向，用這種招數豈有不獲利的道理。

這和羅斯柴爾德在滑鐵盧戰役期間大舉獲利的方法是一樣的。羅斯柴爾德（Rothschild）1760 年代在德國法蘭克福立業，用紅色招牌當做標記，後來連家族名字都改叫紅色招牌（德語：Rothen Schild）了。他們的家族徽章中間就是那塊紅色招牌，後來家大業大，陸陸續續又加入週邊那些有的沒有的。在 19 世紀，羅斯柴爾德家族是當時世界上最為富有的家族，同時也是世界近代史上最富有的家族。

▲ 圖片來源：維基百科

1815 年英國的威靈頓公爵和再起的拿破崙對戰於滑鐵盧，這場戰役對倫敦的金融市場至為關鍵，相傳羅斯柴爾德派了一個斥候趴在山丘上觀戰，當情勢底定的時候，這個斥候快馬加鞭通知羅斯柴爾德，接下來的故事就比較傳奇了，聽說他走進交易場中，故意不小心掉下了手中的鉅額賣單，引起市場恐慌，大家爭相售出手中的持股，羅斯柴爾德趁機橫掃市場的賣單，等英軍戰勝的消息傳回倫敦，股價一飛沖天，羅斯柴爾德在一天之內賺進了他前半輩子總獲利的 120 倍。

本間宗久和羅斯柴爾德的故事告訴我們：資訊就是獲利的關鍵，領先市場取得，並正確解讀關鍵資訊，就能攫取暴利。

而價格是最重要的資訊。價格引導了資源的流向，幫助資本的有效配置，讓資源往大多數人所認同的方向流動。

這邊先講一個題外話：鄭和下西洋用的是「寶船」，載重 800 噸，樓高4層，船隊裡有63艘，先後7次遠航西太平洋和印度洋，拜訪了30多個包括太平洋、印度洋沿岸的國家和地區。哥倫布用的帆船大約重100噸，共3艘出航，最後就抵達了美洲，他終其一生都以為自己到了印度，所以稱原住民為Indians。而且哥倫布的時代比鄭和晚了接近一個世紀，那麼為什麼是西方開啟了大航海時代，而不是中國呢？

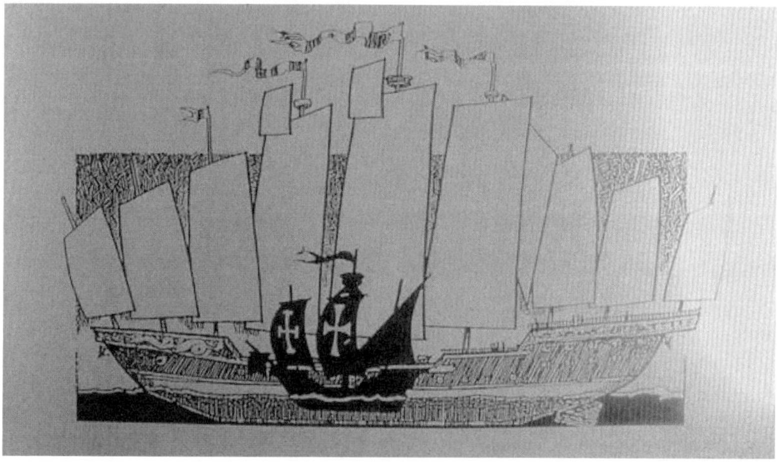

▲ 鄭和寶船與哥倫布聖瑪莉亞號對比圖（Jan Adkins 繪）

因為鄭和是明成祖派出去的，原來目的是為了尋找失蹤的建文帝，後來變成宣揚國威；而哥倫布是自己要出航的，為此還先後走訪了葡萄牙、英國、法國等等國家，卻一直得不到任何一個政府的支持。最後哥倫布在出走西班牙時，王室才快馬追回哥倫布，答應他的全部要求，哥倫布首航艦隊才得以成立。哥倫布的出航從一開始就是為了名利，王室不是支持，而是投資，一切都是商業導向。

中國從商鞅變法以來，就一直是「重農抑商」，原因很簡單：在集權體制下，不希望人民有太多意見。農民是最好管理的。他們被綁死在土地之上，收稅跑不掉，徵夫也跑不掉，通常在各朝代末被壓搾光了，最後的下場就是行屍走肉一般的流民。

商人就不一樣了。「商人重利輕別離」，哪裡有錢就往哪裡跑，自己的錢也放在外面生利，抓個有錢人抄了家，也抄不到真正的錢，只有他自己知道自己的錢在哪裡。

所以各朝代都希望人民是農民，商人不用太多，「士農工商」一詞就道盡了這種歧視，商人擺明就是最下等的。

反觀西方從文藝復興時代起就是「重商主義」。為什麼呢？因為歐洲一直沒有建立起一個集權國家，羅馬人擊潰了希臘人，自己又被匈奴人打得慘兮兮，之後數百年一直受到盤踞德奧地區的哥德人、汪達人、勃艮地人(通稱為野蠻人)騷擾。結果到處是小城邦林立，三不五時就打來打去，從來沒有一個老大，一天到晚要交換物資與人力，所以很重視契約精神，重商的種子早就在萌芽了。

商人最重視的就是資訊。哪裡生產什麼？哪裡需要什麼？是最有價值的資訊。最早的冒險家拿歐洲的傢俱想到印度換香料，根本換不到，印度人只想要黃金，OK，非洲有金礦，但非洲人要紡織品，哪裡的織品最好？又是印度。所以早期的船隊就是在歐洲、印度和非洲三地跑來跑去。

全世界第一家股份公司是英國的「東印度公司」，因為前往東方貿易在當時是很高風險的生意，有海盜、有颶風、有叛變的船員、不老實的貿易商、未知的原住民文化，以及未知的供給和需求，但是東印度公司跟後來的西印度公司、南海公司、密西西比公司，股價都飆到嚇死人的程度，歐洲各地的資源也就被導向海外冒險，創造了大航海時代。

16 世紀在秘魯發現了大量的銀礦，全球的貨幣逐漸統一為銀本位制，有了共通的基礎，價格就成為最重要的資訊，單看價格，就能反映出一切供需、成本與利潤的關係。

而我們，偉大的投資人，就在建立迅速傳遞的價格資訊，藉由找出正確的方向來獲利，並接受看錯方向的懲罰，以此來砥礪我們更加精進。我們不說謊，不用暴力，不卑躬屈膝，不要因為中國古老的傳統而貶低了自己。商人是世界創新的來源，價格是最寶貴的資訊。自己承擔風險，用公開價格做交易的我們，是最高尚的一群人。

像 2000 年時的科技泡沫，什麼東西只要掛進 " 電子股 " 裡就飆漲，真的假的不管，看得到或看不到也不管，有夢最美，本益比變成了本夢比。沒錯，結果害一堆投資人慘賠，但是今天大家能用到廉價的無線通訊、強大的智慧型手機 (CPU 是 1996 年超級電腦等級)、大尺寸電視 (比以前的 CRT 便宜多了)、豐富的網站資訊 (交通、氣象、比價網，全都免費)，全都是那時打下的基礎。

現貨價格才是對期貨最重要的資訊

大眾對期貨一直持有偏頗的觀念，認為它就像賭博一樣，買賣雙方對賭，交易所跟期貨商是莊家，收取交易稅和手續費，於是就得出這樣的結論：

「期貨交易是一個零和遊戲，有人賺錢就有人輸錢，所以自己想要過得滋潤，就一定需要市場上有弱者（肥羊）的存在。」「贏家賺的是陰損錢，要低調，不能張揚」。

其實期貨市場才不是零和遊戲。零和的意思是：一邊賺錢，一定有一邊賠錢，兩邊加起來的總和是零。但所有的交易一定對買賣雙方都有好處，比如說農人穀物多，願意定價賣出來換取衣物，沒有存糧的人願意接受他的價格，進行買賣，這樣的交易算是零和嗎？買跟賣的人其實各有好處，一宗交易讓雙方的價值都提升了。

會認為期貨市場是零和遊戲，是因為認為期貨商品本身沒有任何的附加價值。比如說你就不會認為上面舉例市場上的穀物交易，對農人和消費者是零和遊戲，因為他們是各取所需嘛！你大概也不認為股市是零和遊戲，因為股票代表資本投入，公司營運可以為股東創造價值。那期貨呢？期貨的價值在哪裡？

期貨本身是衍生性金融商品，具有避險的功能，比如說農人種玉米，但不知未來價格如何，他就無法估算收入，不能決定要投入多少成本。現在若有養牛的要買玉米，也不知道未來的價格如何，少了成本資訊，他也不知道該養多少頭牛。如果種玉米的跟養牛的事先談好未來玉米的價格，對雙方都有利，這時就不再能說期貨市場是零和遊戲了吧 !?

因為對雙方都有利。

同樣的道理，假設有人持股價值 400 萬的股票，想放空 2 口大台當做避險，他的邏輯是認為持股表現會優於大盤，但卻不想承擔股市整體的系統風險，如果在 2000 年時每天期貨的成交量只有 1 萬口左右，買賣價差常有 5~10 點，他要放空若不是降低價格，就是得承擔空不到的風險，值此同時，我基於研究進場做多，把買賣價差縮小了 1 點，就能幫助他省下 200 元。

我的研究對錯是我所承擔的風險，相對應的我也會得到正期望報酬，同時我幫助市場縮小了價差，這個賣的人即使在上漲時損失了期貨，也能在股市獲利補回，他的目的是避險，而我的目的是獲利，對我和他來說，雙方都有好處。

另一個情況是有人本來就做多，基於其它理由急於賣出，若我沒有進場買進，他也得賣低，結果不是少獲利就是多虧損，我的進場等於灌注市場流動性，讓有需要賣出的人可以不用賣那麼低，需要買進的人不用買那麼高，就像批發商和零售商一樣，分別針對不同的客群和需求提供服務，本來就是健全市場的一環。

要能夠避險，流動性就要夠，也就是買賣價差要小；要提高流動性，就要有人投機，才有足夠規模的次級市場。投資人承擔風險獲取利潤，是天經地義的事，誰說我賺的錢一定來自於另一個人的損失？如果我不買，另一個人就要賣更低的價格，不然就賣不掉，我的進場其實減少了他的損失。單看這筆交易好像我賺他的錢，但如果我不進場他會賠更多，更何況，他有可能不只交易這個商品，要從整體來看才能通透全局。

從空間來看，期貨只是他的投資組合之一；從時間來看，現在不能交易也提高了他的風險。舉例來說：如果我在市場跟賣蘋果的小販殺價，一顆三十變一顆廿五，賣的人會賠或少賺嗎？他如果可以早早收攤，省下來的時間成本不也是賺嗎？如果不以廿五元賣給我，就一定會等到人家用三十元買嗎？說不定結果他要帶回家，隔天再拿到市場用二十元賣掉。

所以把期貨交易視為為零和遊戲，其實是漏看了對整體金融市場的幫助。投機者對市場是有貢獻的：沒有人投機，市場就沒有流動性，避險的成本因此升高，也就代表著資本投入的風險變高，造成投資人躊躕不前，缺乏資本投入，經濟成長與創新的機會也就減少了。

芝加哥交易所的主席梅拉梅德曾經在國會做證，反駁期貨交易是 1987 年黑色星期一股災的元兇。

黑色星期一是指 1987 年 10 月 19 日星期一的股災，當年是從亞洲開始，向西傳播到歐洲，在其他市場已經持續大幅下滑後襲擊美國。黑色星期一道瓊工業平均指數下跌 508 點至 1,738.74（22.61%），全球股市在紐約道瓊工業平均指數暴跌下進一步全面下瀉，引發金融市場恐慌，及隨之而來 1980 年代末的經濟衰退。市場很快把矛頭指向剛剛才開放的金融指數期貨，認為是由於投機的期貨交易人俟機狙擊，造成股市重挫。

芝加哥交易所和紐約交易所不甘被指為罪魁禍首，一起準備好資料向美國聯準會報告，證明股市崩跌早有徵兆，起跌點也不是期貨市場，而是股市，投資人競相擠出窄窄的鑰匙孔，才會推倒了整扇大門，證據反而支持：由於有期貨市場的存在，才讓早該崩壞的金融市場，得以延緩，如果當時沒有期貨市場幫忙消化賣壓，情況會更糟糕。

因為期貨依附於現貨市場，主要的功能是避險，就好像人有生老病死，買保險是要降低意外發生時的風險，雖然偶爾聽聞為詐取保險金而有謀財害命的事情發生，但整體上來說，不能說人有意外是因為買了保險。

根據期貨合約，買賣雙方在結算日要依據履約價格進行交易，而期貨在市場上的報價，其實就是它的履約價。例如我寫作的當下，台指期貨的報價大約為 17,000 點，表示到期時賣方和買方要按照這個價格結算，結算日時的加權指數報價若高於 17,000 點，買方就賺到了，因為他可以用較低價格買進，賣方要結算價差給買方。反過來說，如果結算日的加權指數報價低於 17,000 點，買方還是要用原先進場的高價交易，結果就會虧損。

這個期貨價格是怎麼決定的呢？

今天如果到菜市場跟雞販吩咐，下個月要買 30 隻雞，你和雞販最有可能同意的價格會是什麼？不用多想，就是現在的價格。一切的關鍵就是現貨價。衍生性金融商品就是依附在現貨上的金融商品，它本身的價格毫不重要，所有的分析都要根據它的標的商品進行。

我還在證券業時，公司裡有一個老前輩，就是那種一看到 K 線圖就會 High 起來的市場派。有次某營業員問他對選擇權的看法，他二話不說，就把 K 線圖叫出來，口沫橫飛的說了起來。下圖我是貼最近的選擇權交易 K 線，不過反正它們都長得一個樣。

他說：「哇，這股票很飆喔，你看下面打了這麼長的大底，成交量也放大，均線黃金交叉以後就開始飆了，而且成交量縮小，籌碼都被鎖住了，跳空缺口很多，幅度都很大，這一定是有人在背後操作，看來這個主力的實力很強，你看前面殺下來的力道這麼厲害，咦？一天可以砍掉三成，怎麼會這樣？這是什麼股票？」

哇，他根本不知道什麼是選擇權，光看 K 線圖就可以講出這麼多故事，真不愧是老嘴砲。

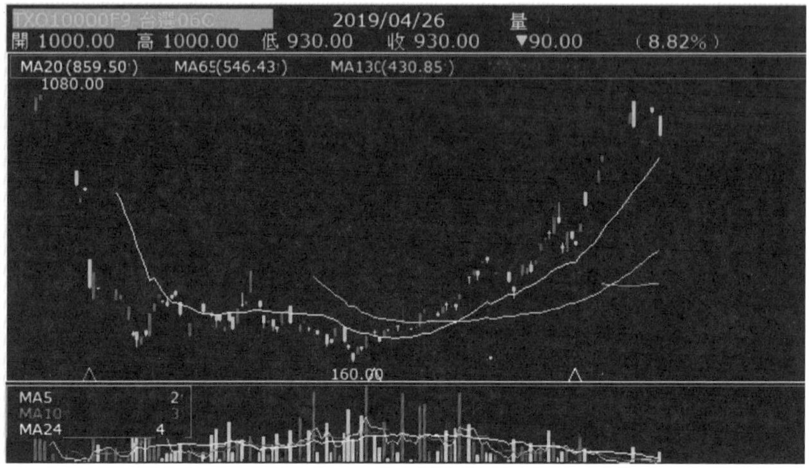

▲ 圖片來源：群益策略王

選擇權是衍生性金融商品，分為買權和賣權。買權就是用特定價格買進的權利，賣權是用特定價格賣出的權利，這個價格就稱為履約價。選擇權的買方擁有權利，相對地賣方有義務要去履行這個權利。所謂的權利就是當方向有利於我的時候，我可以要求履約，但方向對我不利時，賣方不能叫我履約，因為賣方只有義務，沒有權利。

像上面這個圖是指數選擇權的買權價格，履約價是 10,000 點，到期日是 2019 年 6 月，也就是說擁有這個選擇權的買方，在到期日（2019 年 6 月 19 日，每月第三個星期三）的時候，如果指數高於 10,000 點，可以要求用 10,000 點買進指數合約，如果指數低於 10,000 點，卻不用以不利的價格買進。為了取得這個權利，買方須支付權利金，也就是選擇權的價格，而賣方則是收取權利金，然後承擔履約的義務。

附帶說明一下，台灣的選擇權合約是以 1 點 50 元計算，但這只是單位的換算而已，我們直接用點數當做價格來說明，反正 1 點是 50 元就對了。

因為有權利用 10,000 點買進，如果指數是 11,000 點，我卻可以用 10,000 點買到，那不就是現賺 1,000 點嗎？此時這個合約的價格一定會高於 1,000 點，這個部份就稱為內含價值，高出來的部份稱為時間價值，也就是在到期日前，指數再往上漲的可能性，按照機率分布求出期望的價值。

所以在 2018 年 9 月，指數真的在 11,000 點時，它的價格也高於 1,000 點，可是 10 月崩盤，指數最低滑到 9,500 點以下，這個時候買方不用負履約的責任，所以內含價值是 0，但距離到期日還有 8 個月，仍然有機會漲回 10,000 點以上，因此即使在最低點，都還有時間價值 160 點。等到 2019 年 4 月，指數又漲回到 11,000 點，它的價格也回到 1,000 之上，可是比 2018 年 9 月時還要低，因為距離到期日的時間縮短，沒有什麼時間再往上漲了，時間價值就縮水了。

對不熟悉金融工具的人來說，上面的觀念不太容易吸收。把它想成去參加聯誼好了，如果對象不滿意，回來就謝謝不再聯絡，但也有機會碰到這輩子的真愛，對不對？所以不滿意不會怎樣，碰對了就快樂的不得了。這個機會值多少錢？就是你去參加聯誼當分母的代價，我個人覺得是十分值得的。

這樣分析下來，跟選擇權價格有關的變數，其實是指數的位置和距離到期日的長短，跟它自己過去的歷史價格有沒有關係？一點也沒有。跟它過去的成交量有沒有關係？更是沒有。

所以我才說那個老市場派很好笑，拿選擇權的 K 線圖分析起價格和成交量，根本一點意義都沒有，真正要看的是現貨，也就是加權指數的價格和集中市場的成交量。

什麼是槓桿倍數？

好幾年前有個文學院的學妹，畢業後到了報社工作，沒想到報社派她去跑工商新聞，她一竅不通，有個問題卡住好久，最後跑來問我：「股權和債權有什麼不同？」這個學妹人美，講起話來呢儂軟語，帶著濃濃的台南腔，有水準的台南人，講起台語真的很文雅。

我跟她說：「如果妳要開一間咖啡館，需要200萬，可是妳只有20萬，那怎麼辦？」

她說：「去借啊！」

我再問：「跟誰借？」

她不太能回答，就說：「跟家人借吧！」

我問：「那如果做不起來，倒了呢？」

她直接回：「就再找工作啊！」

我問：「那借的錢要不要還？」

她撒嬌說：「還好啦，自己家人，我也不是故意的，他們會原諒我的。其實我也不太可能去開店，沒錢就努力工作…」

我趕快阻止她再說下去。她是那種在夜市看到喜歡的衣服眼睛就亮起來，完全不會想到要殺價的人，根本不可能出來做生意。

我說：「那就是股權，賠掉了算大家一起賠的，賺錢的時候大家利潤共享。」

她似懂非懂：「那債權呢？」

「債權就是一定要還的。比如說最後妳去跟銀行借，不管妳賺錢還是賠錢，都一定要還，但賺得再多，銀行也不會跟妳要分紅，一開始講好利息是多少，就是多少，像信用卡一樣…」講到這裡她就懂了，看來閃靈刷手不是當假的。

用股權集資來的部份都算自有資金，也就是即使虧掉了也不用還的部份。大部份投資人用的都是自己的錢，如果是家人或朋友合股，那都算自有資金，借來的部份就是債權，那是一定要還的，兩者加起來就是總投資金額。

而槓桿倍數即是「投資金額」除以「自有資金」。

$$槓桿倍數 = \frac{投資金額}{自有資金}$$

比如說在股市當中買股，可以用融資的方式，目前大部份股票的融資要求保證金是 4 成，也就是說買 100 萬的股票，只需要 40 萬的保證金，剩下的 60 萬其實是券商借給你的，要算利息，而且還不算低，年利率大約是 7%，只是多數人融資買股票不會放整年，通常只有數日而已，感覺不出利息的負擔。

所以融資買股票的槓桿倍數就是：

$$\frac{100\ 萬}{40\ 萬} = 2.5\ 倍$$

如果這檔股票目前市價 10 元，就是每張 1000 股值 1 萬元，可以用 40 萬加上融資，買 100 張。槓桿倍數為 2.5 倍。

這個 2.5 倍是什麼意思呢？它代表該股如果漲跌 1%，你的損益會變為 2.5%，我們試算看看：

投資 100 萬，漲跌 1% 就是 1 萬，可是自有資金只有 40 萬，所以損益是

$$\frac{1\text{萬}}{40\text{萬}} = 2.5\%$$

好，今天假設我找到一檔績優股，假設它在未來的每一季裡，不是漲 20%，就是跌 10%，機率一半一半，這是不是一個好投資？當然是，平均每兩季可以賺 10%，是這樣嗎？我們來算算看：

平均每二季中有一季是賺的，另一季是賠的。半年過後會變成：

$$\begin{aligned}&(1+20\%)\times(1-10\%)\\&= 1.2\times 0.9\\&= 1.08\end{aligned}$$

其實只獲利 8%，比預期的 10% 還要低。

用實際的過程來看，原本 10 元的股票，在漲完之後變成 12 元，之後若虧損 10%，相當於 1.2 元，就剩 10.8 元，只漲了 8%。

那如果用融資，變成槓桿倍數 2.5 倍呢？

這裡要多解釋一下，固定槓桿倍數的操作法要在每一季終了時調整部位，讓槓桿倍數維持一樣是 2.5 倍。比如說投入 40 萬融資買了 100 萬的股票，也就是 100 張市價 10 元的股票，在漲了 2 成之後，持股值 120 萬元，那麼投資人賺了 20 萬，他的 40 萬變成 60 萬，獲利 50%，也就是 20% 的 2.5 倍。換個方式算也一樣：投資人本來只有 40 萬，借了 60

萬才能買 100 萬的股票，現在變 120 萬了，其中 60 萬是借的，所以另外 60 萬是投資人的，獲利 50%。

此時槓桿倍數只有：

$$\frac{120\text{萬}}{60\text{萬}} = 2\text{倍}$$

若要維持槓桿倍數 2.5 倍，應該持有 150 萬的等值股票，也就是 125 張現在市價 12 元的股票，他還要再追買 25 張。

下一季遇上虧損時，就會從 150 萬虧損 10%，也就是 15 萬，他的自有資金又從 60 萬變成 45 萬，最後總獲利是 5 萬，相當於 12.5%。

大家可能覺得他如果不要追買那 25 張就好了，這樣碰上虧損時只會損失 120 萬的 10%，也就是 12 萬，可以少賠 3 萬。

這是事後諸葛，事實上第二季獲利跟虧損的可能性一樣都是 50%，如果交上好運，可以再賺

$$150\text{萬} \times 20\% = 30\text{萬}$$

如果沒買那 25 張，他就只能賺

$$120\text{萬} \times 20\% = 24\text{萬}$$

少賺了 6 萬。因為前提假設是機率一半一半，所以期望值減少了

$$0.5 \times (6\text{萬} - 3\text{萬}) = 1.5\text{萬}$$

因此固定槓桿倍數的操作法提供比較高的損益期望值。

這裡是為了說明的簡要，把整個過程的平均一季賺一季賠，直接濃

縮成 2 季來看。如果按照固定槓桿倍數操作，總報酬率寫成算式如下：

$$(1+20\%\times2.5)\times(1-10\%\times2.5)-1$$
$$=1.5\times0.75-1$$
$$=12.5\%$$

用融資把槓桿倍數提高到 2.5 倍，讓報酬率從 8% 提高到了 12.5%，那如果進一步提高槓桿倍數，比如說把買到的股票再拿去質押，跟丙種借款，加買一倍，槓桿倍數變成 5 倍，又會如何？

這樣賺的時候會賺 20% 的 5 倍，就是 100%，恭喜，翻倍了。但虧損呢？會虧損 10% 的 5 倍，就是 50%，那不就是腰斬嗎？翻倍再腰斬，回到了原點。原本一個好好的投資機會，居然因為使用高槓桿給搞砸了。

寫成算式如下：

$$(1+20\%\times5)\times(1-10\%\times5)-1$$
$$=2\times0.5-1$$
$$=0\%$$

這還算好的，報酬率 0% 表示不賺不賠，如果這投資人神通廣大，跟銀行超貸，把槓桿倍數弄到了 10 倍，又會如何？

20% 的 10 倍是 200%，直接翻到三倍，但負 10% 的 10 倍是多少？負 100%，歸零了，小學生都知道連乘的數字裡不管前面有多大，只要後面有一個 0 就是 0。

你說：「哈哈哈，誰會那麼白痴啊，融資只有 2.5 倍，還去搞丙種墊款，搞超貸，搞到下不了台。」我跟你講，多的是，前台中商銀董事長曾正仁、永豐金控董事長何壽川，陳由豪、沈慶京、東隆五金、台中精機，都因為過度使用槓桿弄得一身騷，被當沖玩家奉為神明的傳奇作手傑西・李佛摩，就是那種不用高槓桿不過癮的人，破產三次又爬起三次，最後自殺了。

「水能載舟，亦能覆舟」，會覆舟就是因為槓桿。股市中幾乎所有的投資失利，都是因為槓桿太高。

你不信？

- 「如果買錯股票，報酬率不如預期而賠錢，跟槓桿有什麼關係？」投資賠錢本來就是正常的事，事後賠錢才來說不如預期是不對的，本來就是有可能賺，有可能賠，所以一開始的時候就應該控制槓桿倍數，才能減少方向不對時的損失。
- 「我沒有融資，都是現股，哪裡有槓桿？」兄弟，小於 1 的槓桿倍數通常稱為「持股比例」，你看，它們的公式不是一樣的嗎？

$$槓桿倍數=\frac{投資金額}{自有資金}$$

$$持股比例=\frac{投資金額}{自有資金}$$

- 「那如果踩到地雷呢？」這跟上面碰到賠錢才說買錯是一樣的。我就買過 2014 年的基亞（兩個月大跌 2/3），也買過 2018 年的環科（單週腰斬），還是過得很好，為什麼？因為我只買不到 1 成。再怎麼績優的股票都會上上下下，持股比例多數都應該在 1 成以內，所以就算公司倒閉，股票血本無歸，損失也都在 1 成以內。如果你能買全了 100% 都下市的股票，那了不起，每年下市的股票大概不到 0.5%，你肯定有陰陽眼才買得全。

- 「可是我就只有 10 萬塊，只能買 1 成，那不就只能挑 10 元以下的股票來買嗎？」喔，不，兄弟你只有 10 萬塊就想踏入股市，這件事本身就是高槓桿了。股市本來就是給有錢人玩的，沒錢的人應該幹什麼？幹活兒。有錢人也是努力幹活兒才變有錢的，王永慶是賣米的，郭台銘是提公事包跑業務搶單的，不要以為有靠運氣發財這件事，靠運氣發財的人，多半都是使用高槓桿，今天他賺的，明天就賠回去了，前面算過，即使能翻兩倍三倍，只要碰上一次歸零就 GG 了。別跟我說只要中一次就會停下來，每一個爛賭鬼都是這麼說的。

- 「那巴菲特呢？他不就是投資致富的嗎？」不，你錯了，巴菲特的父親霍華・巴菲特是內布拉斯加州選出的聯邦眾議員，而且本身就是成功的投資家。巴菲特小時候很努力的送報累積資本，大學時就創業出租彈珠檯，還曾經打撈掉到水池的高爾夫球出來賣，他幹得活兒可多了。

- 「我賠錢都是因為追高殺低，跟槓桿沒有關係。」你為什麼會追高殺低？如果你的持股比例只有 1 成以下，當它跌的時候你會緊張嗎？當它漲的時候你會過於興奮嗎？你可能連看都懶得看它吧！買了之後不看它，就是長期投資，而長期投資幾乎都立於不敗之地。

所以，朋友們，一切都是因為槓桿啊！

期貨是最安全的金融商品

接下來我們要把主題帶入期貨操作了。

各位有沒有一種感覺：期貨是一種很危險的操作商品？似乎常常聽聞有人因為操作期貨而傾家蕩產。就算你不覺得好了，你的爸爸媽媽應該不太認同你操作期貨吧，如果跟朋友說你投資股票，他們可能很熱衷跟你討論該買什麼股票，可是如果說你玩期貨，他們可能覺得你太衝了，搞不好離你遠遠的，怕被你借錢。

舉最近的案例：那個貴婦奈奈捲款潛逃加拿大，被爆出她老公玩期貨狂賠三億，好好的一個整型醫院弄到全家逃亡，連公公是台大名醫，也一起跑了。

那如果我跟你說：期貨是全市場最安全的商品，你是不是想打我臉？

來吧，聽我解釋說明，如果你覺得我說的沒道理，再來打我臉吧！

台指期貨的標的是集中市場加權指數，1 點是 200 元，結算日是每個月的第三個星期三，目前（2022/2/25）的保證金固定為 184,000 元。小台指期貨則是 1 點 50 元，契約價值是大台的四分之一，保證金也是四分之一，46,000 元。

我們做一個假設：如果有一檔股票，每一季不是賺 20%，就是賠 10%，機率是一半一半，每一季的期望獲利有 5%，是不是好投資？是。

那如果有第二檔股票，每一季的報酬率各有一半機會是 40% 或－20%，期望獲利是 10%，而且跟前一檔股票的漲跌沒有關係，兩者的漲跌各自獨立。我們給它們取個名字好了，就叫 2010 跟 4020，那問你該買 2010 還是 4020 ？ 4020 的風險大，但報酬率較高，2010 的風險小，但報酬率較低。

經過上一節的說明，你可能會這樣算：平均每二季

2010 的平均半年報酬率＝ (1+20%)×(1−10%)−1 ＝ 1.2×0.9−1 ＝ 8%

4020 的平均半年報酬率＝ (1+40%)×(1−20%)−1 ＝ 1.4×0.8−1 ＝ 12%

4020 比較好，可是你忘記可以加槓桿倍數，比如說我用 2 倍槓桿買 2010，或是持股 50% 的 4020，效果是一樣的。

而投資組合理論告訴我們：最好的辦法是兩個同時買，我們假設各買一半好了。

總報酬率是兩者各自的報酬率，乘以持股比例之後再相加		2010	
		漲（20%×0.5）	跌 (−10%×0.5)
4020	漲 (40%×0.5)	30%	15%
	跌 (−20%×0.5)	0%	−15%

有四分之一的機會獲利 30%，四分之一的機會獲利 15%，四分之一的機會不賺不賠，最後有四分之一的機會虧損 15%。期望值是：

$$\frac{1}{4}\times(30\%+15\%+0\%-15\%)=7.5\%$$

正好是 2010 的 5% 跟 4020 的 10% 中間。這樣哪裡有比較好？

我們來看長期操作下來，平均每四季裡 2010 會有兩季賺兩季賠，總報酬率是：

$$(1+20\%)\times(1+20\%)\times(1-10\%)\times(1-10\%)-1 = 16.64\%$$

4020 的情況是：

$$(1+40\%)\times(1+40\%)\times(1-20\%)\times(1-20\%)-1 = 25.44\%$$

那投資組合呢？它平均各有一季的報酬率是 30%, 15%, 0% 和－15%，總報酬率是：

$$(1+30\%)\times(1+15\%)\times(1+0\%)\times(1-15\%)-1 = 27.08\%$$

雖然平均報酬率 7.5% 小於 4020 的 10%，可是長期總報酬率卻比它還要好。

有點不太能理解嗎？這是因為投資組合的風險比較小，連乘的效果會比較好。比如說我們來想想這幾組賺賠比，假設機率都是一半一半：

漲	跌	期望值	平均兩次總報酬率
20%	−10%	5%	$(1+20\%)\times(1-10\%)-1=8\%$
30%	−20%	5%	$(1+30\%)\times(1-20\%)-1=4\%$
40%	−30%	5%	$(1+40\%)\times(1-30\%)-1=-2\%$
50%	−40%	5%	$(1+50\%)\times(1-40\%)-1=-10\%$

愈下方的漲跌落差愈大，也就是風險愈高，雖然算期望值都一樣是 5%，可是風險高的組合不但賺不到錢，反而是會虧錢的，控制的方法就是要降低槓桿倍數，也就是持股比例，比如說最後一個商品，我只買進

1 成，那麼總報酬率會變成：

$$(1+50\%\times0.1)\times(1-40\%\times0.1)-1=1.05\times0.96-1=0.8\%$$

這樣就維持正報酬率了。所以那些會融資重押在一檔股票上的人，腦袋真的不知道在想什麼。

這邊僅是舉兩檔持股的組合來當例子，投資組合理論裡用完美的數學證明，納入投資組合的標的愈多，風險就愈低。

那全市場最大的投資組合是什麼？基金？ ETF ？台灣五十？都不是。

全市場最大的投資組合就是指數，再也不能比它更大了，因為它納入了所有的標的。而期貨以加權指數為標的，就是全市場風險最低的商品。

研究指出，持股大約只要有 10 檔，就可以達到很好的分散風險效果，達到 30 檔就幾乎可以模擬市場了。

補充一下，這些選股彼此之間的相關性不能太高。我聽過一個故事，是美國某基金經理說他老婆的投資組合報酬率比他自己的還要好，因為他老婆很愛國，把所有公司名稱裡有「America」的都納入投資組合，因此產業非常分散，彼此的相關性很低，分散風險的效果很好。說不定大家可以考慮名稱有「中華」的公司，哈哈，不要太認真。

前面說過，一檔持股佔自有資金的比重最好不要超過 1 成，但如果分散投資，就可以提高總持股比例，比如說有 10 檔持股可以各佔 5%，總持股比例為 50%，30 檔持股可以各佔 3%，總持股比例為 90%。缺點就是管理成本很高，試問有多少人可以完全記住自己所持有的 30 檔股票？但是如果買指數期貨，你可以用 100% 的資金下去買。

「喂，你唬我的吧？那如果 20 年前買在阿扁當選時，指數破萬點的時候，不就要等 20 年才能重回萬點？」喔，不是這樣算的，我直接貼這個圖給你看再來解釋：

K	代號	名稱	買進	賣出	成交價
	TX00	台指近	10963.00	10966.00	10965.00
	TX05	台指05	10963.00	10966.00	10965.00
	TX06	台指06	10956.00	10961.00	10957.00
	TX07	台指07	10754.00	10761.00	10756.00
	TX09	台指09	10572.00	10578.00	10565.00
	TX12	台指12	10533.00	10539.00	10533.00
	TX03	台指03	10483.00	10490.00	10485.00

▲ 圖片來源：群益策略王

這是我在 2019/5/1 截下的期貨市場報價。近月期貨是 5 月期貨，將在 2019/5/15 結算，最後成交價是 10,965 點，加權指數的收盤價是 10,967.73 點，有逆價差 2.73 點，6 月期貨是 10,957 點，跟 5 月差不多，但是 7 月期貨的收盤價只有 10,754 點，足足比 5 月期貨少了 209 點，以台指期貨 1 點 200 元來說，就超過 4 萬元了，9 月期貨的報價 10,572 點，比 5 月期貨更是少了接近 400 點，是什麼特殊現象嗎？

不，這不是特殊現象，每年都是這樣的。台灣的加權指數是「市值」加權平均指數，當公司配發股利給股東時，它的市值會減少，指數就會憑空蒸發了，比如說 2018 年 6 月 25 日台積電除息，一開盤指數就先扣 70 點，就算所有的股票都不漲不跌，加權指數硬生生就是少了 70 點，所以期貨會把這個效應反映在它的價格裡，我們的除權息旺季是

6~9 月，所以跨過這段時間的期貨報價會有很大的逆價差。

如果我在此時買入 2020 年 3 月的期貨，只要 10,485 點，屆時若指數維持在現在的位置，那麼期貨依然要以現貨價來結算，也就是 10,967 點，就淨賺 482 點。而台股的收益率 (ROE) 大約是 5%，如果不配還給股東，就會反映在它的股東權益裡，也就是每年都有 500 點的價差可以賺，從 2000 年到現在，就有快 1 萬點的價差進口袋了，所以這 20 年來並不是重回萬點而已，而是根本就已經把本錢賺回來了。

「可是期貨有到期日，不是需要轉倉嗎？」是的，要轉倉，可是期貨的手續費加交易稅只需要 0.5 點（100 元），一買一賣就是 1 點，用現在的指數當分母，就是大約萬分之一的成本。相較起來，你知道現在的股票交易稅是千分之三嗎？再加手續費就更高了，合計起來股票的交易成本大約是期貨的 40~50 倍，而且股票跳動一檔的買賣價差平均千分之二，期貨買賣價差只有萬分之一，交易期貨的成本要比股票低的多了。

如果你真的打算這樣長期投資（而且它是可行的），那就直接買最遠月的期貨，像現在買最遠月（2023 年 3 月）的期貨，一年後才到期，那時再做轉倉即可。20 年一共只需要轉倉 20 次，交易的成本居然會比只交易一次股票，買了就放 20 年還要低，唯一麻煩之處就是你要自己記得每年轉倉一次。

最後再補充一點，目前期貨交易可是免所得稅的喲，連最低稅負制都管不到。如果是投資股票，公司配發的股利還要被扣所得稅，而期貨直接反映在價差裡，一毛錢也扣不到。

「喂喂喂，慢著，你要去哪裡？」

「我要去買遠月期貨長期投資啊！」

02

量指標

- ❖ 價、量、時的分析
- ❖ 畫量價時序圖
- ❖ 量指標
- ❖ 一倍槓桿操作
- ❖ 期貨做多策略與結算日
- ❖ 以量指標操作期貨
- ❖ 善用槓桿（水能載舟，亦能覆舟）
- ❖ 解析均量函數與參數

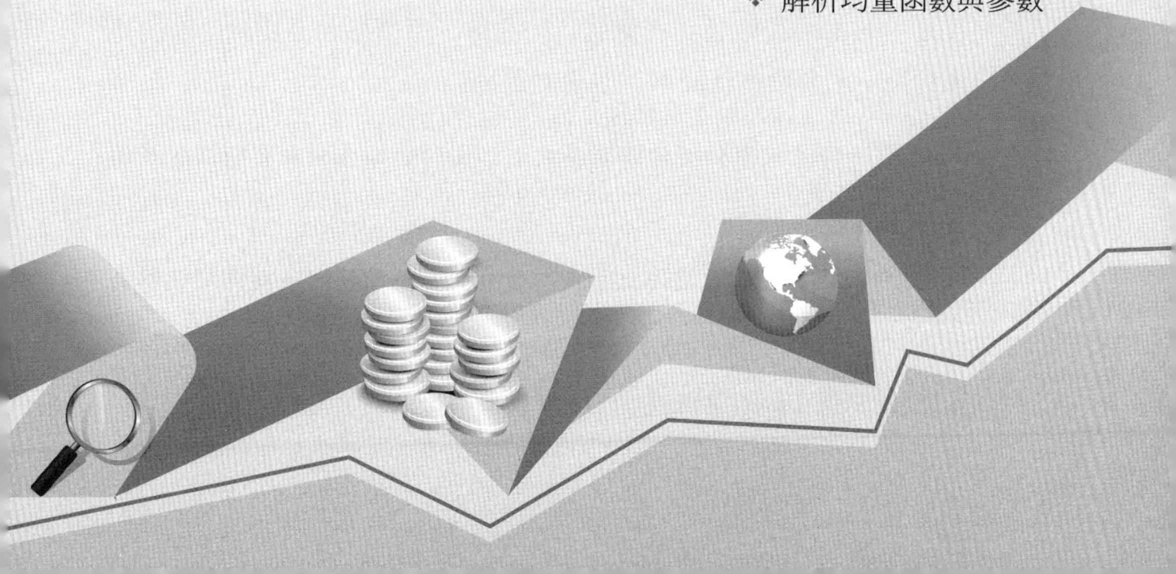

價、量、時的分析

我在 2000 年時進入證券業，2003 年時已經算是老手了，我就是在那一年拿到證券分析人員（俗稱分析師）證書。我參加考試的那一屆總共只有三個人通過，所以我就算不能很肯定的說自己是數一數二，但數三的話一定會數到我。

那個時候我對基本面的分析很熟了，常常在工商時報與電子時報發表文章，公司的週報月刊都能得心應手，可是我還是覺得：基本面分析根本就沒有反映出股價的變化。財報好不見得會漲，財報爛也不一定跌，甚至是沒有基本面一樣可以漲翻天，似乎基本面分析就是為了分析而分析，不是為了瞭解股價變化在做的事。

杜金龍先生的量、價、時分析

接著我讀到杜金龍先生甫出版的「技術指標在台灣股市應用的訣竅」，自己也用台股的歷史資料，照著一個一個地檢驗他的敘述，希望能找到有用的東西。

杜先生的書中後段講到一個逆時鐘曲線，用價格和成交量的歷史走勢來預測接下來會發生什麼事。他講的很拗口：

「量、價、時是股市分析的三大要素，下圖的箭頭方向即是時間發展的趨勢。

1. 轉陽訊號：看到股價停止下跌，而成交量持續擴大，就是開始轉為多頭的訊號。

2. 買進訊號：如果量持續增加，而股價開始上提，就應該買進。

3. 加碼買進：在成交量未萎縮以前，應該隨股價上揚持續加碼。這邊他沒有講出該如何加碼，但我可以告訴大家，應該利用固定槓桿倍數的方式加碼。

4. 多頭觀望：在成交量開始縮小的時候，就不要再加碼了，要停下來觀望。

5. 警戒訊號：成交量開始急縮時，應該警戒，隨時準備賣出。

6. 賣出訊號：成交量繼續萎縮，一旦價格開始下跌，就要賣出，以期貨操作而言，此時可以放空。

7. 持續賣出：在成交量還沒增加以前，隨著價格下跌可以追空。加空的方式一樣要用槓桿倍數來控制。

8. 空頭觀望：如果成交量開始增加了，那空方就要停下來觀望，等待時機又進入「1. 轉陽訊號」，再從頭週而復始。」

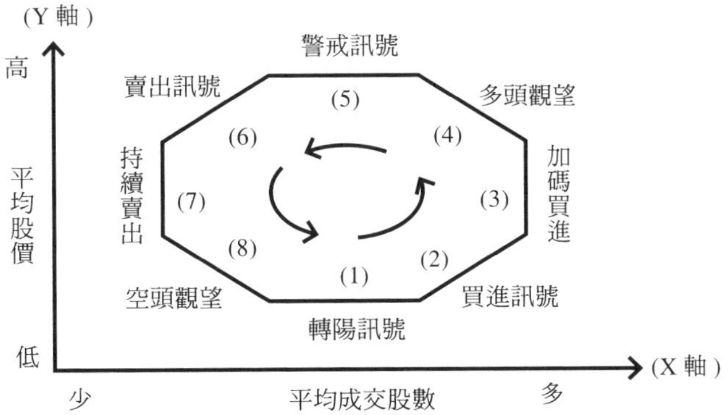

▲ 圖片來源：技術指標在台灣股市應用的訣竅，杜金龍著

杜先生的書中畫成八角形，分為八個階段，我把它更精簡一些，讀者會比較容易了解。

不過請注意一下，我的圖形是順時針旋轉，因為我的橫座標是價，縱座標是量，才會變成這樣。為什麼要對調 X 和 Y 軸呢？這是因為 Excel 預設是以左邊的資料行為橫座標，右邊的資料行為縱座標，而我們看到的歷史資料通常是先展示價格，再標註成交量，改成「橫為價，直為量」會比較容易比對與說明。

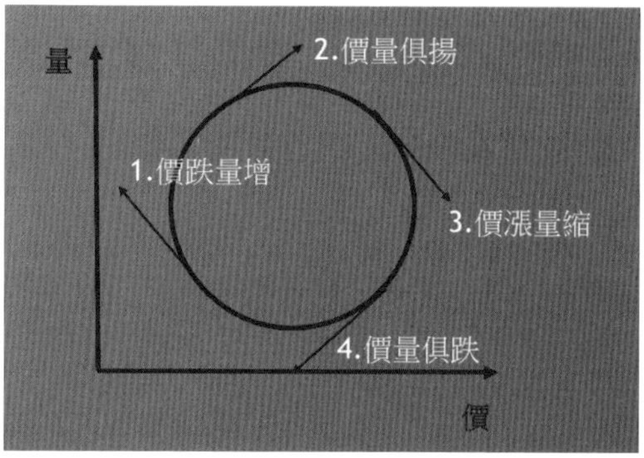

這邊我就不再用什麼買進、賣出、加碼、觀望等操作性字眼來說明，直接解釋股市發展的時序。

1. 價跌量增：當價格下跌（往左）時若看到成交量增加（往上），整體方向是往左上。

2. 價量俱揚：成交量和價格同步上揚（往右上）。

3. 價漲量縮：價格持續上揚（往右），但成交量開始縮小（往下），整體方向往右下。

4. 價量俱跌：成交量和價格同步下跌（往左下），然後回到「1. 價跌量增」，再週而復始。

這一整個過程可以用一句話來解釋，投資界的人是耳熟能詳了：「量比價先行」。

如果我們用歷史資料畫出來的圖形，具有如上圖般的旋轉方式，那就證明有「量比價先行」的現象，反之如果價格總是先一步，量才跟上，旋轉方向就會反過來。大家可以按圖索驥，當價跌量增，如果價領先，接下來是量也要縮，那就會接價量俱跌，如果量領先才會帶動股價上揚，接價量俱揚。

所以價領先的情況會變成「1 → 4 → 3 → 2」，旋轉方向就反過來了。

計算均價與均量

現在請到 https://github.com/ah94088/h_model 下載「H 模型歷史資料 .xlsx」，我們從頭到尾只需要下載這個檔案，之後所有的東西都是從這裡做出來的，沒有任何花招，沒有隱藏的部份，大道至簡，就這些資料即可設計出利潤驚人的投資策略。

這是一個 Excel 檔，裡面只有五行資料：

1. 日期：從 1998 年 9 月 8 日開始，那是台灣期貨開始交易的第一天。
2. 指數：加權指數的收盤價。
3. 成交量：集中市場成交量，以百萬新台幣為單位。
4. 當月：當月期貨收盤價。
5. 次月：次月期貨收盤價。

這裡我們會先用指數和成交量來示範這個量和價的關係圖是如何做出來的。等一下再講這個圖可以得到的蘊涵。

把「H 模型歷史資料 .xlsx」打開來，用方向鍵或用滑鼠選取 B2 儲存格，這邊教大家用一個方便的快速鍵：按住 Ctrl 不放，再按下方向鍵，會移動到該方向有資料的最後一筆，如果目前已經是資料區域該方向的最後一筆，則會跳到下一個有資料區域的第一筆。

所以請按下 Ctrl + ↑，再按下 Ctrl + ←，這樣就會來到最左上角，也就是 A1 儲存格，然後可以直接用滑鼠點選 B2 儲存格，或是按 → 往右、再按 ↓ 往下，一樣會來到 B2 儲存格。

接著在上面的工具列點選「檢視」標籤，在中間稍微偏右有個「凍結視窗」的下拉選單，再選「凍結窗格」，這樣最左邊的日期欄，跟最上的標題列就會在視窗中固定，不會隨著資料捲動就消失了。

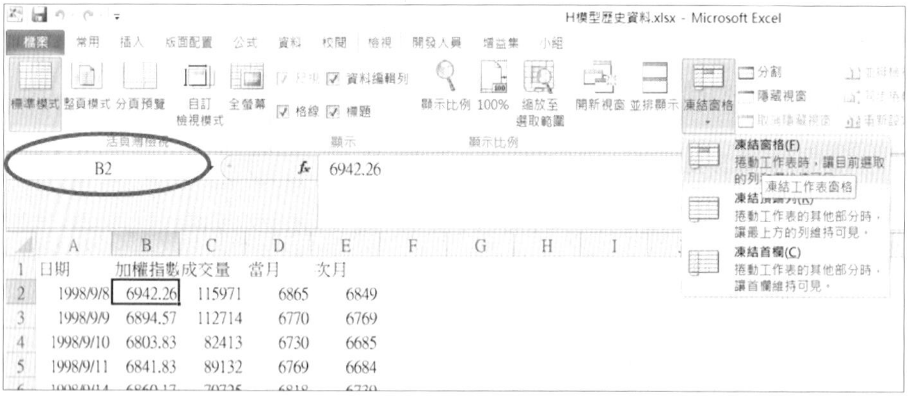

在 F1 儲存格打上標題「均價」，然後用鼠標點上圖畫紅圈的地方，輸入 F61，就會跳到 F61 儲存格，直接用鍵盤輸入「=AVERAGE(」，接著點 B61 儲存格，不要鬆開滑鼠，一路把它往上拉到 B2 儲存格，按下 Enter，就會在 F61 儲存格完成公式輸入「=AVERAGE(B2:B61)」。

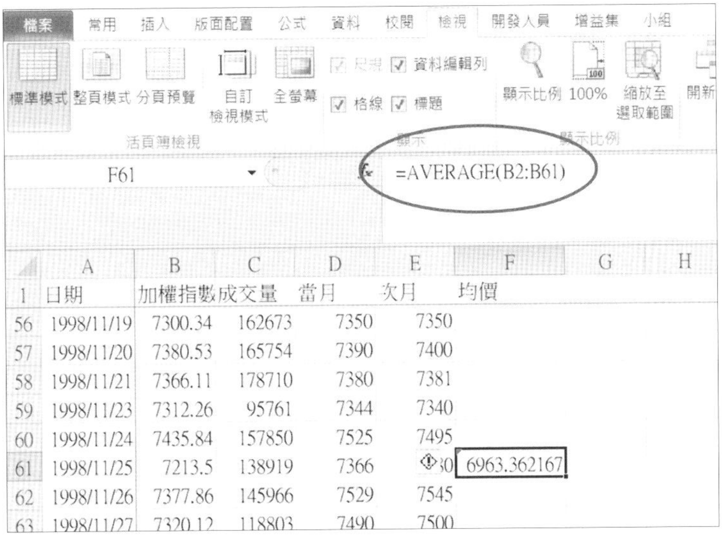

這是一個很簡單的公式，即求取 B2:B61 的平均值，那就是 60 日均價。點下上圖紅圈的區域，會出現像下圖一般的公式輸入模式，再點下圖示箭號所指之處，就會跳出該公式的說明。AVERAGE 函式太簡單了，就是求平均值，我就不多做解釋了。

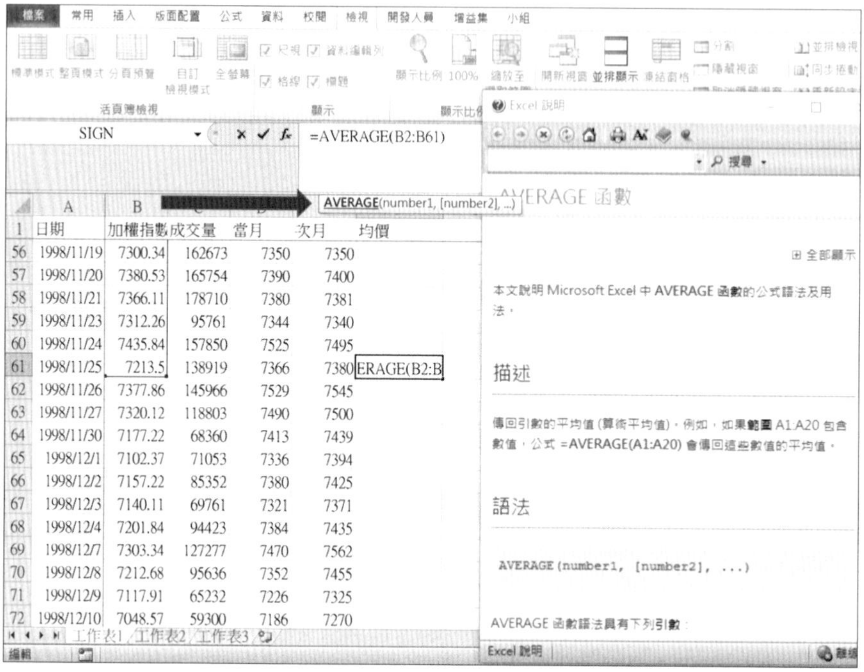

接下來我們要把剛才輸入好的公式往下拉，最簡單的方式是按住選取儲存格的右下角，有一個獨立出來的小黑點，有沒有看到？當游標移過去的時候，會由白色的十字變成較細的黑色十字（如下圖紅色圈起處）。這時按下滑鼠，不要放，往下移動，就會把公式往下複製，而且會依相對位置改變公式內容，例如下一格的內容會變成：「=AVERAGE(B3:B62)」，再來是「=AVERAGE(B4:B63)」，以此類推。

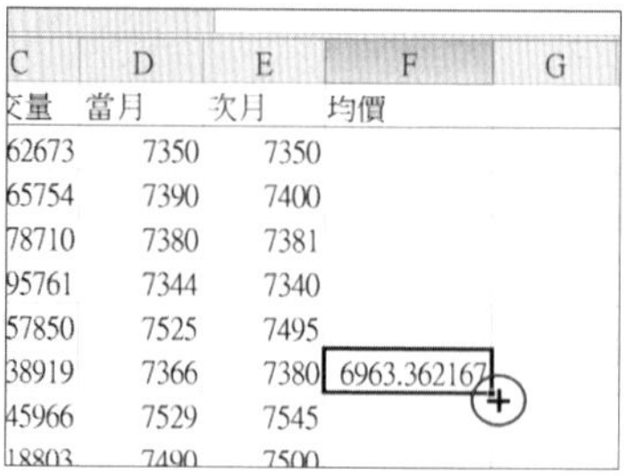

如果只是要往下拉幾格，這個方法很好用，可是我們現在要往下拉幾千格，畫面一邊在捲動還要注意是不是到最後一筆資料了，就很不方便，這時快速鍵又可以派上用場了。

還記得按住「Ctrl + 方向鍵」可以快速移動到資料末端嗎？如果再加上 Shift 鍵，更是可以在移動的過程裡，把路徑中的儲存格都選取起來，所以現在請點一下 E61 儲存格，然後按 Ctrl + ↓，來到資料的末端，再按一下→往右，回到 F 欄，然後同時按住 Ctrl + Shift，再按 ↑ 往上選取回 F61 儲存格，就可以把 F61:F5844 全部選取起來，接下來是一組新的快速鍵 Ctrl + D，可以把公式往下填滿，這樣就可以很快搞定公式下填的動作了。

F5844 =AVERAGE(B5785:B5844)

	A	B	C	D	E	F	G	H
1	日期	收盤價	成交量	期貨	次月	均價		
5825	2022/1/20	18218.28	238387	18226	18168	17805.27		
5826	2022/1/21	17899.3	304171	17895	17840	17819.57		
5827	2022/1/24	17989.04	263375	17957	17905	17836.26		
5828	2022/1/25	17701.12	269410	17678	17625	17846.81		
5829	2022/1/26	17674.4	224109	17625	17570	17856.95		
5830	2022/2/7	17900.3	305070	17899	17846	17869.92		
5831	2022/2/8	17966.56	313218	17942	17889	17884.71		
5832	2022/2/9	18151.76	294063	18167	18113	17898.96		
5833	2022/2/10	18338.05	280653	18337	18280	17914.34		
5834	2022/2/11	18310.94	261771	18275	18226	17927.17		
5835	2022/2/14	17997.67	259442	17977	17930	17934.47		
5836	2022/2/15	17951.81	231840	17953	17922	17942.79		
5837	2022/2/16	18231.47	269020	18207	18213	17954.68		
5838	2022/2/17	18268.57	304332	18243	18207	17965.25		
5839	2022/2/18	18232.35	302889	18226	18192	17974.23		
5840	2022/2/21	18221.49	292847	18210	18177	17981.86		
5841	2022/2/22	17969.29	336508	17878	17849	17983.99		
5842	2022/2/23	18055.73	268988	18042	18013	17987.95		
5843	2022/2/24	17594.55	433686	17516	17485	17984.46		
5844	2022/2/25	17652.18	386495	17606	17580	17984.23		
5845								

Chart1 工作表1 工作表2 工作表3

好，不要動，停在這個地方不要動，按下 Shift 鍵，再按一下 → 往右鍵，會把選取範圍從 F 欄橫跨到 G 欄，這時按下一組快速鍵 Ctrl + R，公式會往右填滿，而且相對位置跟著變化，你看 G61 變成「=AVERAGE(C2:C61)」了，剛才所算的是均價，現在就變成均量了。

最後在 G1 儲存格補上標題「均量」，就完成了 60 日均價與均量的計算。

G61 fx =AVERAGE(C2:C61)

	A	B	C	D	E	F	G	H	I
1	日期	加權指數	成交量	當月	次月	均價	均量		
61	1998/11/25	7213.5	138919	7366	7380	6963.36[illegible]67	91433.62		
62	1998/11/26	7377.86	145966	7529	7545	6970.622167	91933.53		
63	1998/11/27	7320.12	118803	7490	7500	6977.714667	92035.02		
64	1998/11/30	7177.22	68360	7413	7439	6983.937833	91800.8		
65	1998/12/1	7102.37	71053	7336	7394	6988.280167	91499.48		
66	1998/12/2	7157.22	85352	7380	7425	6993.231	91743.27		
67	1998/12/3	7140.11	69761	7321	7371	6997.9335	91759.72		
68	1998/12/4	7201.84	94423	7384	7435	7001.755167	91973.22		
69	1998/12/7	7303.34	127277	7470	7562	7006.802167	92231.77		
70	1998/12/8	7212.68	95636	7352	7455	7010.984167	92523.42		
71	1998/12/9	7117.91	65232	7226	7325	7010.456167	91729.18		
72	1998/12/10	7048.57	59300	7186	7270	7010.775667	90644.15		
73	1998/12/11	6939.74	64972	6965	7051	7009.204833	90418.53		
74	1998/12/14	6889.5	50661	6959	7062	7007.993667	89846.12		
75	1998/12/15	6936.82	67275	7000	7148	7007.274833	89695.1		
76	1998/12/16	6769.52	57764	6760	6859	7003.768667	89690.63		
77	1998/12/17	6650.64	58046	6691	6705	6999.435833	89922.48		

工作表1 工作表2 工作表3

就緒

畫量價時序圖

接著我們把上一節做完的兩行資料「均價」與「均量」做成「散佈圖」，同時加上平滑線。

帶有平滑線的 XY 散佈圖

就選取剛剛做好的資料儲存格，直接用滑鼠去拉也可以，但一樣的老問題，要拉到資料末端不太好控制，這時我們的快速鍵又可以派上用場了。

先點選 F61 儲存格，按住 Shift 不放，先按一下 → 鍵，同時選取了 F61 與 G61，這時仍然按住 Shift，再補按 Ctrl 不放，右手去按一下 ↓，就會直接選取到 F 欄和 G 欄的末端了。

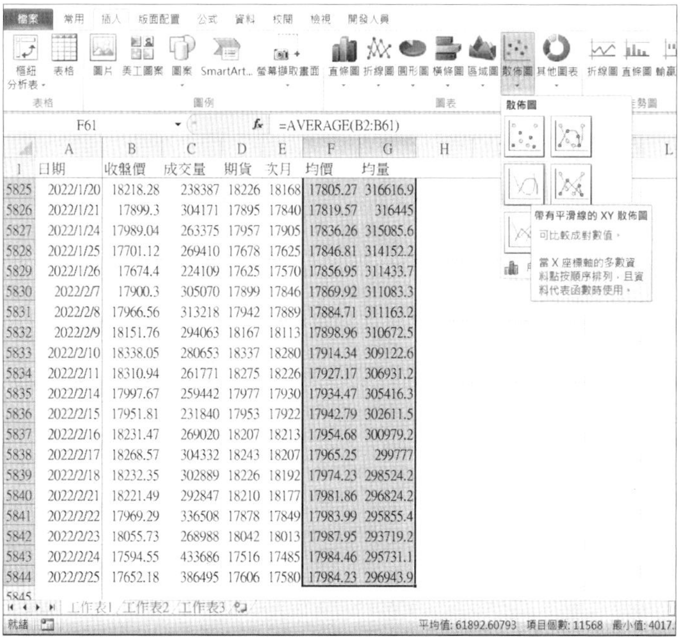

然後在上面的「插入」標籤裡，選圖表面板裡的「散佈圖」，下拉選單中有一個「帶有平滑線的 XY 散佈圖」，按下去，就會做出 X 軸為均價，Y 軸為均量的趨勢圖了。

這個圖會出現在工作表的最上方，會遮住要分析的資料，有的時候還會找不到，所以把它放到新的工作表比較方便。方法是在圖表上按滑鼠右鍵，選浮現視窗中的「移動圖表」。

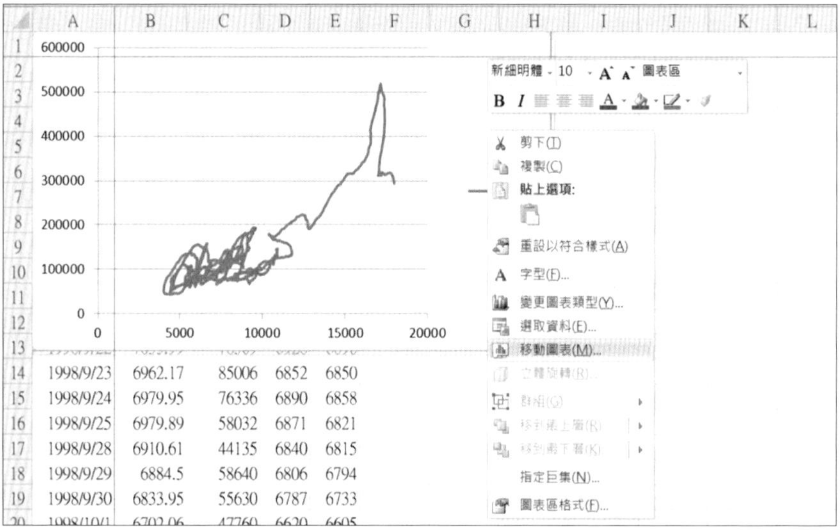

然後點「新工作表」，再按確定，就會新增一個名為「Chart1」的工作表，剛才做的圖就移過去了。

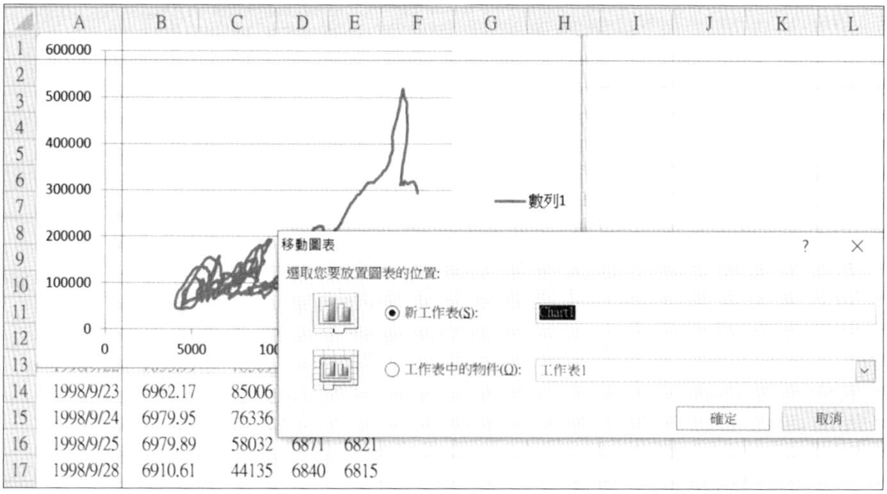

調整資料長度

這個圖長得有點醜，對不對？那是因為資料太多了，一堆擠在一起就亂七八糟的，我們先看到第 1000 個以前的資料就好，我當年是在 2003 年做的，大約就是這樣的資料量，試試看你能不能從圖中發現我所發現的事情，至少杜金龍先生就沒有發現他的圖中有另外一個隱含的特性。

先點一下圖中的資料曲線，上面的公式區是不是出現了這樣的公式：「=SERIES(, 工作表 1!$F$61:$F$5844, 工作表 1!$G$61:$G$5844,1)」，它由「,」分隔開來，一共有四個變數，分別解釋如下：

1. 資料名稱：沒有輸入它就採用預設值「數列 1」，因為只有一條線，所以不需要標記也很清楚。

2. X 資料：這就是 X 軸的資料範圍，我們把它改成工作表 1!$F$61:$F$1000，表示只要處理到編號 1000 的資料。

3. Y 資料：Y 軸資料範圍，跟上面一樣改到編號 1000 的資料，工作表 1!$G$61:$G$1000。這邊額外補充一點，X 軸和 Y 軸的資料數量要一樣，但起始點與終結點卻不一定要一樣，所以是可以改成比如說工作表 1!$G$66:$G$1005，這樣就代表了 5 天前的均價，和 5 日後的均量之間的關係。

4. 資料編號：當有好幾組資料顯在圖表中時，第 4 個變數是資料組的編號，用來調整在圖例中的順序，我們只有一組資料，所以不用動。

改完以後應該是像這樣：

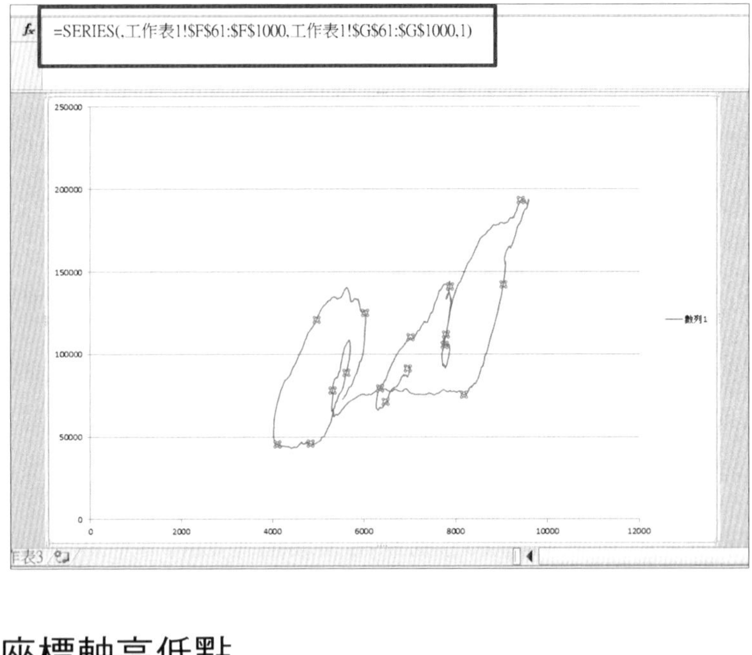

變更座標軸高低點

好多了，但還是醜。我們把圖例刪掉，再把座標軸的區間調整一下。直接點「 ——數列1 」這個圖例，然後按下刪除。

接著在 X 座標軸上按右鍵，選「座標軸格式」。

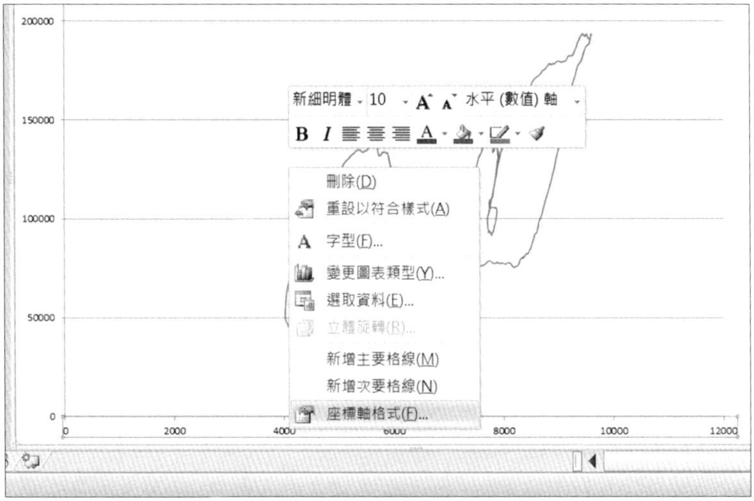

然後把上面的最小值改成 4,000，最大值改成 10,000，記得要先點選「固定」以後才能修改。

先不要關閉「座標軸格式」的視窗，用滑鼠去點一下圖形中的 Y 座標軸，視窗的內容就會變成 Y 座標軸的格式設定，把最小值改成 40,000，最大值改成 200,000，就變像下面的圖了：

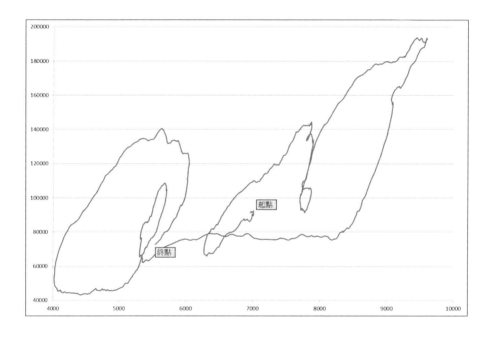

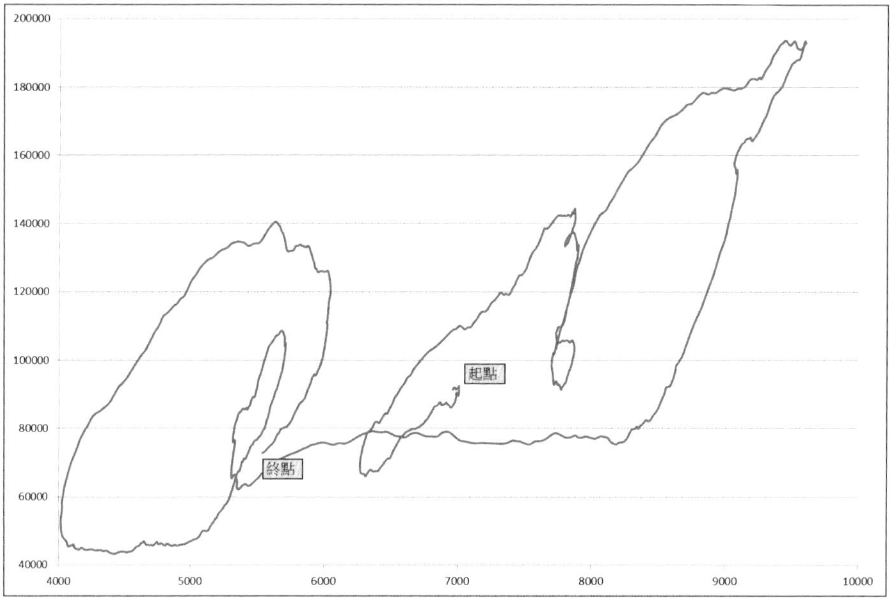

我另外把起點和終點標了上去，請問它有沒有照著順時針方向旋轉？原則上是有的，那就表示真的有「量比價先行」的現象，但是它有另外一個特點，當年我一眼就看出來了，你有嗎？

歪腰郵筒

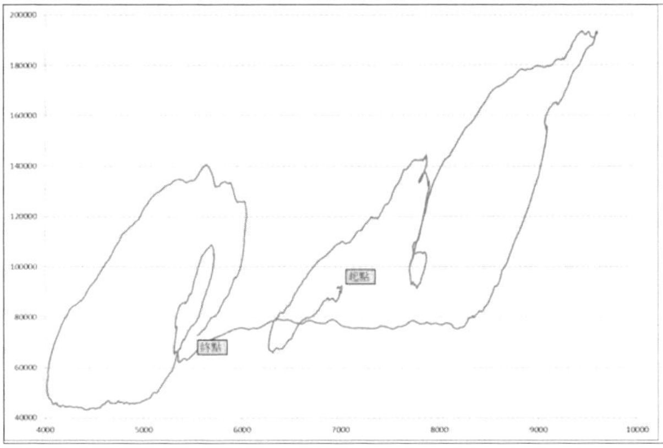

這個圖除了順時針旋轉之外，還有一個很明顯的特性：它歪一邊了，跟幾年前網路瘋傳的歪腰郵筒很像，有沒有？

這圖的起點在 1998 年，當時兼任行政院長的副總統連戰，喊出「萬點健康論」之後，旋即台股就遭逢了「本土性金融風暴」，所以往左下角移動，但馬上就是 1999 到 2000 年美國聯準會主席葛林斯班所稱的「不理性繁榮」，呈現量價俱揚的現象，中間雖然有「千禧蟲」危機停頓了一下，可是 2000 年在陳水扁當選前後，兩次攻上了萬點，當時的單日成交量常有 2,000 億以上，上圖的 Y 座標是 60 日平均成交量，單位是百萬，比單日的最高值還要小一些，但也接近 2,000 億了。

再來很有趣的現象發生了：成交量急速縮小。雖然事後我們知道發生了什麼事：網路泡沫，但當時市場一片樂觀，對科技股股價不合理偏高的現象毫不在意，本益比不夠看，都喊出了本夢比，完全呼應陳水扁總統當時的口號：「有夢最美，希望相隨」。

可是接下來股市不留情面地崩跌，到 2001 年最低達到 3,411 點，之後就一直在低價低量區盤旋，所以從 1998 年到 2003 年分成了兩個迴旋區域，就像是兩個並列的歪腰郵筒。

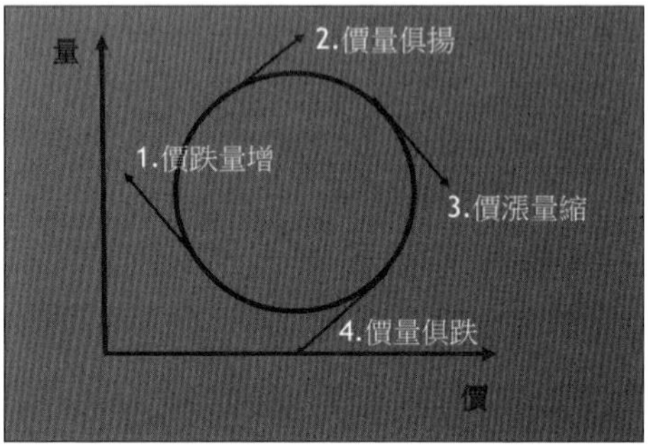

可是我們再和這個理論上的圖形相比，實際上的圖形很明顯地歪了一邊，杜金龍先生所做的圖雖然不是圓形，但也是極對稱的八邊形，那到底是什麼造成了實際上的圖形歪一邊呢？

來，它歪哪一邊？左下右上，對不對？大部份時間的方向都是往左下跟往右上，而停留在左上右下的部份很少。我們再複習一下：

1. 價跌量增往左上

2. 價量俱揚往右上

3. 價漲量縮往右下

4. 價量俱跌往左下

所以大部份的時候停留在 2 和 4，那就是價量俱揚與價量俱跌，術語上說是量價同步，1 和 3 的部份很少，也就是很少價跌量增與價漲量縮，術語上稱之為量價背離。

再重申一次，實際情形是有「量比價先行」的現象，可是很少發生背離，所以可以在後面補上一句：「量比價先行，但幾乎同步」。

如果是這樣，最合理的操作策略就是：看到量增就做多，看到量縮就做空。而不是像杜金龍先生所稱：量增要看價漲再做多，量縮要等價跌再做空，那樣就晚了一步。

接下來我們就看要怎麼模擬與分析這個看量操作的策略。

量指標

我們現在要測試的是：

1. 如果成交量大於 60 日均量就做多

2. 如果成交量小於 60 日均量就做空

看看結果會怎樣？

搜尋並使用 Excel 內建函數

我想在這裡教大家怎麼插入 Excel 內建的函數，事實上我們之前已經用過 AVERAGE 函數了，那是求取平均值，如果知道函數名稱，直接在儲存格輸入「=」再打函數名稱即可，但常常我們不知道有什麼函數好用，那就可以按照以下的方法去搜尋，選定了也可以直接叫出函數。

請先點取 H61 儲存格，然後看下圖，依序是：

1. 先按下 fx，彈出插入函數的視窗。

2. 選取函數的類別「數學與三角函數」。（我實在不知道為什麼要特別強調三角函數，難道那不是數學函數嗎？）

3. 選取 SIGN 函數，然後按「確定」。

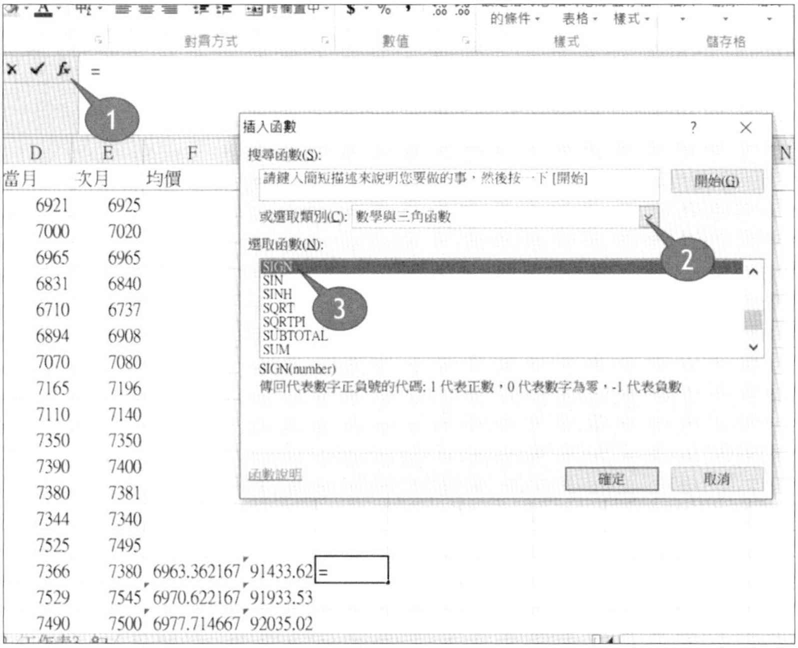

接著會彈出輸入引數的視窗，請在 Number 的後面輸入「C61-G61」，然後確定，就完成了這次引用函數的過程。當然，如果直接就在 H61 儲存格輸入「=SIGN(C61-G61)」也是可以。

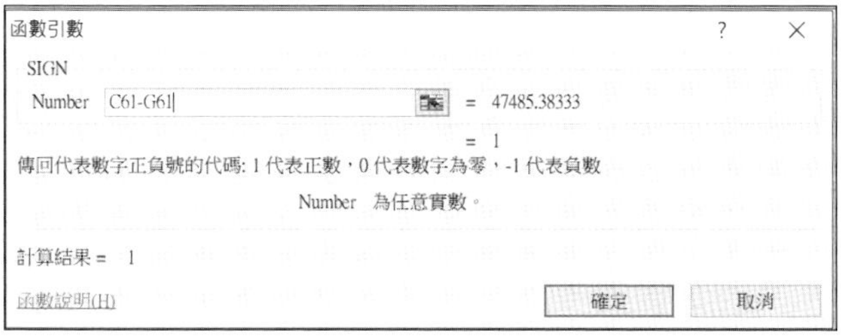

SIGN 函數就是對值取正負號，若是正數，就回傳 1，若是負數，回傳 -1，0 就回傳 0，上面的引數輸入視窗就有簡要的說明，進一步的說明可以點左下角的「函數說明」連結。

接下來用之前教過的程序把公式往下填滿到資料的末端：

1. 先選取 G61 儲存格。
2. 按 Ctrl + ↓，來到 G 欄資料的末端。
3. 按→鍵，移到 H 欄的相對位置。
4. 同時按下 Ctrl + Shift + ↑，選取一整行的儲存格。
5. 按 Ctrl + D，這樣就把剛才輸入的公式往下填滿了。

現在 H 欄裡不是 1 就是 -1，1 代表做多，-1 代表做空，只要把 H 欄的值乘上指數的漲跌，就知道是虧錢或賺錢了：漲的時候做多賺錢，做空虧錢，相反地，跌的時候做多賠錢，做空賺錢。

期貨漲跌與多空（有陷阱）

所以我們需要指數漲跌的資料，這很簡單，把後一天的指數減去前一天的指數，就是指數漲跌了。請在 I61 儲存格輸入「=B61-B60」，這就是那天的指數漲跌，接下來到 J61 儲存格輸入「=H61*I61」，就是當天做多或做空的損益（對嗎？再想一想，我們後面再講）。

然後再用前面教過填滿公式的技巧，不過這次可以一次填兩欄，只要在上面的步驟 3 和 4 之間多一個動作：

1. 先選取 H61 儲存格。

2. 按 Ctrl + ↓，來到 H 欄資料的末端。

3. 按 → 鍵，移到 I 欄的相對位置。

3.5 按住 Shift，再按一次 →，選取 I 和 J 欄的兩個儲存格。

4. 同時按下 Ctrl + Shift + ↑，選取兩行的儲存格。

5. 按 Ctrl + D，這樣就把剛才輸入的公式往下填滿了。

現在我們到最上面一列打上標題，在 H1 打上「量指標」，在 I1 打上「指數漲跌」在 J1 打上「量損益」，完成之後如下圖。

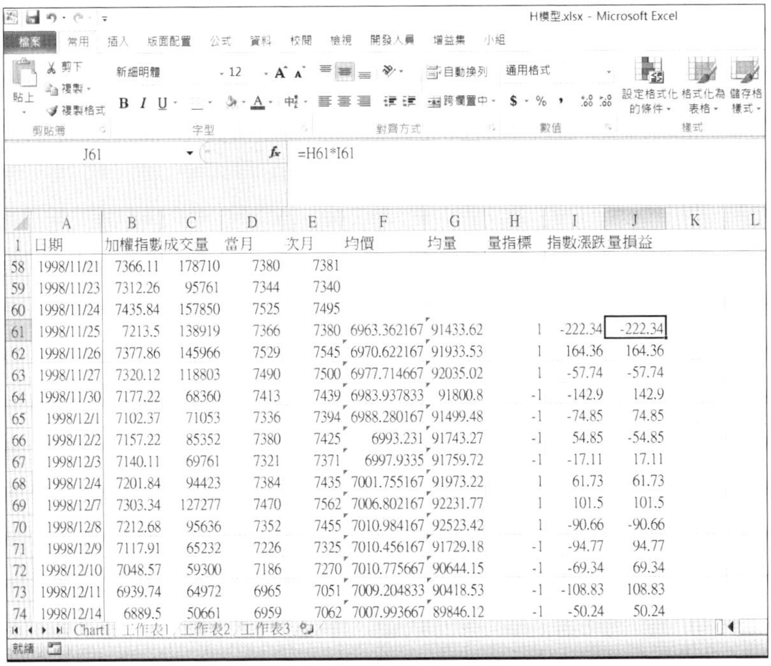

	A	B	C	D	E	F	G	H	I	J
1	日期	加權指數	成交量	當月	次月	均價	均量	量指標	指數漲跌	量損益
58	1998/11/21	7366.11	178710	7380	7381					
59	1998/11/23	7312.26	95761	7344	7340					
60	1998/11/24	7435.84	157850	7525	7495					
61	1998/11/25	7213.5	138919	7366	7380	6963.362167	91433.62	1	-222.34	-222.34
62	1998/11/26	7377.86	145966	7529	7545	6970.622167	91933.53	1	164.36	164.36
63	1998/11/27	7320.12	118803	7490	7500	6977.714667	92035.02	1	-57.74	-57.74
64	1998/11/30	7177.22	68360	7413	7439	6983.937833	91800.8	-1	-142.9	142.9
65	1998/12/1	7102.37	71053	7336	7394	6988.280167	91499.48	-1	-74.85	74.85
66	1998/12/2	7157.22	85352	7380	7425	6993.231	91743.27	-1	54.85	-54.85
67	1998/12/3	7140.11	69761	7321	7371	6997.9335	91759.72	-1	-17.11	17.11
68	1998/12/4	7201.84	94423	7384	7435	7001.755167	91973.22	1	61.73	61.73
69	1998/12/7	7303.34	127277	7470	7562	7006.802167	92231.77	1	101.5	101.5
70	1998/12/8	7212.68	95636	7352	7455	7010.984167	92523.42	1	-90.66	-90.66
71	1998/12/9	7117.91	65232	7226	7325	7010.456167	91729.18	-1	-94.77	94.77
72	1998/12/10	7048.57	59300	7186	7270	7010.775667	90644.15	-1	-69.34	69.34
73	1998/12/11	6939.74	64972	6965	7051	7009.204833	90418.53	-1	-108.83	108.83
74	1998/12/14	6889.5	50661	6959	7062	7007.993667	89846.12	-1	-50.24	50.24

現在我們來看看這樣操作的結果如何，因為都是 ±1 乘上漲跌做為損益，所以就是單口的損益數字（口是期貨的操作單位）。

先選取 J61，然後按下 Ctrl + Shift + ↓，選取全部的損益數字，有沒有看到最下面有一排統計數字？我的資料是整理到 2022/2/25，加總起來的值是 68429.34，平均值是 11.83。大家可以把游標移到最下方（如圖）按右鍵，然後選擇要快速顯示出來的項目，可以很方便地看到簡要的統計資訊。

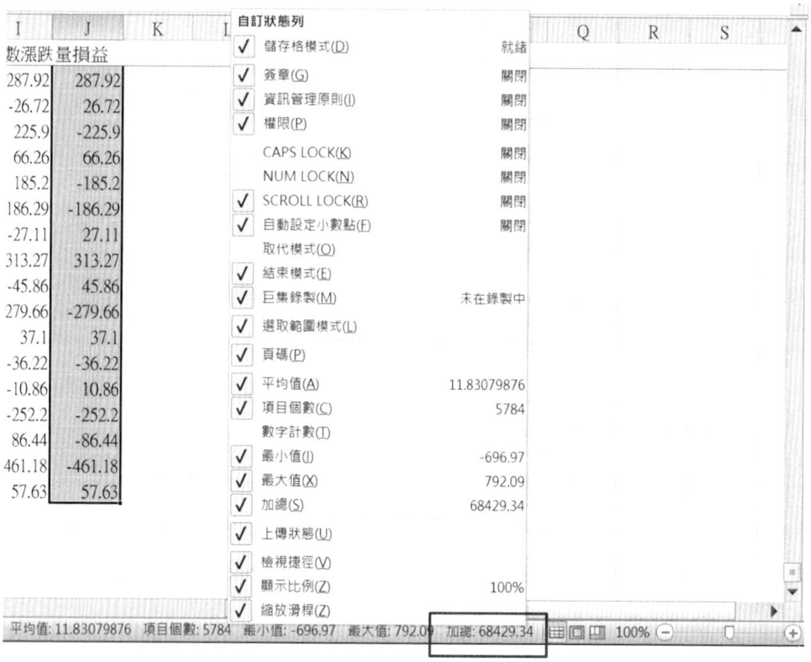

我們一直模擬到現在的是加權指數，並不是期貨價格。但是如前所述，期貨必須用現貨結算，也就是加權指數，所以知道加權指數的方向，就能預測期貨往哪邊走，後面我們會一步步地衍伸到期貨市場，並補充其它的重要操作技巧。

所以從 1998 年底到 2022 年春，大約是 23.5 年的時間，按照成交量為指標來操作加權指數（假設有這個商品，跟期貨不同喲），可獲利 68429.34 點，若比照大台的契約規格 1 點 200 元，那就是 1,368 萬。

交易口數與交易成本

咦？好像有人發問了？交易成本？是的，這裡尚未計入交易成本。我們接著把交易成本估算出進去。

這裡的假設就是每天收盤時觀察集中市場的成交量，如果大於 60 日均量就做多，小於 60 日均量就做空。當然囉，看到當日成交量就代表已經收盤，應該是不能再據以操作了，但我們可以在收盤前 5 分鐘估計這一天的成交量是多少，因為只剩最後 5 分鐘，估出來的數字不會相差太遠。

如果是操作期貨（根本就是）就更棒了，因為期貨到 13:45:00 才收盤，所以完全可以掌握集中市場成交量的資訊。

所以每天收盤前決定要留倉的方向，等到隔天收盤前再決定下一天的方向，一天最多就是交易一次，而且只有在前一日的多空方向與當日不同時，才有需要交易，每次交易不是多翻空，就是空翻多，相當於 1 變成 -1，或是 -1 變成 1，交易口數都是乘以 2。

現在請於 K61 輸入公式「=ABS(H61-H60)」，這就是那一天要交易的口數了，不管是空單或多單，交易口數都是正的，因此用「ABS」函式取絕對值。因為這是第一天，前一天沒有部位，所以值是 1。接著把公式往下填滿，就可以看到後面每天的交易口數，在 K1 打上這一欄的標題「交易口數」，完成如下圖。

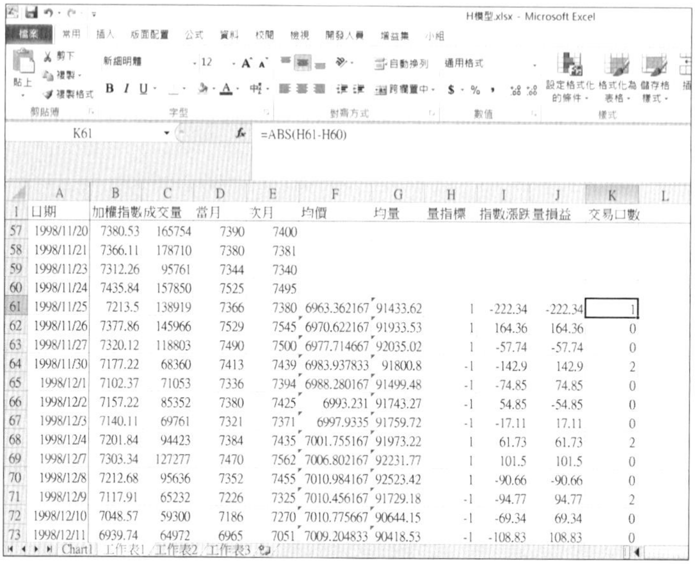

	A	B	C	D	E	F	G	H	I	J	K	L
1	日期	加權指數	成交量	當月	次月	均價	均量	量指標	指數漲跌	量損益	交易口數	
57	1998/11/20	7380.53	165754	7390	7400							
58	1998/11/21	7366.11	178710	7380	7381							
59	1998/11/23	7312.26	95761	7344	7340							
60	1998/11/24	7435.84	157850	7525	7495							
61	1998/11/25	7213.5	138919	7366	7380	6963.362167	91433.62	1	-222.34	-222.34	1	
62	1998/11/26	7377.86	145966	7529	7545	6970.622167	91933.53	1	164.36	164.36	0	
63	1998/11/27	7320.12	118803	7490	7500	6977.714667	92035.02	1	-57.74	-57.74	0	
64	1998/11/30	7177.22	68360	7413	7439	6983.937833	91800.8	-1	-142.9	142.9	2	
65	1998/12/1	7102.37	71053	7336	7394	6988.280167	91499.48	-1	-74.85	74.85	0	
66	1998/12/2	7157.22	85352	7380	7425	6993.231	91743.27	-1	54.85	-54.85	0	
67	1998/12/3	7140.11	69761	7321	7371	6997.9335	91759.72	-1	-17.11	17.11	0	
68	1998/12/4	7201.84	94423	7384	7435	7001.755167	91973.22	1	61.73	61.73	2	
69	1998/12/7	7303.34	127277	7470	7562	7006.802167	92231.77	1	101.5	101.5	0	
70	1998/12/8	7212.68	95636	7352	7455	7010.984167	92523.42	1	-90.66	-90.66	0	
71	1998/12/9	7117.91	65232	7226	7325	7010.456167	91729.18	-1	-94.77	94.77	2	
72	1998/12/10	7048.57	59300	7186	7270	7010.775667	90644.15	-1	-69.34	69.34	0	
73	1998/12/11	6939.74	64972	6965	7051	7009.204833	90418.53	-1	-108.83	108.83	0	

接下來算一下交易口數的總和，順便就把損益的總和一起算了。請在 L61 先輸入「損益總和」，M61 輸入「口數總和」，然後在 L62 輸入公式「=SUM(J61:J5844)」，這邊我們再講最後一次輸入的技巧，以後就不多提了：輸人完「=SUM(」之後，不急著輸入儲存格位址，直接用滑鼠在 J61 按一下，然後按住 Ctrl + Shift，再按 ↓，就會填入 J61 到最後一筆資料的位址，然後 Enter 就行了。

下一步更容易，按 → 來到 M62，按 Ctrl + R，就會直接把 L62 的公式往右填，同時調整對應的輸入引數。現在應該變這樣了：

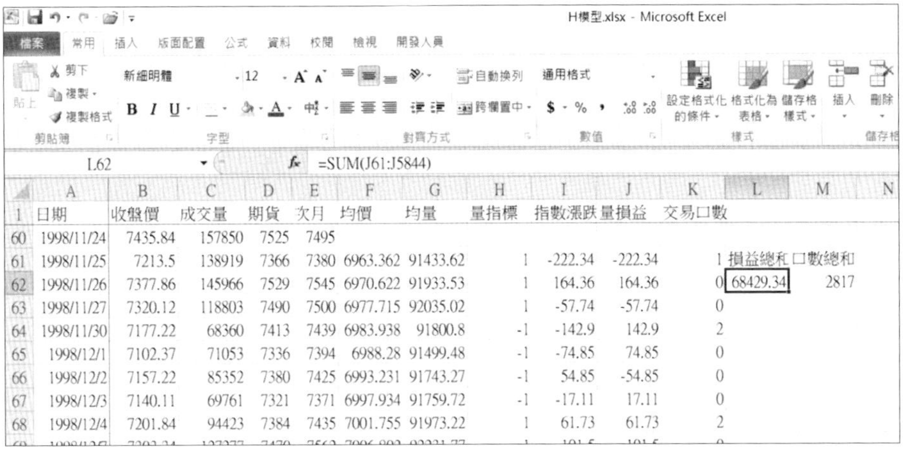

	A	B	C	D	E	F	G	H	I	J	K	L	M
1	日期	收盤價	成交量	期貨	次月	均價	均量	量指標	指數漲跌	量損益	交易口數		
60	1998/11/24	7435.84	157850	7525	7495								
61	1998/11/25	7213.5	138919	7366	7380	6963.362	91433.62	1	-222.34	-222.34	1	損益總和	口數總和
62	1998/11/26	7377.86	145966	7529	7545	6970.622	91933.53	1	164.36	164.36	0	68429.34	2817
63	1998/11/27	7320.12	118803	7490	7500	6977.715	92035.02	1	-57.74	-57.74	0		
64	1998/11/30	7177.22	68360	7413	7439	6983.938	91800.8	-1	-142.9	142.9	2		
65	1998/12/1	7102.37	71053	7336	7394	6988.28	91499.48	-1	-74.85	74.85	0		
66	1998/12/2	7157.22	85352	7380	7425	6993.231	91743.27	-1	54.85	-54.85	0		
67	1998/12/3	7140.11	69761	7321	7371	6997.934	91759.72	-1	-17.11	17.11	0		
68	1998/12/4	7201.84	94423	7384	7435	7001.755	91973.22	1	61.73	61.73	2		

23 年來的交易口數總和是 2,817 口，這裡還漏算了一項「轉倉交易」，因為期貨是每個月結算，所以在結算日與次日，即使同樣是做多或做空，仍然要把前一個月的倉位，轉成後一個月的倉位，但我們這裡是假設有加權指數這個商品可以操作，而不是操作期貨，所以暫時先不納入考量，等以後講到期貨時再仔細的計算。

指數期貨的交易成本包含手續費和交易稅，加起來大概 200 元，也就是 1 點台指期貨的點數價值 (1 點是 200 元)，所以 23 年來的交易口數總和是 2,817 口，交易成本就是 2,817 點，佔損益總和 68,429 點的比重很小。

我自己開始做期貨交易是在 2003 年，那時的手續費電子下單就要 250 元（人工單是 600 元），交易稅率是萬分之 2.5，代入模型之後依然可以獲利，而現在的手續費普遍可以跟券商談到兩位數，交易稅率更是只有十萬分之 1，差異相當大。

一倍槓桿操作

到目前為止一直都是模擬單口操作，可是當獲利累積到足夠增加一口時，為什麼還要只操作一口呢？

現在我要變魔術了喔，變魔術就是說有個地方是騙你的，說不定你已經心理有數了，如果沒有也沒關係，這一節的最後我會告訴你。

資金、槓桿與口數

我現在要加入「資金」和「留倉口數」兩欄，請按上面的 K 和 L 兩欄，然後滑鼠右鍵，選「插入」，原本的「交易口數」欄被擠到後面了。

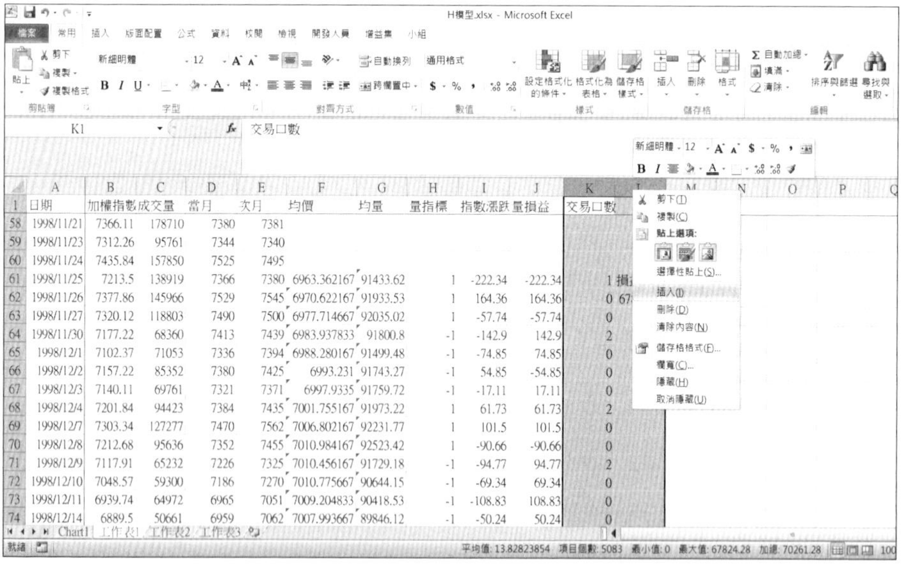

在新多出來的 K1 打上標題「資金」，L1 打上「留倉口數」，在 K60 的地方輸入「10000」，表示起始的資金是 10,000 點（1 點等於 200

元），L60 輸入公式「=INT(K60/B60)」，INT 是取整數的意思，用的是無條件捨去法，這就是說當我的資金是 10,000 點時，足夠操作指數 1 口。

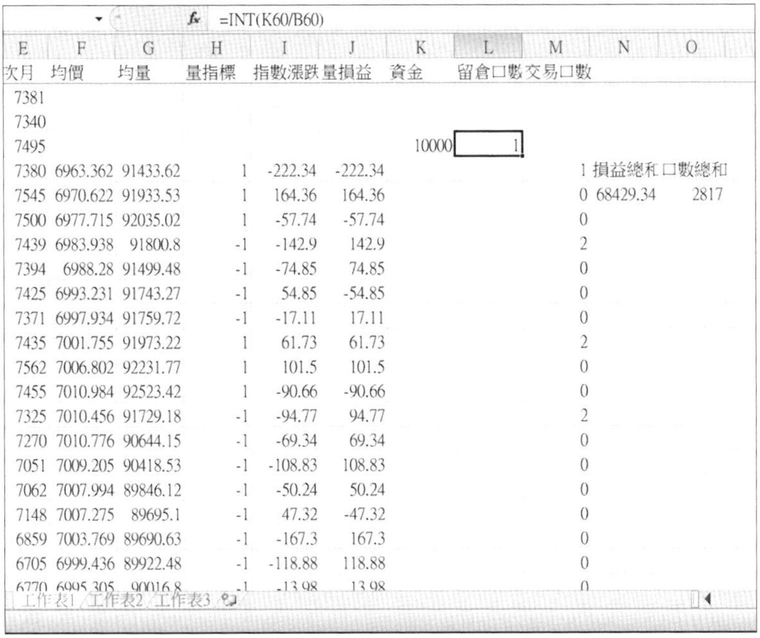

=INT(K60/B60)

E	F	G	H	I	J	K	L	M	N	O
次月	均價	均量	量指標	指數漲跌	量損益	資金	留倉口數	交易口數		
7381										
7340										
7495						10000	1			
7380	6963.362	91433.62	1	-222.34	-222.34			1	損益總和	口數總和
7545	6970.622	91933.53	1	164.36	164.36			0	68429.34	2817
7500	6977.715	92035.02	1	-57.74	-57.74			0		
7439	6983.938	91800.8	-1	-142.9	142.9			2		
7394	6988.28	91499.48	-1	-74.85	74.85			0		
7425	6993.231	91743.27	-1	54.85	-54.85			0		
7371	6997.934	91759.72	-1	-17.11	17.11			0		
7435	7001.755	91973.22	1	61.73	61.73			2		
7562	7006.802	92231.77	1	101.5	101.5			0		
7455	7010.984	92523.42	1	-90.66	-90.66			0		
7325	7010.456	91729.18	-1	-94.77	94.77			2		
7270	7010.776	90644.15	-1	-69.34	69.34			0		
7051	7009.205	90418.53	-1	-108.83	108.83			0		
7062	7007.994	89846.12	-1	-50.24	50.24			0		
7148	7007.275	89695.1	-1	47.32	-47.32			0		
6859	7003.769	89690.63	-1	-167.3	167.3			0		
6705	6999.436	89922.48	-1	-118.88	118.88			0		
6770	6995.305	90016.8	-1	-13.98	13.98			0		

工作表1 工作表2 工作表3

現在就不再是以單口操作了，今天的資金增減除了跟指數的漲跌幅與多空方向有關之外，還必須乘上前一天留倉的口數，所以 K61 的資金會變成「=K60+J61*L60」，然後這個資金又決定了今天留倉的口數，因此 L61 是「=INT(K61/B61)」，其實只要選取 L61 儲存格，然後按下 Ctrl + D 就會把剛才 L60 的公式往下填。

接下來的動作已經教很多次了：把 K61 和 L61 的公式往下填滿到資料末端。

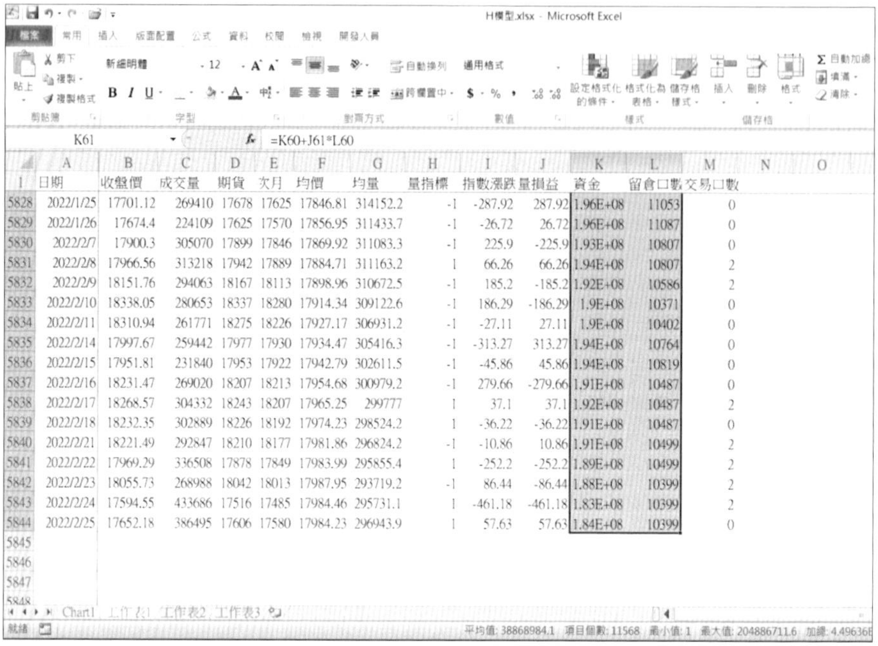
K61 =K60+J61*L60

	A	B	C	D	E	F	G	H	I	J	K	L	M
1	日期	收盤價	成交量	期貨	次月	均價	均量	量指標	指數漲跌	量損益	資金	留倉口數	交易口數
5828	2022/1/25	17701.12	269410	17678	17625	17846.81	314152.2	-1	-287.92	287.92	1.96E+08	11053	0
5829	2022/1/26	17674.4	224109	17625	17570	17856.95	311433.7	-1	-26.72	26.72	1.96E+08	11087	0
5830	2022/2/7	17900.3	305070	17899	17846	17869.92	311083.3	-1	225.9	-225.9	1.93E+08	10807	0
5831	2022/2/8	17966.56	313218	17942	17889	17884.71	311163.2	1	66.26	66.26	1.94E+08	10807	2
5832	2022/2/9	18151.76	294063	18167	18113	17898.96	310672.5	-1	185.2	-185.2	1.92E+08	10586	2
5833	2022/2/10	18338.05	280653	18337	18280	17914.34	309122.6	-1	186.29	-186.29	1.9E+08	10371	0
5834	2022/2/11	18310.94	261771	18275	18226	17927.17	306931.2	-1	-27.11	27.11	1.9E+08	10402	0
5835	2022/2/14	17997.67	259442	17977	17930	17934.47	305416.3	-1	-313.27	313.27	1.94E+08	10764	0
5836	2022/2/15	17951.81	231840	17953	17922	17942.79	302611.5	-1	-45.86	45.86	1.94E+08	10819	0
5837	2022/2/16	18231.47	269020	18207	18213	17954.68	300979.2	-1	279.66	-279.66	1.91E+08	10487	0
5838	2022/2/17	18268.57	304332	18243	18207	17965.25	299777	1	37.1	37.1	1.92E+08	10487	2
5839	2022/2/18	18232.35	302889	18226	18192	17974.23	298524.2	1	-36.22	-36.22	1.91E+08	10487	0
5840	2022/2/21	18221.49	292847	18210	18177	17981.86	296824.2	-1	-10.86	10.86	1.91E+08	10499	2
5841	2022/2/22	17969.29	336508	17878	17849	17983.99	295855.4	1	-252.2	-252.2	1.89E+08	10499	2
5842	2022/2/23	18055.73	268988	18042	18013	17987.95	293719.2	-1	86.44	-86.44	1.88E+08	10399	2
5843	2022/2/24	17594.55	433686	17516	17485	17984.46	295731.1	1	-461.18	-461.18	1.83E+08	10399	2
5844	2022/2/25	17652.18	386495	17606	17580	17984.23	296943.9	1	57.63	57.63	1.84E+08	10399	0

有沒有嚇一跳？1.84E+08 代表 1.84 乘以 10 的 8 次方，也就是 184,000,000，1 億 8 千 2 百萬點，一點是 200 元，那不就有 368 億嗎？真的假的？就算再扣交易成本也是幾百億的數量級，你騙我的吧！

小心陷阱

對啦，我騙你的，我不是早就說是變魔術了嗎？問題出在哪裡？

還不知道問題出在哪裡的人請回到「量指標」那一節，我在 J61 輸入「=H61*I61」時，就請你思考一下這樣對不對？

答案當然是不對。今天的損益不是由今天的多空來決定，是由前一天的多空來決定，前一天做多和做空，乘上今天的漲跌，才是今天的損益，如果今天因為量大而做多，必須明天漲才是賺錢。

「今天的量放大」和「今天是漲的」，以及「今天的量縮小」和「今天是跌的」，代表量價確實有同步性，但我們需要的不只是同步性，還要有延續性才行。

這個問題在回測分析上非常重要，比如說曾經有一個台大機械的學弟很興奮的跟我說：「學長學長，我找到一個指標，表現非常出色，幾乎要勝過你的 H 指標，就是看美股做台股，如果美股收高，隔天台股就很容易漲，美股跌就容易殺…」

明者自明，一聽就知道問題在哪裡：2016 年以前期貨市場還沒有夜盤，而美股晚上才交易，知道美股漲跌時已經是隔天清晨了，要到哪裡去佈多單或空單。就算現在有夜間交易了，美股走高的同時台指期貨也會同步走揚，還是買不到低點，如果走空也是一樣，看到美股跌的同時，期貨也會下跌，兩者亦步亦趨，無法看美股走勢來操作台指期。

我現在舉的例可能很多人容易發現問題在哪裡，但市場上很多分析師就是用這個技巧在唬弄投資人，只是他們的花樣比較繁複，口條更為流暢，東拉西扯，讓聽眾看不清事實真相。比如下圖是我最近常看到有人在講的拋物線指標：

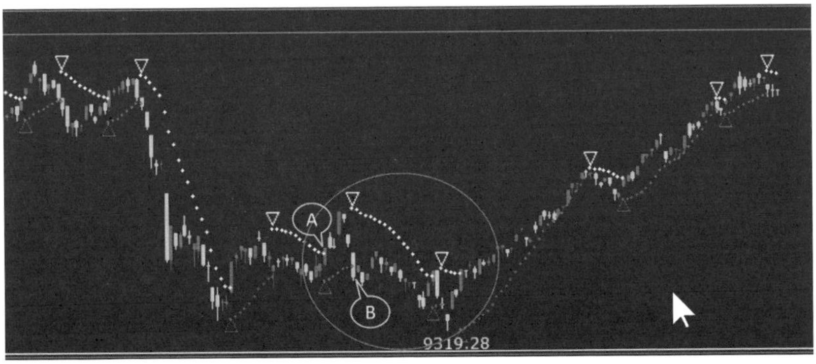

▲ 圖片來源：群益策略王

你看，它把圖都畫得很完美，賣點都在上面，買點都在下面，看似非賺不可。可是請你再看仔細一點，買進的時候是上穿收紅 K（A 點），賣出的那一天通常是跌破收黑 K（B 點），因此要賣只能賣到那一天的低點，要買只能買到那一天的高點，或許有些趨勢段能賺到錢，可是在整理期就會一直買高賣低，被巴來巴去。

好，分析師又說：「這指標是趨勢操作，在整理期不適用。」那我怎麼知道是整理期還是趨勢段？上圖從事後來看很清楚，前面有跌段，後面有漲段，中間是整理期。分析師可能說：「高不過高，低不過低就是整理呀！」那等創新高或創新低時，不就是要追高殺低嗎？這就是結果出來了才找理由解釋，根本不能當作即時操作的依據。

愛嘴的還會繼續說：「過高之後要等拉回再買…」那這樣就不是原來說的指標了，而且你看上圖的紅圈區，過高之後拉回又破底。

嘴砲先生又可以說：「指標適用的時機不一樣，時間框架也不同，有的要看週 K，有的看日 K，還有的看小時 K…」這時候已經懶得跟他辯了。如果需要用更多的變數去解釋一個變數，那不就跟中古世紀歐洲教會堅持的「地心說」一樣嗎？用一堆大圈圈和小圈圈去解釋天體的運行，再加上一堆例外，與例外中的例外，其實只是不肯認錯而已。

這個問題到最後我們還會有進一步的解釋，現在只是先提醒大家，要注意操作上的順序問題，我們回頭來看量指標是不是具有延續性。

不能看同時指標，只能看先行指標

所以問題出在 J61「=H61*I61」，用今天的量不能預測今天的漲跌。看到今天的量都收盤了，就算預測對了又如何？但是可以預測明天的，股市收盤在 13:30，期貨收盤在 13:45，還有 15 分鐘可以佈明天的單，這樣就對了。

不過我們先講現貨，也就是加權指數，來看看今天的量預測明天的漲跌會如何。

往前翻看到我們做出的量價時序圖，在 Chart1 工作表裡。點一下圖上的曲線，上面公式區出現了「=SERIES(, 工作表 1!$F$61:$F$1000, 工作表 1!$G$61:$G$1000,1)」。之前有說過，第一個變數是標題，留空白即可；第二個是 X 座標，在此是均價；第三個是 Y 座標，在此是均量；最後一個是資料編號，因為只有一組資料，所以是 1。

X 資料和 Y 資料的數目要一樣，但編號不一定要一樣。我們要用前一天的量來預測後一天的價，那就把代表均量的 Y 座標往前移一格，所以請把前面的公式改成：「=SERIES(, 工作表 1!$F$61:$F$1000, 工作表 1!$G$60:$G$999,1)」，圖形會變這樣：

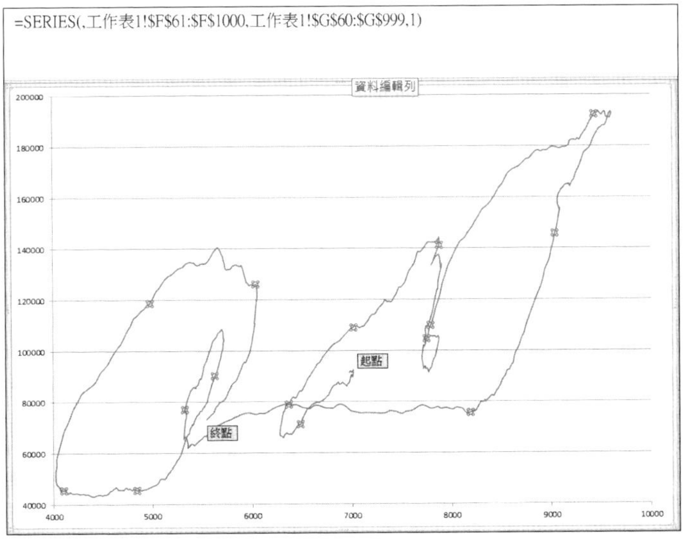

看起來幾乎是一樣的。這應該是因為我們取的是 60 日平均價與平均量，前一天的平均跟後一天的平均，計算式中其實有 59 筆資料是一樣的，所以差異很小。

那我們直接用操作來驗證。把 J61 的公式改成「=H60*I61」，這就是前一天的多空乘上今天的漲跌了，完全就是正確的操作模式，接著按 Ctrl + Shift + ↓ 選取到資料末端，再按 Ctrl + D 把修正後的公式向下填滿。

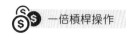

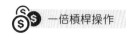

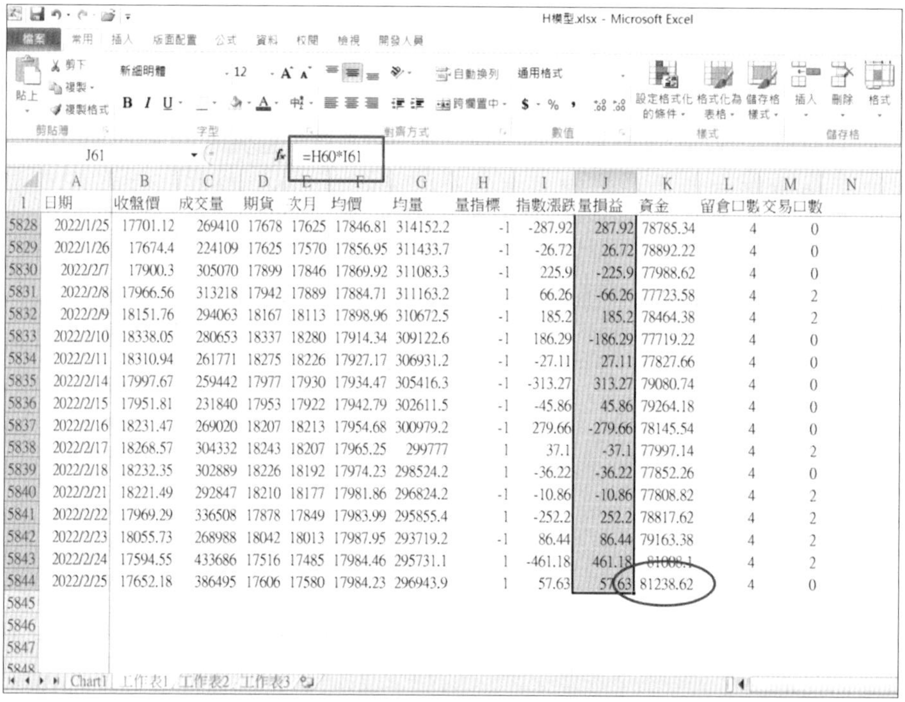

	A	B	C	D	E	F	G	H	I	J	K	L	M
1	日期	收盤價	成交量	期貨	次月	均價	均量	量指標	指數漲跌	量損益	資金	留倉口數	交易口數
5828	2022/1/25	17701.12	269410	17678	17625	17846.81	314152.2	-1	-287.92	287.92	78785.34	4	0
5829	2022/1/26	17674.4	224109	17625	17570	17856.95	311433.7	-1	-26.72	26.72	78892.22	4	0
5830	2022/2/7	17900.3	305070	17899	17846	17869.92	311083.3	-1	225.9	-225.9	77988.62	4	0
5831	2022/2/8	17966.56	313218	17942	17889	17884.71	311163.2	1	66.26	-66.26	77723.58	4	2
5832	2022/2/9	18151.76	294063	18167	18113	17898.96	310672.5	-1	185.2	185.2	78464.38	4	2
5833	2022/2/10	18338.05	280653	18337	18280	17914.34	309122.6	-1	186.29	-186.29	77719.22	4	0
5834	2022/2/11	18310.94	261771	18275	18226	17927.17	306931.2	-1	-27.11	27.11	77827.66	4	0
5835	2022/2/14	17997.67	259442	17977	17930	17934.47	305416.3	-1	-313.27	313.27	79080.74	4	0
5836	2022/2/15	17951.81	231840	17953	17922	17942.79	302611.5	-1	-45.86	45.86	79264.18	4	0
5837	2022/2/16	18231.47	269020	18207	18213	17954.68	300979.2	-1	279.66	-279.66	78145.54	4	0
5838	2022/2/17	18268.57	304332	18243	18207	17965.25	299777	1	37.1	-37.1	77997.14	4	2
5839	2022/2/18	18232.35	302889	18226	18192	17974.23	298524.2	1	-36.22	-36.22	77852.26	4	0
5840	2022/2/21	18221.49	292847	18210	18177	17981.86	296824.2	-1	-10.86	-10.86	77808.82	4	2
5841	2022/2/22	17969.29	336508	17878	17849	17983.99	295855.4	1	-252.2	252.2	78817.62	4	2
5842	2022/2/23	18055.73	268988	18042	18013	17987.95	293719.2	-1	86.44	86.44	79163.38	4	2
5843	2022/2/24	17594.55	433686	17516	17485	17984.46	295731.1	1	-461.18	461.18	81008.1	4	2
5844	2022/2/25	17652.18	386495	17606	17580	17984.23	296943.9	1	57.63	57.63	81238.62	4	0

好極了，數字合理多了：從 10,000 點成長到 81,238 點。在旁邊隨便找個儲存格輸入以下公式：「=(K5844/K60)^(1/23)-1」，這就相當於把最後資金除以起始資金，即總獲利倍數，再開完 23 次方根號，減掉 1，

算出來的就是年複合報酬率，在上面常用標籤下的數值面板區裡，點 % 符號設定百分比格式，再調整一下小數位數，就會顯示出大約是 9.54%。

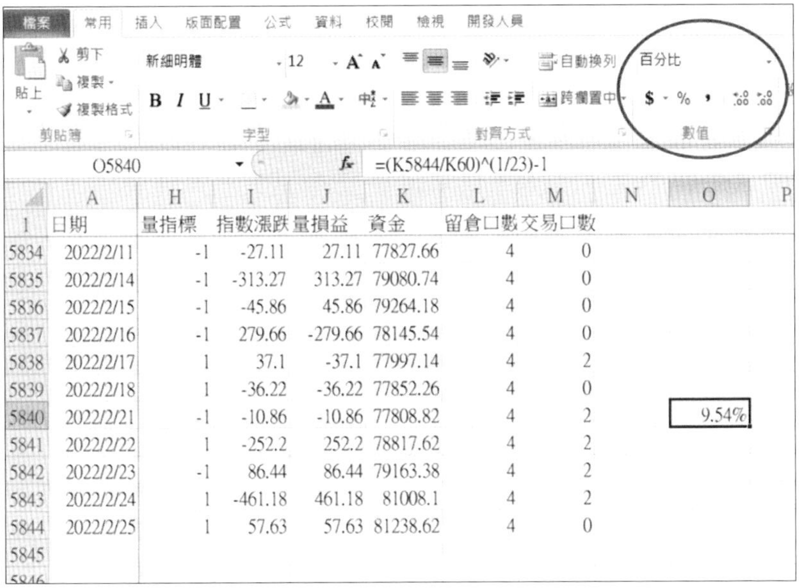

	A	H	I	J	K	L	M	N	O
1	日期	量指標	指數漲跌	量損益	資金	留倉口數	交易口數		
5834	2022/2/11	-1	-27.11	27.11	77827.66	4	0		
5835	2022/2/14	-1	-313.27	313.27	79080.74	4	0		
5836	2022/2/15	-1	-45.86	45.86	79264.18	4	0		
5837	2022/2/16	-1	279.66	-279.66	78145.54	4	0		
5838	2022/2/17	1	37.1	-37.1	77997.14	4	2		
5839	2022/2/18	1	-36.22	-36.22	77852.26	4	0		
5840	2022/2/21	-1	-10.86	-10.86	77808.82	4	2		9.54%
5841	2022/2/22	1	-252.2	252.2	78817.62	4	2		
5842	2022/2/23	-1	86.44	86.44	79163.38	4	2		
5843	2022/2/24	1	-461.18	461.18	81008.1	4	2		
5844	2022/2/25	1	57.63	57.63	81238.62	4	0		
5845									

槓桿倍數的利與弊

不滿意？我們這裡用的是足額的資金操作，未使用任何槓桿倍數，以 2022/2 的期貨指數約在 17,500 來說，相當於有 350 萬的資金，才操作 1 口大台，可以說是風險非常低的操作方式。

把 L60 的公式從「=INT(K60/B60)」改成「=INT(K60*2/B60)」，然後向下填滿公式，這就代表把資金放大為 2 倍，變成像下面這樣：

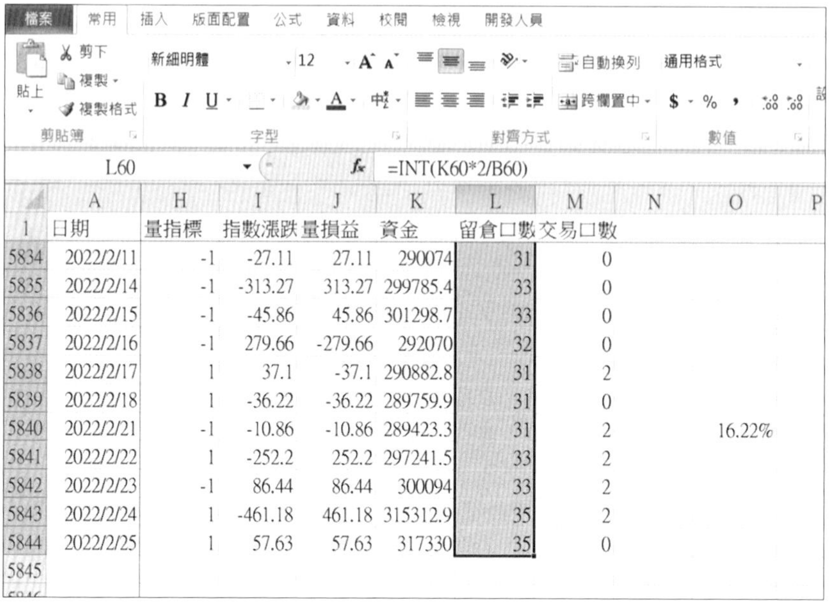

	A	H	I	J	K	L	M	N	O
1	日期	量指標	指數漲跌	量損益	資金	留倉口數	交易口數		
5834	2022/2/11	-1	-27.11	27.11	290074	31	0		
5835	2022/2/14	-1	-313.27	313.27	299785.4	33	0		
5836	2022/2/15	-1	-45.86	45.86	301298.7	33	0		
5837	2022/2/16	-1	279.66	-279.66	292070	32	0		
5838	2022/2/17	1	37.1	-37.1	290882.8	31	2		
5839	2022/2/18	1	-36.22	-36.22	289759.9	31	0		
5840	2022/2/21	-1	-10.86	-10.86	289423.3	31	2		16.22%
5841	2022/2/22	1	-252.2	252.2	297241.5	33	2		
5842	2022/2/23	-1	86.44	86.44	300094	33	2		
5843	2022/2/24	1	-461.18	461.18	315312.9	35	2		
5844	2022/2/25	1	57.63	57.63	317330	35	0		
5845									

最後的總資金成長為 317,330，相當於快要 32 倍，年複合報酬率也成長為 16.22%。大家可以試著看看變為 3 倍或 4 倍會怎樣。你會發現改成 3 還可以進一步提升報酬率，改成 4 的年複合報酬率就開始下降了，改成 5 下降更多，再改成 6 甚至報酬率變為負數。

怎麼會這樣呢？這就是我們在講槓桿倍數時所提到的：「水能載舟，亦能覆舟」。適當地使用槓桿倍數可以提高總報酬率，但使用過高的槓桿倍數反而會讓原本可以獲利的策略，不只賺不到錢，還會產生虧損。

期貨做多策略與結算日

這一節我們來看看單純的期貨做多策略會發生什麼事。這邊會講期貨換倉時，計算損益時要注意當月和次月期貨的轉換，也就是結算日時要對資料做特殊處理，在後面這個技巧會一直用到。

把公式複製到資料起始位置

打開我們之前的 Excel 工作簿，把它存檔成「H 模型 .xlsx」，然後再另存新檔，就叫它「H 模型 _1.xlsx」吧，這樣就有兩個一模一樣的檔案，我們先用「H 模型 _1.xlsx」做期貨做多策略，這一節做完以後再回到「H 模型 .xlsx」繼續做 H 模型。

以下要做的雖然跟 H 模型沒有關係，但在這裡做出來的結算日資料可以重複使用。

原來的量指標策略之所以從第 61 列開始計算，是因為要有 60 筆歷史資料，才能計算 60 日均量，在本章的最後一節「解析均量函數與參數」裡，會教大家把固定算 60 日均量，改成變數算 N 日均量都可以，並用 IF 函數排除錯誤。

但在這裡我們只是要示範單純做多的策略，所以可以從一開始就設定指標為「1」。現在選取 H60 到 M61 的儲存格，按右鍵把它複製起來，移動到 H2 按貼上。

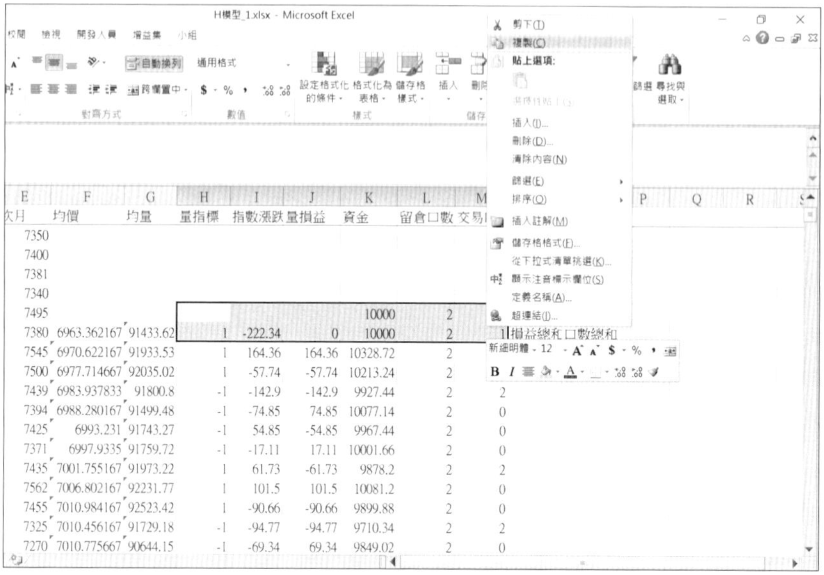

E 次月	F 均價	G 均量	H 量指標	I 指數漲跌	J 量損益	K 資金	L 留倉口數	M 交易口數
7350								
7400								
7381								
7340								
7495						10000	2	
7380	6963.362167	91433.62	1	-222.34	0	10000	2	1
7545	6970.622167	91933.53	1	164.36	164.36	10328.72	2	
7500	6977.714667	92035.02	1	-57.74	-57.74	10213.24	2	
7439	6983.937833	91800.8	-1	-142.9	-142.9	9927.44	2	2
7394	6988.280167	91499.48	-1	-74.85	74.85	10077.14	2	0
7425	6993.231	91743.27	-1	54.85	-54.85	9967.44	2	0
7371	6997.9335	91759.72	-1	-17.11	17.11	10001.66	2	0
7435	7001.755167	91973.22	1	61.73	-61.73	9878.2	2	2
7562	7006.802167	92231.77	1	101.5	101.5	10081.2	2	0
7455	7010.984167	92523.42	1	-90.66	-90.66	9899.88	2	0
7325	7010.456167	91729.18	-1	-94.77	-94.77	9710.34	2	2
7270	7010.775667	90644.15	-1	-69.34	69.34	9849.02	2	0

接著把 H3:M3 往下填滿到資料的末端（選取後按 Ctrl + Shift + ↓，然後 Ctrl + D ）

因為要測試單純做多策略的效果，所以在 H2 填上 1，表示做多，一樣下填到資料末端，這樣 H 欄的每一格都會是 1，就代表每天都做多了。完成之後把 O 欄那個計算年複合報酬率的公式改為「=(K5844/K2)^(1/23)-1」，本來是從 K61 為起點，現在是 K2 了。如果此時讀者在上一節設定的留倉口數計算有乘上槓桿倍數，先把它取消，就是將 L2 儲存格的公式回復到「=INT(K2/B2)」，再往下填滿。

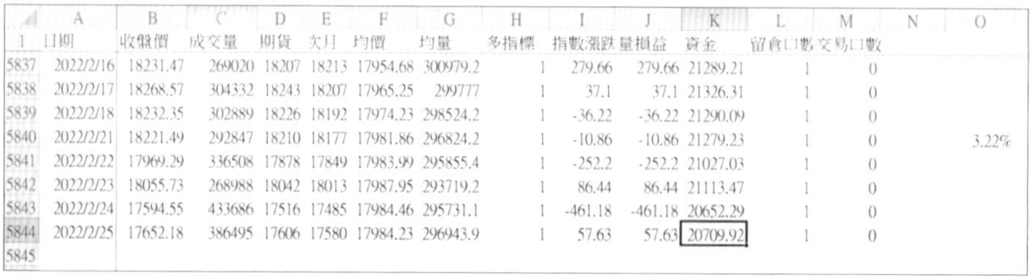

1	A 日期	B 收盤價	C 成交量	D 期貨	E 次月	F 均價	G 均量	H 多指標	I 指數漲跌	J 量損益	K 資金	L 留倉口數	M 交易口數	N	O
5837	2022/2/16	18231.47	269020	18207	18213	17954.68	300979.2	1	279.66	279.66	21289.21	1	0		
5838	2022/2/17	18268.57	304332	18243	18207	17965.25	299777	1	37.1	37.1	21326.31	1	0		
5839	2022/2/18	18232.35	302889	18226	18192	17974.23	298524.2	1	-36.22	-36.22	21290.09	1	0		
5840	2022/2/21	18221.49	292847	18210	18177	17981.86	296824.2	1	-10.86	-10.86	21279.23	1	0		3.22%
5841	2022/2/22	17969.29	336508	17878	17849	17983.99	295855.4	1	-252.2	-252.2	21027.03	1	0		
5842	2022/2/23	18055.73	268988	18042	18013	17987.95	293719.2	1	86.44	86.44	21113.47	1	0		
5843	2022/2/24	17594.55	433686	17516	17485	17984.46	295731.1	1	-461.18	-461.18	20652.29	1	0		
5844	2022/2/25	17652.18	386495	17606	17580	17984.23	296943.9	1	57.63	57.63	20709.92	1	0		
5845															

結果如上圖，最後的年複合報酬率只有 3.22%，很低？這是因為目前的指數漲跌是加權指數，我們要把它換成期貨才行。

先把 H1 和 I1 的標題給改成「多指標」和「期貨漲跌」，再把 I 欄指數漲跌的公式從 B 欄變成 D 欄，I3 公式改「=D3-D2」，再下填到資料末端。到這裡大家應該都知道是如何操作 Excel 工作表了吧！

	A	B	C	D	E	F	G	H	I	J	K	L	M	N	O
1	日期	收盤價	成交量	期貨	次月	均價	均量	多指標	期貨漲跌	量損益	資金	留倉口數	交易口數		
5837	2022/2/16	18231.47	269020	18207	18213	17954.68	300979.2	1	254	254	21342	1	0		
5838	2022/2/17	18268.57	304332	18243	18207	17965.25	299777	1	36	36	21378	1	0		
5839	2022/2/18	18232.35	302889	18226	18192	17974.23	298524.2	1	-17	-17	21361	1	0		
5840	2022/2/21	18221.49	292847	18210	18177	17981.86	296824.2	1	-16	-16	21345	1	0		3.22%
5841	2022/2/22	17969.29	336508	17878	17849	17983.99	295855.4	1	-332	-332	21013	1	0		
5842	2022/2/23	18055.73	268988	18042	18013	17987.95	293719.2	1	164	164	21177	1	0		
5843	2022/2/24	17594.55	433686	17516	17485	17984.46	295731.1	1	-526	-526	20651	1	0		
5844	2022/2/25	17652.18	386495	17606	17580	17984.23	296943.9	1	90	90	20741	1	0		
5845															

咦？幾乎是一樣的，這是因為沒有考慮到結算日轉倉的效果。

在講「期貨是最安全的金融商品」時，有強調單純做多策略的利潤其實在於遠月期貨的逆價差，在結算日後的當月期貨其實是結算日前的次月期貨，這裡一直用後一天的當月期貨價減去前一天的當月期貨價，在結算日時就會發生錯誤。但要考慮結算日轉倉的效果，就必須先把結算日找出來，這項資訊會一直用在 H 模型當中。

建立結算日的資料

操作期貨跟指數最大不同的地方是：「指數永遠存在，期貨卻會結算」。

雖然當月期貨一直都在，但這個月的當月期貨跟上個月的當月期貨卻是不同的商品。當月期貨只是一個通稱，事實上到期交所查歷史資料，並沒有當月期貨這個品項，而是像 201905 或 201906 這樣一個個按照年月結算的品項。

但如果要一一把不同結算日的期貨品項列進資料表中做計算，既佔空間，也不易分析，所以把接下來要結算的商品通稱當月期貨，次一個結算的商品稱為次月期貨。

一般交易都會選擇當月期貨做為標的，因為它的流動性一定比次月期貨還要好，也就是說交易量比較大，不管要買還是要賣都會比較容易，可是到結算日前就要把當月期貨轉換為次月期貨，畢竟當月期貨即將停止交易了。

台指期貨到現在約 23.5 年的歷史，大約是 280 個月，一般人找結算日很直覺，就是把月曆拿出來，從上面數下來第三個星期三就是結算日，可是讓電腦去做就沒那麼直覺了。

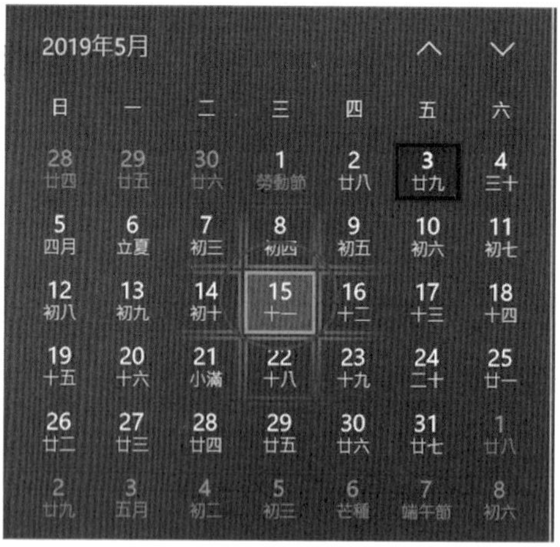

大家觀察一下，如果這個月的 1 日就是星期三，那麼 15 日就是結算日，如果 1 日是星期二，那第一個星期三會是 2 日，第三個星期日就

是 16 日，這樣一直往前挪動當月 1 日的位置，過了星期日就再回到星期六，推到當月 1 日是日星期四時，當月的結算日會是 21 日，而 Excel 裡有一個 WEEKDAY 函式，可以用來找出特定日期是星期幾。這樣根據當月的 1 日是星期幾，就可以知道「理論上」的結算日在哪一天。

為什麼要強調是「理論上」呢？因為有的時候第三個星期三可能碰上休假，不管是國定假日或是颱風假，按照期貨交易的規章就是順延到下一個交易日，所以找出「理論上」的結算日以後，如果前一個交易日期未到理論結算日，而後一個日期到了，那麼後面這個交易日就是實際的結算日。

我們先把工作表 1 裡的 A 欄，也就是所有的交易日，複製一遍到工作表 2。先固定首列不要被捲動（檢視→凍結窗格→凍結頂端列）。接下來程序如下：

1. 在工作表 2 的 B2 儲存格輸入公式「=DATE(YEAR(A2), MONTH (A2),1)」，這樣就回傳了當月 1 日的日期。

這裡跟大家介紹一下 Excel 裡處理日期的方式，它是以 1900/1/1 為起點，接著 1 天 1 天往後數，如果是不足 1 的小數，就按照佔 1 天的比例來估算，比如說 1 天有 86,400 秒，那麼 1 秒就是 1/86,400 天，因此若把數值 1.1 轉成日期格式，會變成「1900/1/1 02:24:00 AM” 。

PS：Excel 沒有辦法處理 20 世紀以前的日期，必須用特別的方法才行。

i. DATE 函數可輸入三個引數，就是年、月、日，然後會回傳某年某月某日的日期序列值。

ii. YEAR 函數會回傳特定日期之「年」的部份。

iii. MONTH 函數會回傳特定日期之「月」的部份。

2. C2 輸入公式「=WEEKDAY(B2)」，就知道當月 1 日是星期幾。Excel 預設是以星期日為開始的第 1 天，所以星期一是第 2 天…以此類推到星期六是第 7 天。

3. 在 D2 輸入公式「=CHOOSE(C2,18,17,16,15,21,20,19)」，這個公式會根據 C2 的值（從 1 開始），依序回傳後面參數的第 C2 個數字，比如說 C2=1 就回傳 18，C2=2 就回傳 17…，這就是我們上一段所解釋的，如果當月 1 日是星期日，那 4 日會是星期三，18 日就是第三個星期三，以此類推。

4. 於 E2 輸入公式「=DATE(YEAR(A2),MONTH(A2),D2)」，把年月日組合起來，現在 E 欄就會是理論上的結算日了。把公式往下填滿，如下圖。

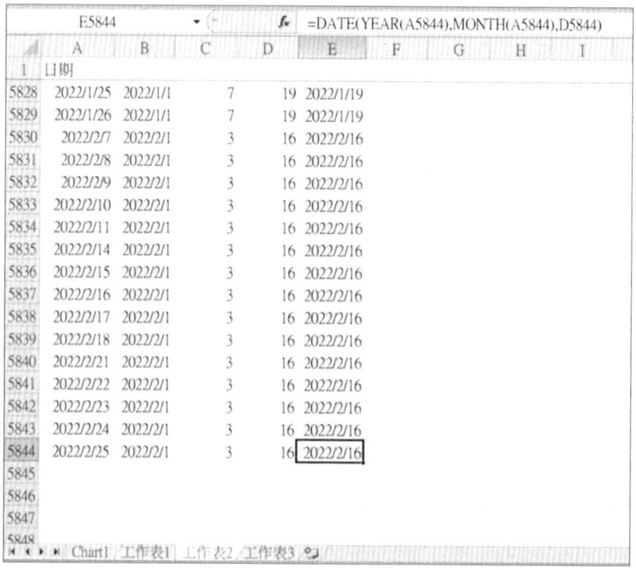

E5844 =DATE(YEAR(A5844),MONTH(A5844),D5844)

	A	B	C	D	E
1	日期				
5828	2022/1/25	2022/1/1	7	19	2022/1/19
5829	2022/1/26	2022/1/1	7	19	2022/1/19
5830	2022/2/7	2022/2/1	3	16	2022/2/16
5831	2022/2/8	2022/2/1	3	16	2022/2/16
5832	2022/2/9	2022/2/1	3	16	2022/2/16
5833	2022/2/10	2022/2/1	3	16	2022/2/16
5834	2022/2/11	2022/2/1	3	16	2022/2/16
5835	2022/2/14	2022/2/1	3	16	2022/2/16
5836	2022/2/15	2022/2/1	3	16	2022/2/16
5837	2022/2/16	2022/2/1	3	16	2022/2/16
5838	2022/2/17	2022/2/1	3	16	2022/2/16
5839	2022/2/18	2022/2/1	3	16	2022/2/16
5840	2022/2/21	2022/2/1	3	16	2022/2/16
5841	2022/2/22	2022/2/1	3	16	2022/2/16
5842	2022/2/23	2022/2/1	3	16	2022/2/16
5843	2022/2/24	2022/2/1	3	16	2022/2/16
5844	2022/2/25	2022/2/1	3	16	2022/2/16

接著要判定今天到底是不是結算日，請在 F3 輸入「=AND(A2<E3, A3>=E3)」，注意是在 F3 不是 F2 喔，因為 F3 才有前一個交易日可供判讀。AND 就是判定引數中的條件式是否全部成立，這裡輸入兩個條件式，第一個就是前一天是否小於結算日期，第二個就判定今天是否大於等於結算日，這樣即使「理論結算日」未開盤交易，也可以順利找到順延後的實際結算日。

把公式往下填滿的同時，趁著仍在選取 F 欄的狀態，從工具列「資料」標籤下點取「篩選」，按下拉三角形，然後只勾選「TRUE」，按「確定」。這樣就把所有為結算日的交易日期獨立出來了。

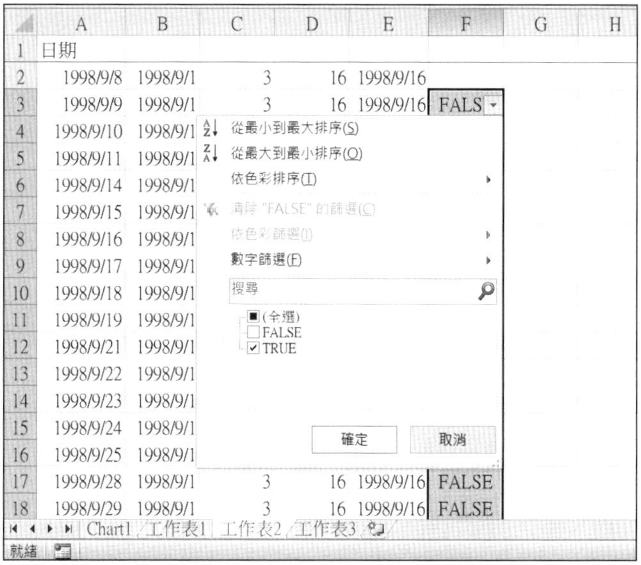

接著從 A 欄的 1998/9/16 開始向下選取到資料末端，按 Ctrl + C 複製，然後到 G2 按 Ctrl + V 貼上。

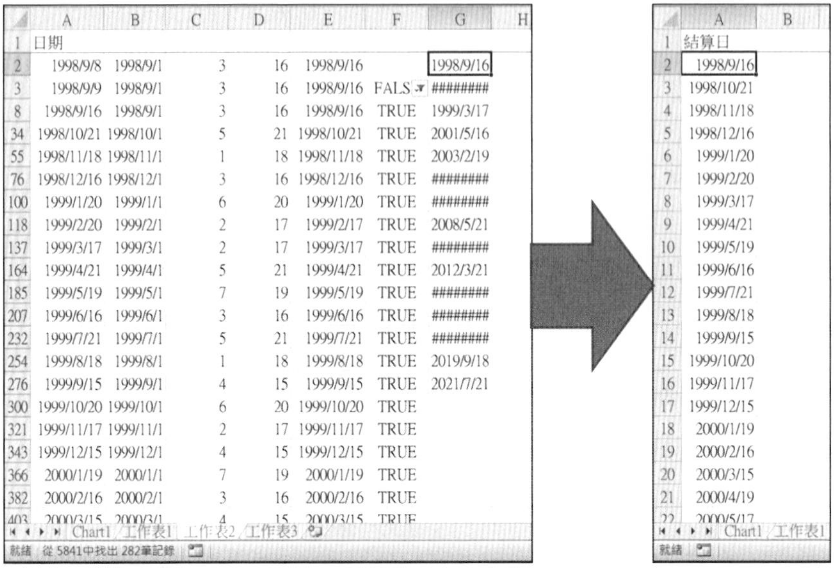

	A	B	C	D	E	F	G	H
1	日期							
2	1998/9/8	1998/9/1	3	16	1998/9/16		1998/9/16	
3	1998/9/9	1998/9/1	3	16	1998/9/16	FALS	########	
8	1998/9/16	1998/9/1	3	16	1998/9/16	TRUE	1999/3/17	
34	1998/10/21	1998/10/1	5	21	1998/10/21	TRUE	2001/5/16	
55	1998/11/18	1998/11/1	1	18	1998/11/18	TRUE	2003/2/19	
76	1998/12/16	1998/12/1	3	16	1998/12/16	TRUE	########	
100	1999/1/20	1999/1/1	6	20	1999/1/20	TRUE	########	
118	1999/2/20	1999/2/1	2	17	1999/2/17	TRUE	2008/5/21	
137	1999/3/17	1999/3/1	2	17	1999/3/17	TRUE	########	
164	1999/4/21	1999/4/1	5	21	1999/4/21	TRUE	2012/3/21	
185	1999/5/19	1999/5/1	7	19	1999/5/19	TRUE	########	
207	1999/6/16	1999/6/1	3	16	1999/6/16	TRUE	########	
232	1999/7/21	1999/7/1	5	21	1999/7/21	TRUE	########	
254	1999/8/18	1999/8/1	1	18	1999/8/18	TRUE	2019/9/18	
276	1999/9/15	1999/9/1	4	15	1999/9/15	TRUE	2021/7/21	
300	1999/10/20	1999/10/1	6	20	1999/10/20	TRUE		
321	1999/11/17	1999/11/1	2	17	1999/11/17	TRUE		
343	1999/12/15	1999/12/1	4	15	1999/12/15	TRUE		
366	2000/1/19	2000/1/1	7	19	2000/1/19	TRUE		
382	2000/2/16	2000/2/1	3	16	2000/2/16	TRUE		
403	2000/3/15	2000/3/1	4	15	2000/3/15	TRUE		

Chart1 工作表1 工作表2 工作表3

就緒 從 5841中找出 282筆記錄

	A	B
1	結算日	
2	1998/9/16	
3	1998/10/21	
4	1998/11/18	
5	1998/12/16	
6	1999/1/20	
7	1999/2/20	
8	1999/3/17	
9	1999/4/21	
10	1999/5/19	
11	1999/6/16	
12	1999/7/21	
13	1999/8/18	
14	1999/9/15	
15	1999/10/20	
16	1999/11/17	
17	1999/12/15	
18	2000/1/19	
19	2000/2/16	
20	2000/3/15	
21	2000/4/19	
22	2000/5/17	

Chart1 工作表1

就緒

OK，完成了，現在 A 欄到 F 欄的公式都用不到了，我們只是要 G 欄的最後成果，選取 A 到 F 欄，按滑鼠右鍵選「刪除」，G 欄就會整個往前遞補到 A 欄的位置。然後在新的 A1 打上標題「結算日」，稍微調整一下欄寬，讓儲存格的值顯示出來。

結算日前後的期貨漲跌

再回到工作表 1，我們要來處理結算日前後的期貨漲跌。

在結算日時，當月期貨是最後一天交易，再下一個交易日的當月期貨就不是結算日那一天的當月期貨了，而是結算日當天的次月期貨。比如說 2019/5/15 是 2019 年 5 月的期貨結算日，當天交易的當月期貨仍是 5 月期貨，次月期貨是 6 月期貨，但是到 5/16 時，5 月期貨已經結算不交易了，因此當月期貨是 6 月期貨，次月期貨是 7 月期貨，所以在結算日後的那一個交易日，是新的開始，這天的當月期貨是前一天的次月期貨，有點像日本的德仁在 2019/4/30 還是太子，2019/5/1 就變天皇了，差別是裕仁沒有被結算掉。

那要怎麼知道某交易日是不是結算日呢？我們已經列出了所有的結算日，只要查看交易日的日期有沒有出現在工作表 2 的結算日資料裡，就明白了。

在 N2 儲存格輸入公式「=COUNTIF(工作表 2!$A$2:$A$283,A2)」，用 key 的很麻煩，但只要在輸入完「=COUNTIF(」之後，到工作表 2 按 A2 儲存格，再按住 Ctrl + Shift + ↓，就會把位址輸進去了。

接著請按下 F4，這樣會切換欄號與列號前的 $ 符號，這個符號表示在向下或向右填滿公式時，不要根據相對位置來調整公式內容。比如說在 A 前面的 $ 就表示向右填時仍固定住 A 欄，2 前面的 $ 就表示向下填時固定在第 2 列，大家可以多按幾次 F4 試試看。

接著把公式完成。COUNTIF 公式就是用來計算某範圍內，符合條件的數目有幾個。如果對公式不明白，也可以按下 fx 的符號，會出現引數輸入視窗，裡面也有簡要的公式說明。

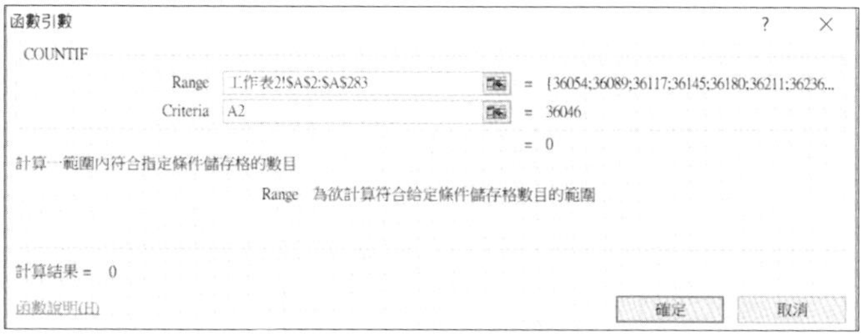

把公式向下填滿，如果上一節的步驟中在 N61:O62 留著計算交易口數與交易成本的公式，先清除掉再繼續這個步驟，就會在 N 欄看到在工作表 2 中有列出的結算日會顯示 1，不然就是 0。

現在可以利用剛才做出來的結果了。I3 的公式本來是計算後一個交易日的當月期貨價，減前一個交易日的當月期貨價，可是如果前一天是結算日，必須減去前一天的次月期貨價才對。所以把它改成「D3-IF(N2=1,E2,D2)」並向下填滿，IF 函式應該很容易懂，第一個輸入值是判斷條件，若為 TRUE 就回傳第二個參數 E2，若為 FALSE 就回傳第三個參數 D2，意思就是前一天為結算日要減次月期貨價，不然就減當月期貨價，這就是正確的期貨漲跌了。

一路做多策略的真實績效

把公式往下填滿之後，就可以看到資金往上成長到 60,102 點，年報酬率是 8.11%，比我們前一節估算的台股年配息率 5% 還要高，這是因為在這裡我們設計的公式裡含有賺錢加碼的功能（在 L 欄交易口數是根據資金多寡來計算的），如果跟前一節一樣，把 L 欄的公式裡，代表資金的 K 欄位資料後面乘以 2，報酬率還可以再提高，但是 3 倍就會變成負的了，表示這個方法的風險與報酬比率，沒有用成交量指標分析的好，不能使用太大的槓桿倍數，不過能用到 1 倍以上，就已經證明期貨的風險比股票還要低了，未來你還會看到更 Fancy 的績效。

L2 =INT(K2/B2)

	A	B	C	D	E	F	G	H	I	J	K	L	M	N	O	P
1	日期	收盤價	成交量	期貨	次月	均價	均量	多指標	期貨漲跌	量損益	資金	留倉口數	交易口數			
5831	2022/2/8	17966.56	313218	17942	17889	17884.71	311163.2	1	43	43	61128	3	0	0		
5832	2022/2/9	18151.76	294063	18167	18113	17898.96	310672.5	1	225	225	61803	3	0	0		
5833	2022/2/10	18338.05	280653	18337	18280	17914.34	309122.6	1	170	170	62313	3	0	0		
5834	2022/2/11	18310.94	261771	18275	18226	17927.17	306931.2	1	-62	-62	62127	3	0	0		
5835	2022/2/14	17997.67	259442	17977	17930	17934.47	305416.3	1	-298	-298	61233	3	0	0		
5836	2022/2/15	17951.81	231840	17953	17922	17942.79	302611.5	1	-24	-24	61161	3	0	0		
5837	2022/2/16	18231.47	269020	18207	18213	17954.68	300979.2	1	254	254	61923	3	0	1		
5838	2022/2/17	18268.57	304332	18243	18207	17965.25	299777	1	30	30	62013	3	0	0		
5839	2022/2/18	18232.35	302889	18226	18192	17974.23	298524.2	1	-17	-17	61962	3	0	0		
5840	2022/2/21	18221.49	292847	18210	18177	17981.86	296824.2	1	-16	-16	61914	3	0	0	8.11%	
5841	2022/2/22	17969.29	336508	17878	17849	17983.99	295855.4	1	-332	-332	60918	3	0	0		
5842	2022/2/23	18055.73	268988	18042	18013	17987.95	293719.2	1	164	164	61410	3	0	0		
5843	2022/2/24	17594.55	433686	17516	17485	17984.46	295731.1	1	-526	-526	59832	3	0	0		
5844	2022/2/25	17652.18	386495	17606	17580	17984.23	296943.9	1	90	90	60102	3	0	0		
5845																
5846																

以量指標操作期貨

現在大家對期貨是什麼應該有所了解了。我們可以回頭把前面的成交量操作法引用到期貨市場，看看有什麼不同的地方。

合併多空方向與口數

回頭再打開原本做的「H 模型 .xlsx」，並把剛才在「H 模型 _1.xlsx」裡整理的期貨結算日資料，複製到工作表 2 的 A 欄裡。

「量損益」這一欄是要讓大家看看單口加總的損益狀況如何，既然我們已經用槓桿倍數去計算留倉口數了，不如把留倉方向整合進去，以後只要看留倉口數（含多空）乘上指數漲跌，就可以計算出當天的總損益。先將 K61 公式改成「=K60+I61*L60」，再往下填滿 K 欄公式。

現在把 L60 的公式改成「=INT(K60*2/B60)*H60」，這樣 L 欄的留倉口數就連前一天的多空方向一起包含進來了，交易口數也隨之變更，將 M61 改成「=ABS(L61-L60)」，然後把 L 欄和 M 欄的公式向下填滿。

L61 　 =INT(K61*2/B61)*H61

	A	F	G	H	I	J	K	L	M	N	O
1	日期	均價	均量	量指標	指數漲跌	量損益	資金	留倉口數	交易口數		
5837	2022/2/16	17954.68	300979.2	-1	279.66	-279.66	292070	-32	1		
5838	2022/2/17	17965.25	299777	1	37.1	-37.1	290882.8	31	63		
5839	2022/2/18	17974.23	298524.2	1	-36.22	-36.22	289759.9	31	0		
5840	2022/2/21	17981.86	296824.2	-1	-10.86	-10.86	289423.3	-31	62		16.22%
5841	2022/2/22	17983.99	295855.4	1	-252.2	252.2	297241.5	33	64		
5842	2022/2/23	17987.95	293719.2	-1	86.44	86.44	300094	-33	66		
5843	2022/2/24	17984.46	295731.1	1	-461.18	461.18	315312.9	35	68		
5844	2022/2/25	17984.23	296943.9	1	57.63	57.63	317330	35	0		
5845											

接著把 N61:O62 原本算損益總和的部份，看是要清除掉或是拉到旁邊，這是因為我要把 N 欄清空，放結算日的計算。要移動儲存格資料的方法很簡單，把 N61:O62 框起來，游標移到它的邊邊，變成有 4 方向箭頭的形狀了，拖曳到適當位置即可。後面的圖表有些簡要計算的儲存格位置可能會跟讀者的不太一樣，那只是找個方便安插的地方不同，並不影響 H 模型的建立。

結算日與期貨操作

在 N1 打上標題「結算日」，N2 打上公式「=COUNTIF(工作表2!$A$2:$A$283,A2)」，這公式在前一節有解釋過了。向下填滿到資料末端。

再來按住上面的 I 欄標籤，往右一直選取到 M 欄，然後把游標移動到選取區域的右緣，一樣看到游標變成四個箭頭的方向游標，此時按住 Ctrl 跟滑鼠左鍵，往右邊移動，把選取區域複製到 P 至 T 欄。

I	J	K	L	M	N	O	P	Q	R	S	T	U
指數漲跌	量損益	資金	留倉口數	交易口數	結算日		指數漲跌	量損益	資金	留倉口數	交易口數	
		10000	0		0				10000	#DIV/0!		
-222.34	0	10000	2	2	0	損益總和	-222.34	0	#DIV/0!	#DIV/0!	#DIV/0!	
164.36	164.36	10328.72	2	0	0	20841.12	386.7	########	#DIV/0!	#DIV/0!	#DIV/0!	
-57.74	-57.74	10213.24	2	0	0	口數總和	-222.1	-4628813	#DIV/0!	#DIV/0!	#DIV/0!	
-142.9	-142.9	9927.44	-2	4	0	127777	-85.16	########	#DIV/0!	#DIV/0!	#DIV/0!	
-74.85	74.85	10077.14	-2	0	0		68.05	8695225	#DIV/0!	#DIV/0!	#DIV/0!	
54.85	-54.85	9967.44	-2	0	0		129.7	0	#DIV/0!	#DIV/0!	#DIV/0!	
-17.11	17.11	10001.66	-2	0	0		-71.96	0	#DIV/0!	#DIV/0!	#DIV/0!	
61.73	-61.73	9878.2	2	4	0		78.84	0	#DIV/0!	#DIV/0!	#DIV/0!	
101.5	101.5	10081.2	2	0	0		39.77	0	#DIV/0!	#DIV/0!	#DIV/0!	
-90.66	-90.66	9899.88	2	0	0		-192.16	0	#DIV/0!	#DIV/0!	#DIV/0!	
-94.77	-94.77	9710.34	-2	4	0		-4.11	0	#DIV/0!	#DIV/0!	#DIV/0!	
-69.34	69.34	9849.02	-2	0	0		25.43	0	#DIV/0!	#DIV/0!	#DIV/0!	

好，很醜，出現了很多像「#VALUE!」與「#DIV/0!」的錯誤資訊，這主要是因為 3 個原因：

1. 指數漲跌本來是「=B61-B60」，因為相對位移的關係變成「=I61-I60」，這是錯的。把 P61 的公式改成「=D61-IF(N60=1,E60,D60)」並向下填滿，這樣就變成前一節所教的期貨漲跌了，順便把 P1 的標題也改成「期貨漲跌」。

2. 量損益應該是「=H60*P61」，但公式裡的 H 前面沒有加 $ 符號，所以以相對位置複製，變成「=O60*P61」，如果在移動前把原本量損益那一欄裡，公式中引數的 H 前面加 $ 就不會有這個問題，現在手動把 O 改成 H，再往下填滿整欄公式即可。

3. 留倉口數的計算應該以資金除以期貨點數，這時也因為相對位置的關係，變成除以 I 欄的資訊，這也不對，應該要除以前一天期貨的點數才對，把 S60 改成「=INT(R60*2/IF(N60=1,E60,D60))*H60」，如果今天是結算日，要留次月倉，而不是當月倉，量指標應該是在 H 欄，也要改回來，事實上如果在 H 前面有加 $ 符號就不會這樣了，現在更正錯誤。接著向下填滿公式。

交易口數的地方我們一直沒有仔細處理轉倉的問題。轉倉時不管前一天跟後一天的方向是否相同，都一定要交易。就算同樣是多或空，也要把當月倉平掉，再佈局次月倉，而這個次月倉在隔日就會變成當月倉了。所以在 T61 輸入公式「=IF(N61=1,ABS(S61)+ABS(S60),ABS(S61- S60))」，這是說如果今天是結算日，前一天的部位要清除「ABS(S60)」，今天的部位要重新建立「ABS(S61)」，兩個都要交易，因此是相加，但如果不用轉倉，就只要交易今天和前一天的部位差「ABS(S61- S60)」。接著把公式往下填滿。

結果如下圖：

S5844 =INT(R5844*2/IF(N5844=1,E5844,D5844))*H5844

	A	I	J	K	L	M	N	O	P	Q	R	S	T	U
1	日期	指數漲跌	量損益	資金	留倉口數	交易口數	結算日		期貨漲跌	量損益	資金	留倉口數	交易口數	
5834	2022/2/11	-27.11	27.11	290074	-31	0	0		-62	62	55999	-6	0	
5835	2022/2/14	-313.27	313.27	299785.4	-33	2	0		-298	298	57787	-6	0	
5836	2022/2/15	-45.86	45.86	301298.7	-33	0	0		-24	24	57931	-6	0	
5837	2022/2/16	279.66	-279.66	292070	-32	1	1		254	-254	56407	-6	12	
5838	2022/2/17	37.1	-37.1	290882.8	31	63	0		30	-30	56227	6	12	
5839	2022/2/18	-36.22	-36.22	289759.9	31	0	0		-17	-17	56125	6	0	
5840	2022/2/21	-10.86	-10.86	289423.3	-31	62	0		-16	-16	56029	-6	12	
5841	2022/2/22	-252.2	252.2	297241.5	33	64	0		-332	332	58021	6	12	
5842	2022/2/23	86.44	86.44	300094	-33	66	0		164	164	59005	-6	12	
5843	2022/2/24	-461.18	461.18	315312.9	35	68	0		-526	526	62161	7	13	
5844	2022/2/25	57.63	57.63	317330	35	0	0		90	90	62791	7	0	
5845														

有沒有注意到操作指數跟操作期貨的效果差很多？差了好幾倍。似乎操作期貨的效果遠不如操作指數，後面會有更多說明。

善用槓桿（水能載舟，亦能覆舟）

在這裡於「留倉口數」欄位裡仍然是用 2 倍槓桿倍數，我們把它調回 1 倍槓桿看看。

寫程式的人都很明白，如果有需要去更動一個常數，就把它改為變數。這一節我會跟大家再深入說明關於槓桿倍數的重要觀念，它真的是太重要了。

設定槓桿為變數

O1 儲存格現在是空的，我們把槓桿倍數放在這裡，請在 O1 輸入 1，然後把 L 欄跟 S 欄「留倉口數」裡，公式中的槓桿倍數「2」都改成 $O$1，請記得前面加上 $ 符號固定住相對位移（還記得按 F4 可以切換嗎？）

S5844 =INT(R5844*$O$1/IF(N5844=1,E5844,D5844))*H5844

	A	I	J	K	L	M	N	O	P	Q	R	S	T	U
1	日期	指數漲跌	量損益	資金	留倉口數	交易口數	結算日	1	期貨漲跌	量損益	資金	留倉口數	交易口數	
5834	2022/2/11	-27.11	27.11	77827.66	-4	0	0		-62	62	34985	-1	0	
5835	2022/2/14	-313.27	313.27	79080.74	-4	0	0		-298	298	35283	-1	0	
5836	2022/2/15	-45.86	45.86	79264.18	-4	0	0		-24	24	35307	-1	0	
5837	2022/2/16	279.66	-279.66	78145.54	-4	0	1		254	-254	35053	-1	2	
5838	2022/2/17	37.1	-37.1	77997.14	4	8	0		30	-30	35023	1	2	
5839	2022/2/18	-36.22	-36.22	77852.26	4	0	0		-17	-17	35006	1	0	
5840	2022/2/21	-10.86	-10.86	77808.82	-4	8	0	9.54%	-16	-16	34990	-1	2	
5841	2022/2/22	-252.2	252.2	78817.62	4	8	0		-332	332	35322	1	2	
5842	2022/2/23	86.44	86.44	79163.38	-4	8	0		164	164	35486	-1	2	
5843	2022/2/24	-461.18	461.18	81008.1	4	8	0		-526	526	36012	2	3	
5844	2022/2/25	57.63	57.63	81238.62	4	0	0		90	90	36192	2	0	
5845														
5846														
5847														

現在我們只要一改變 O1 的數字，槓桿倍數就跟著被更動了，所有的數字都會自動重算。

目前的版面仍算簡單，可是常常做久以後，會很容易忘記哪個儲存格放的參數是什麼東西，但每個儲存格旁邊都加標題又很佔版面空間，這裡有個進階技巧教給大家：

最上面的工具列裡是不是有個「開發人員」標籤？如果沒有的話，請按「檔案」標籤下的「選項」，出現了 Excel 選項視窗，然後在自訂功能區的右方，把「開發人員」的核取方塊勾起來，再按「確定」關閉視窗就可以了。

這時到「開發人員」標籤下，選「插入」→「標籤（ActiveX 控制項）」，放在 O1 儲存格的左上角。

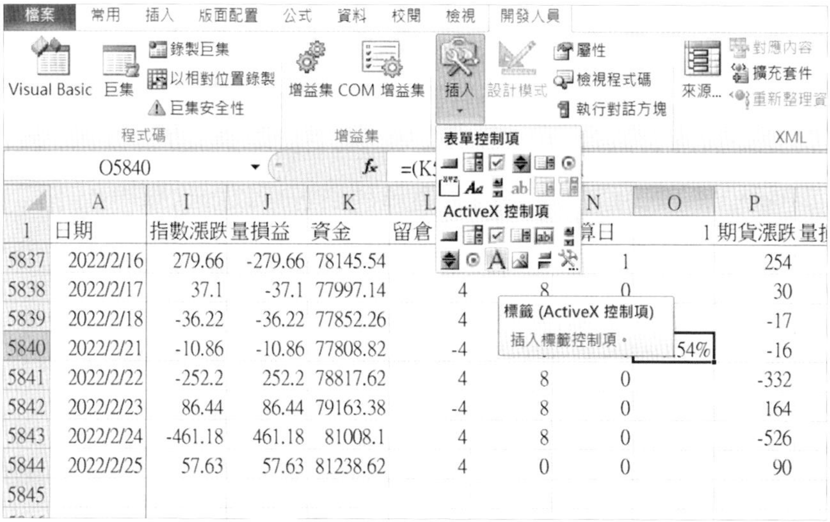

接著按一下「屬性」，彈出屬性視窗，把 Caption 屬性改成「槓桿」，再調整一下標籤的大小和位置，就是一個很好的儲存格說明了。後按一下「設計模式」結束，並把屬性視窗關掉。

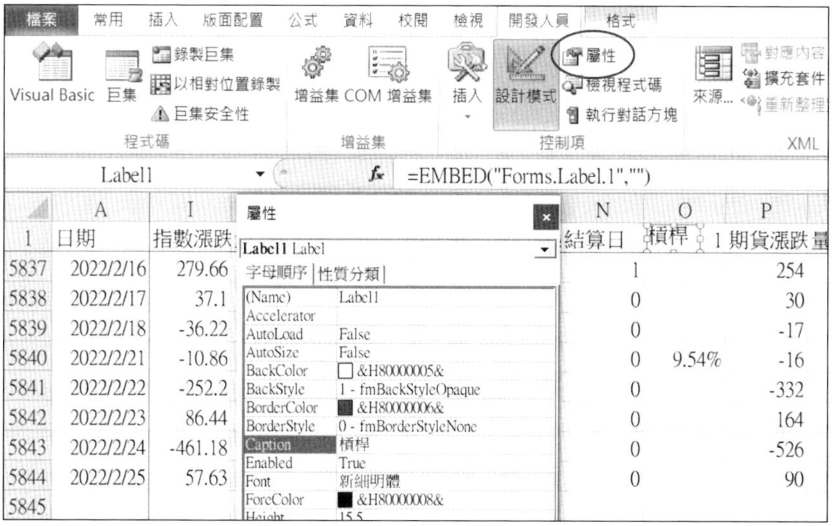

運算列表

現在我想知道在不同槓桿倍數下，操作的結果會如何？當然你可以去一次次更改 O1 儲存格的數字。可是這樣一次只能看一個，難以比較。Excel 有一個很好用的功能：運算列表，可以一次整理出不同參數下的變化。

我把之前放在 O5840(讀者可能在不同儲存格做計算) 那個算年複合報酬率的公式「=(K5844/K60)^(1/23)-1」拉到旁邊，放在 V5837 的位置，然後在 W5837 打上類似的公式，但這次是計算操作期貨的年複合報酬率：「=(R5844/R60)^(1/23)-1」，同時將格試調整為兩位小數的百分比。

數字是 5.75%，比單純做多的效果似乎要好一些，可是好像不如預期，比不上用加權指數模擬的效果。

在 U5838 的地方打上 1，U5839 打上 1.5，然後選取這兩個儲存格，把游標移到選取區域的右下角，仔細看，那裡在邊框上是一個小黑點，游標移過去會從白十字線變成小黑十字線，按住往下拉，就會依照資料模式陸續增加「2, 2.5, 3, 3.5…6」，拉到大小為 6 的地方。如下圖：

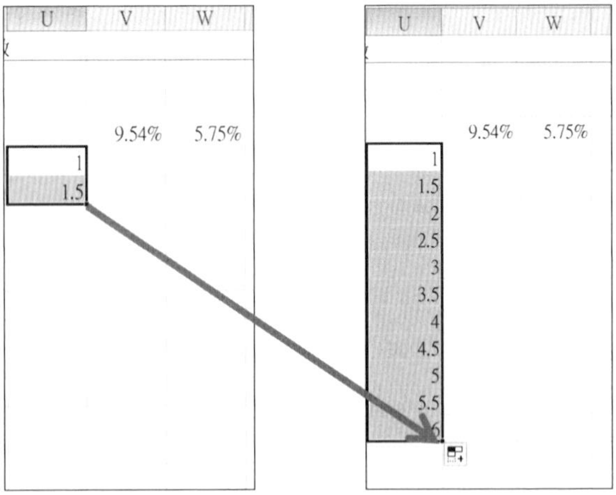

接著選取 U5837 到 W5848 的範圍，就是從 1 上方的那個空白，選到右下有欄與列資料的範圍。在工具列的「資料」標籤下「模擬分析」的下拉選單中，選「運算列表」，彈出「運算列表」參數視窗，點「欄變數儲存格」的輸入區，再按一下 O1 儲存格，它就會自動帶入 $O$1 了，如果你想手動輸入也可以。

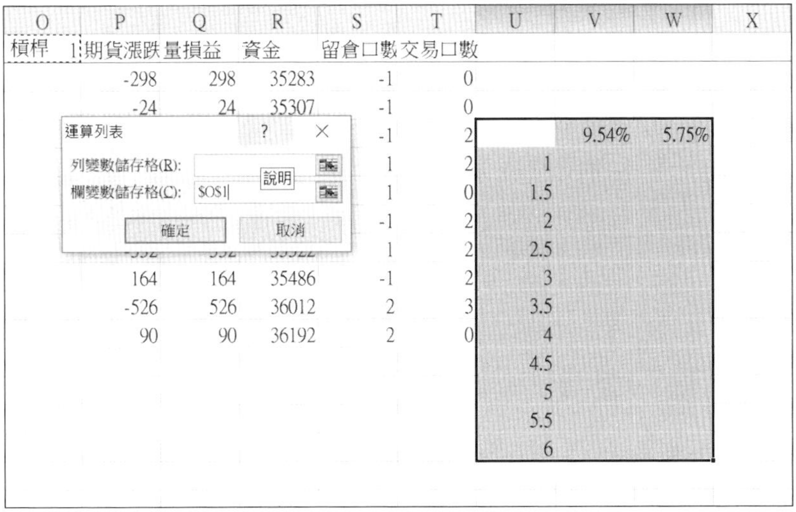

確定之後就會自動運算，在不同槓桿倍數之下，模擬操作加權指數跟期貨的年複合報酬率，這樣就很容易比較分析了。

在「常用」標籤下調整格式為「百分比」，並增加兩位小數位數。結果如下圖：

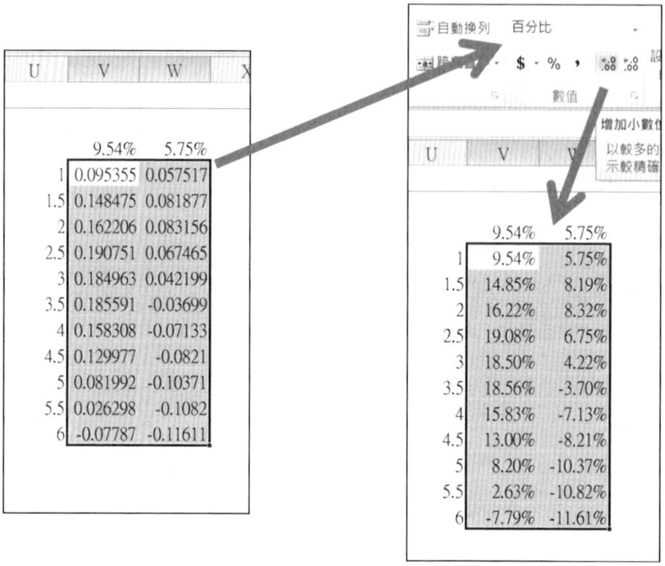

健全的做法只使用一半槓桿

可以看到在槓桿倍數為 2.5 的時候，模擬指數操作的報酬率還在上升，來到了 19.08%，但實際期貨的操作已經在下滑了。

顯然操作期貨的風險相對報酬率而言比較高，所以不能用太大的槓桿倍數。

而我當年看不到這一點，根據指數操作的模擬使用到 3 倍以上的槓桿倍數，操作績效就不如預期，而且承擔了很大的心理壓力。

實務上，健全的做法只會使用到一半的槓桿倍數。除了模型可能有未盡完善之處，另外，我們是根據歷史所做的分析，而歷史不能完全預測未來，所以保守是很重要的。

上個世紀裡 IBM 曾經是科技業的「獨孤求敗」，但它一直都很保守，以致於後來 PC 市場爆炸的時候，雖然創造了「PC」這個代名（來自於它的熱銷產品— IBM-PC），卻拱手把市場讓給了英特爾和微軟。

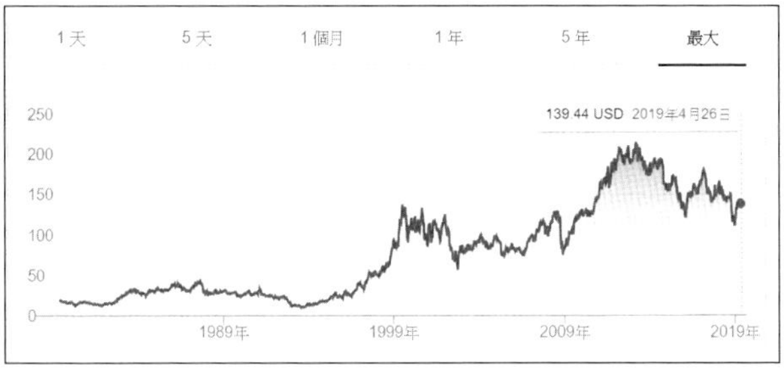

可是在廿一世紀的網路泡沫與金融海嘯中，它卻很安穩地度過了。想想看，那個年代裡浪花淘盡了多少英雄：朗訊、昇陽、網景，以敢衝敢投資著名的 DRAM、面板和太陽能產業，現在有誰能笑到最後？

很多投資人崇拜並妄想成為那些充滿傳奇色彩的人物，但事實是那些傳奇人物都沒有好下場，說了傷心，雷伯龍晚景淒涼、身無分文，目前仍通緝在案，長期在美國的女兒家養病；「阿不拉」游淮銀在卸下立委之後，也官司纏身。「威京小沈」則是屢敗屢戰，再戰再敗。其他如「亞聚陳」、「益航陳」、「鋼鐵林」、「世界陳」（姓陳的真多）幾乎個個都已經在股市陣亡，消失在市場之中。

他們的崛起都是因為使用高槓桿，倒下去也是因為高槓桿。在戰場上廝殺揚名立萬，真的會好過「白髮漁樵江渚上，笑看秋月春風」？

解析均量函數與參數

有人或許會質疑：到現在用的是 60 日均量，如果用其它均量，效果還會一樣嗎？答案是：方向一樣，大小不一樣。

也就是說：一樣是賺的，賺多賺少的問題而已。我常常看到很多朋友，包括我過去也是一樣，努力地在調整參數，有時會在一堆敗筆之中，閃現出某個表現特別好的組合。我就直接說了：千萬不要相信它。一個正確的做法，不會僅在某個特定參數之下才能發揮作用。

比如說今年股市若是漲的，不應該只有在星期一買才會賺，理論上跟星期幾是無關的。好比 2018 年的 10 月 11 日是星期四，當天期貨大跌 800 點，如果把那一年的交易日區分成星期一到星期五 5 個樣本，會發現星期四的報酬率特別低。

2018 年共 247 個交易日，分成 5 組之後，平均每組不到 50 個樣本，2018/10/11 大跌了 800 點，就把平均值下拉了 16 點，那可以做出結論說星期四容易跌嗎？當然不行。

這一小節我想調整一下計算平均成交量的公式，讓計算均量的參數 60，變成一個變數，上一節說了，如果需要去改變一個常數，我們就讓它成為一個變數。

將計算均量的參數設為變數

G1 儲存格原本是輸入標題「均量」，現在把它改成 60，代表算的是 60 日均量，然後用上一節教的技巧，到「開發人員」標籤下插入一個

「ActiveX 標籤」元件，放在 G1 儲存格的左上角，並把它的 Caption 屬性改成「均量」。像這樣：

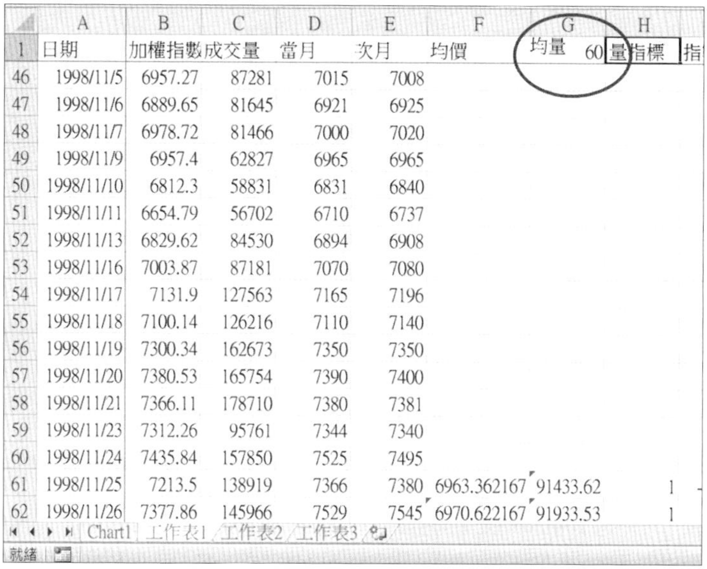

	A	B	C	D	E	F	G	H	
1	日期	加權指數	成交量	當月	次月	均價	均量 60	量指標	指
46	1998/11/5	6957.27	87281	7015	7008				
47	1998/11/6	6889.65	81645	6921	6925				
48	1998/11/7	6978.72	81466	7000	7020				
49	1998/11/9	6957.4	62827	6965	6965				
50	1998/11/10	6812.3	58831	6831	6840				
51	1998/11/11	6654.79	56702	6710	6737				
52	1998/11/13	6829.62	84530	6894	6908				
53	1998/11/16	7003.87	87181	7070	7080				
54	1998/11/17	7131.9	127563	7165	7196				
55	1998/11/18	7100.14	126216	7110	7140				
56	1998/11/19	7300.34	162673	7350	7350				
57	1998/11/20	7380.53	165754	7390	7400				
58	1998/11/21	7366.11	178710	7380	7381				
59	1998/11/23	7312.26	95761	7344	7340				
60	1998/11/24	7435.84	157850	7525	7495				
61	1998/11/25	7213.5	138919	7366	7380	6963.362167	91433.62	1	
62	1998/11/26	7377.86	145966	7529	7545	6970.622167	91933.53	1	

Chart1 工作表1 工作表2 工作表3

就緒

分享給大家一個經驗：有時我看別的書上酷炫的程式碼如流瀑一般而下，總是驚豔他如何做到。其實說穿了，也是一次又一次的修改而成，今天我完成的 H 模型非常精煉，但當年也是亂七八糟的一堆。

先看 G61 的公式：「=AVERAGE(C2:C61)」，從 C2 開始往下數 60 個成交量資料，正好數到 C61，Excel 裡有一個公式可以從定位點往左右上下任意方向移動，再從移動後的位置取出固定橫列數與直欄數的資料來。那個函數叫 OFFSET，請先把 G61 公式裡，AVERAGE 內的引數「C2:C61」換成 OFFSET，然後打上一個左括弧「(」，再按一下公式輸入視窗旁的 fx 符號，會彈出函數引數輸入視窗。

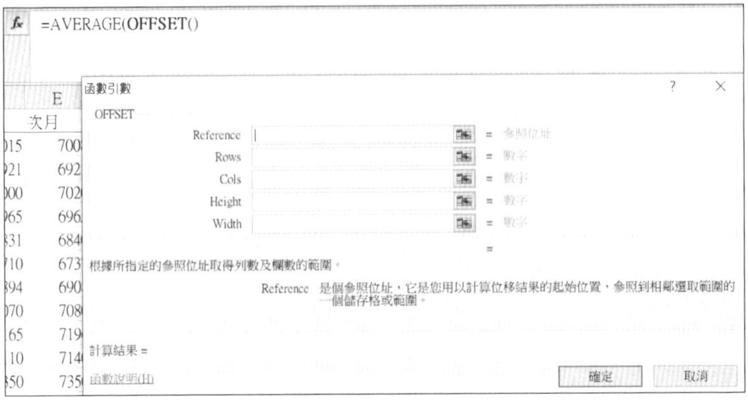

可以看到下面說明的地方，會先指出這個函數的功用：「根據所指定的參照位址取得列數及欄數的範圍」。並且對每一參數分別會有說明：

1. Reference：是個參照位址，它是您用以計算位移結果的起始位置，參照到相鄰選取範圍的一個儲存格或範圍。
2. Rows：是用以指示儲存格要垂直（往上或往下）移動的列數。
3. Cols：是用以指示儲存格要水平（往左或往右）移動的欄數。
4. Height：是設定傳回的參照位址應包括的儲存格高度（儲存格範圍的列數）的數值，若省略則高度同 Reference。
5. Width：是設定傳回的參照位址應包括的儲存格寬度（儲存格範圍的欄數）的數值，若省略則寬度同 Reference。

我們可以直接在這個「函數引數輸入」的視窗把參數輸進去。

1. Reference：輸入 C61，也就是當日的成交量，以它為參照起點。
2. Rows：輸入 -$G$1+1，負數表示列數要往上移，正數是往下移。這裡要把 $G$1 的欄列前面都加 $ 符號，表示填滿公式時都

固定參照 $G$1。現在的 G1 值是 60，取負號再加 1，就是 -59，那會往上移動 59 格，C61 再往上移動 59 格就來到 C2，正是我們要計算均量的資料起點。

3. Cols：留空白即可，不左右移動。

4. Height：填 $G$1，表示要資料的列數，即用來算平均量的資料數。

5. Width：留空白，因為 Reference 的欄寬是 1，所以留空的預設值也是 1。

G61 是算平均量開始的位置，會從這裡開始，是因為這一天起才有 60 個資料可以算 60 日均量。

輸入好按 Enter，Excel 會自動補足漏掉的 AVERAGE 函數之右括號。計算出來的均量就是 60 日均量，跟之前一樣。把公式向下填滿。

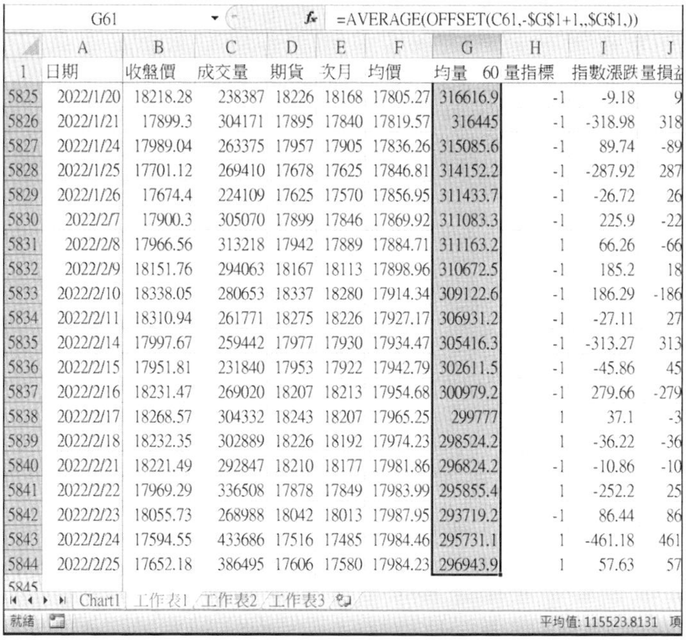
G61 =AVERAGE(OFFSET(C61,-$G$1+1,,$G$1,))

	A	B	C	D	E	F	G	H	I	J
1	日期	收盤價	成交量	期貨	次月	均價	均量 60	量指標	指數漲跌	量損益
5825	2022/1/20	18218.28	238387	18226	18168	17805.27	316616.9	-1	-9.18	9
5826	2022/1/21	17899.3	304171	17895	17840	17819.57	316445	-1	-318.98	318
5827	2022/1/24	17989.04	263375	17957	17905	17836.26	315085.6	-1	89.74	-89
5828	2022/1/25	17701.12	269410	17678	17625	17846.81	314152.2	-1	-287.92	287
5829	2022/1/26	17674.4	224109	17625	17570	17856.95	311433.7	-1	-26.72	26
5830	2022/2/7	17900.3	305070	17899	17846	17869.92	311083.3	-1	225.9	-22
5831	2022/2/8	17966.56	313218	17942	17889	17884.71	311163.2	1	66.26	-66
5832	2022/2/9	18151.76	294063	18167	18113	17898.96	310672.5	-1	185.2	18
5833	2022/2/10	18338.05	280653	18337	18280	17914.34	309122.6	-1	186.29	-186
5834	2022/2/11	18310.94	261771	18275	18226	17927.17	306931.2	-1	-27.11	27
5835	2022/2/14	17997.67	259442	17977	17930	17934.47	305416.3	-1	-313.27	313
5836	2022/2/15	17951.81	231840	17953	17922	17942.79	302611.5	-1	-45.86	45
5837	2022/2/16	18231.47	269020	18207	18213	17954.68	300979.2	-1	279.66	-279
5838	2022/2/17	18268.57	304332	18243	18207	17965.25	299777	1	37.1	-3
5839	2022/2/18	18232.35	302889	18226	18192	17974.23	298524.2	1	-36.22	-36
5840	2022/2/21	18221.49	292847	18210	18177	17981.86	296824.2	-1	-10.86	-10
5841	2022/2/22	17969.29	336508	17878	17849	17983.99	295855.4	1	-252.2	25
5842	2022/2/23	18055.73	268988	18042	18013	17987.95	293719.2	-1	86.44	86
5843	2022/2/24	17594.55	433686	17516	17485	17984.46	295731.1	1	-461.18	461
5844	2022/2/25	17652.18	386495	17606	17580	17984.23	296943.9	1	57.63	57
5845										

Chart1 工作表1 工作表2 工作表3
就緒 平均值: 115523.8131 項

這個時候如果把 60 改成 30 或 20，就會計算 30 日均量與 20 日均量了。但是如果填 90 或 180，就會看到前面幾個資料出現「#REF!」的錯誤，這是因為從第 61 列開始，向上移動超過 60 列的空間就不夠了。我們算 60 日均量要從 G61 開始算就是因為這個原因：那一天起才有足夠 60 天的資料可以算均量。

加入 IF 函式排除資料不足的問題

現在把整個 AVERAGE 公式再用 IF 函式包起來，當列號大於 G1 時才能算均量。G61 改成「=IF(ROW()>$G$1,AVERAGE(OFFSET(C61,-$G$1+1,,$G$1)),"")」，表示列數夠多時，才能算均量，不然就回傳空白「""」，有這樣的公式，就可直接往上填滿到 G2，再往下填滿到 G 欄資料末端，如此不管幾日的均量都可以計算，只要從有足夠資料量的位置起算即可。比如說 G1 改成 5，會變成像這樣：

G2 =IF(ROW()>$G$1,AVERAGE(OFFSET(C2,-$G$1+1,,$G$1)),"")

	A	B	C	D	E	F	G	H	I	J	K
1	日期	加權指數	成交量	當月	次月	均價	均量 5	量指標	指數漲跌	量損益	資金
2	1998/9/8	6942.26	115971	6865	6849						
3	1998/9/9	6894.57	112714	6770	6769						
4	1998/9/10	6803.83	82413	6730	6685						
5	1998/9/11	6841.83	89132	6769	6684						
6	1998/9/14	6860.17	70725	6818	6739		94191				
7	1998/9/15	6857.96	68774	6825	6720		84751.6				
8	1998/9/16	6972.54	81613	6995	6930		78531.4				
9	1998/9/17	7000.52	111764	6906	6900		84401.6				
10	1998/9/18	6961.76	78137	6842	6815		82202.6				
11	1998/9/19	7149.59	112886	7039	6996		90634.8				

那麼後面關於指標、損益…等等的計算，也都可以跟著調整：

1. H2 輸入「=IF(G2="",0,SIGN(C2-G2))」，算得出均量就可以判讀指標，還不夠資料時就是 0，沒部位。把 H 欄的公式往下填滿到資料末端。

2. 選取 I60 到 M61 的範圍，按 Ctrl + C 複製，再到 I2 儲存格按 Ctrl + V 貼上，因為相對位移的關係，所有的引數都會自動調整。

3. 接著選 I3 到 M3 儲存格，把有公式的部份向下填滿到資料末端，完成好如下：

I3 =B3-B2

	A	E	F	G	H	I	J	K	L	M	N	O
1	日期	次月	均價	均量	5 量指標	指數漲跌	量損益	資金	留倉口數	交易口數	結算日	槓桿 1
5825	2022/1/20	18168	17805.27	269464.4	-1	-9.18	9.18	28399.08	-1	0	0	
5826	2022/1/21	17840	17819.57	263959.6	1	-318.98	318.98	28718.06	1	2	0	
5827	2022/1/24	17905	17836.26	264695.6	-1	89.74	89.74	28807.8	-1	2	0	
5828	2022/1/25	17625	17846.81	266205.2	1	-287.92	287.92	29095.72	1	2	0	
5829	2022/1/26	17570	17856.95	259890.4	-1	-26.72	-26.72	29069	-1	2	0	
5830	2022/2/7	17846	17869.92	273227	1	225.9	-225.9	28843.1	1	2	0	
5831	2022/2/8	17889	17884.71	275036.4	1	66.26	66.26	28909.36	1	0	0	
5832	2022/2/9	18113	17898.96	281174	1	185.2	185.2	29094.56	1	0	0	
5833	2022/2/10	18280	17914.34	283422.6	-1	186.29	186.29	29280.85	-1	2	0	
5834	2022/2/11	18226	17927.17	290955	-1	-27.11	27.11	29307.96	-1	0	0	
5835	2022/2/14	17930	17934.47	281829.4	-1	-313.27	313.27	29621.23	-1	0	0	
5836	2022/2/15	17922	17942.79	265553.8	-1	-45.86	45.86	29667.09	-1	0	0	
5837	2022/2/16	18213	17954.68	260545.2	1	279.66	-279.66	29387.43	1	2	1	
5838	2022/2/17	18207	17965.25	265281	1	37.1	37.1	29424.53	1	0	0	
5839	2022/2/18	18192	17974.23	273504.6	1	-36.22	-36.22	29388.31	1	0	0	
5840	2022/2/21	18177	17981.86	280185.6	1	-10.86	-10.86	29377.45	1	0	0	
5841	2022/2/22	17849	17983.99	301119.2	1	-252.2	-252.2	29125.25	1	0	0	
5842	2022/2/23	18013	17987.95	301112.8	-1	86.44	86.44	29211.69	-1	2	0	
5843	2022/2/24	17485	17984.46	326983.6	1	-461.18	461.18	29672.87	1	2	0	
5844	2022/2/25	17580	17984.23	343704.8	1	57.63	57.63	29730.5	1	0	0	
5845												

Chart1 工作表1 工作表2 工作表3

剛才計算好的是模擬指數操作的部份，接下來是期貨的部份：

1. 選取 P60 到 T61 按 Ctrl + C 複製，再到 P2 儲存格按 Ctrl + V 貼上。

2. 選取 P3 到 T3 儲存格，把有公式的部份向下填滿到資料末端。

修正運算列表，分析均量參數

此時就可以分析在不同參數的均量指標下，操作的績效如何了，我們直接利用先前所做，計算不同槓桿倍數之效果的運算列表。

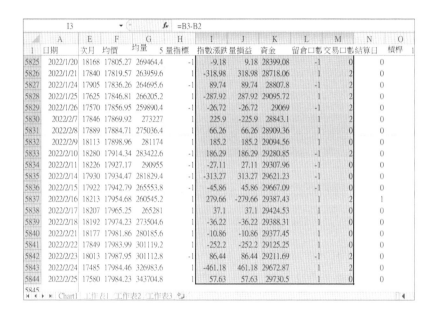

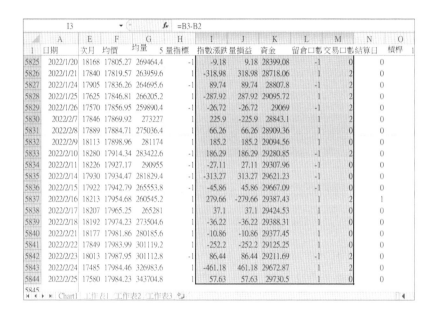

1. 把 U5838 改成 10，再把 U5839 改成 20。

2. 選取 U5838:U5839，按選取範圍邊框右下角的小黑點，往下拉，讓運算列表的欄參數到底應該是 110。

3. 選取 U5837 到 W5848，再從工具列「資料」→「模擬分析」→「運算列表」，欄變數輸入 $G$1。

	4.46%	-0.94%
10	8.52%	2.02%
20	5.55%	3.97%
30	9.66%	5.18%
40	11.68%	7.39%
50	11.23%	6.69%
60	9.54%	5.75%
70	8.61%	5.11%
80	8.94%	7.21%
90	8.36%	6.16%
100	8.60%	6.00%
110	7.81%	6.23%

這樣就算出不同期長的均量，會對指數操作跟期貨操作有什麼影響了。

可以看到表現最好的其實是 40 日均量，但其它期長的均量表現也不差，最上一橫列顯示期貨報酬率為負的地方，是因為目前 G1 儲存格實際填的數字是 5，表示太小日長的均量還是不行，但至少大部份都很平穩相近。

這就是我要強調的重點：一個正確的方法不應該因為參數不同，就造成完全不同的結果。好比坐火車上台北，只要方向對了，管它自強號或是莒光號，都應該往台北前進，而不是像哈利波特裡，非得在九又四分之三月台上車才行。

03

價差指標

- 誰在吃我豆腐？
- 價差對指數現貨沒有預測能力
- 太好了，價差沒有預測能力
- 以價差指標操作期貨
- 以價差指標操作期貨的驚人績效

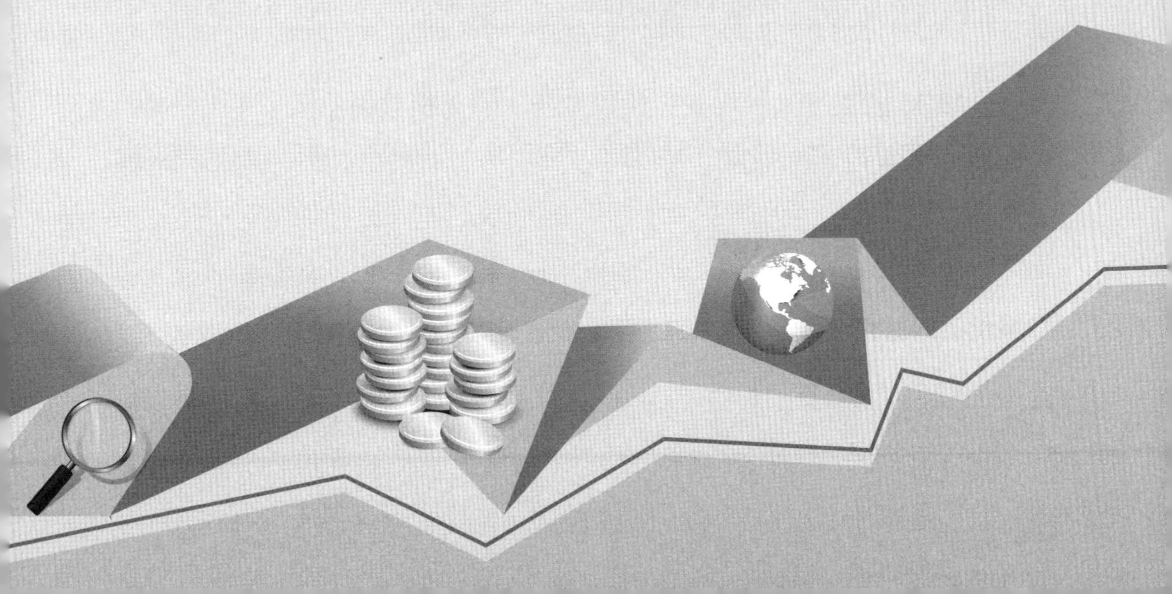

誰在吃我豆腐？

2003 下半年開始我就用量指標開始操作期貨，當時很天真的以為：再過不久我就可以功成名就，五子登科，享盡榮華富貴了。

茫然的經驗

不料在每日的操作當中，我總覺得有什麼東西不對勁。比如來看這一段：

日期	成交量	均量	多空	指數	漲跌	期貨	漲跌
2003/10/15	105353	95256	多	5924.38	-14.04	5973	-29
2003/10/16	135842	96067	多	6035.74	111.36	6060	87
2003/10/17	127921	96478	多	6042.71	6.97	6080	20
2003/10/20	111929	96134	多	6077.89	35.18	6072	-8
2003/10/21	129273	96109	多	6061.46	-16.43	6074	2
2003/10/22	107830	95461	多	6041.86	-19.6	6051	-23
2003/10/23	94239	95309	空	5952.23	-89.63	5945	-106
2003/10/24	78923	95191	空	5918.14	-34.09	5958	13
2003/10/27	59539	94766	空	5958.55	40.41	6000	42
2003/10/28	114420	94952	多	6075.45	116.9	6130	130
2003/10/29	114644	95606	多	6095.87	20.42	6160	30
2003/10/30	90951	95663	空	6108.13	12.26	6134	-26

10/15 成交量大於均量，所以做多，隔天指數果然漲了 111.36 點，但期貨只漲 87 點，少賺了 24 點，心裡 OS: 沒關係，總有一天你要還給我。

第二天 10/16 繼續做多，次日指數只漲 6.97 點，期貨漲了 20 點，果然欠的總是要還吧，期貨比指數多賺了 13 點回來。

繼續留多單抱著過週末，10/20 星期一指數再漲 35.18 點，咦？期貨反倒跌了 8 點，該給我的不給不打緊，居然還讓我倒賠，一肚子火在醞釀當中了。

10/21(二) 指數下跌 16 點，期貨卻漲 2 點，這才對嘛，真是 Lucky ！

接下來兩天都是跌勢，做多就賠錢了，慢著？期貨跌得比現貨還要多，真不公平，這不是欺負人嗎？

更不幸的是 10/23(四) 乃量縮下跌，所以要做空，做多的時候被佔了便宜，做空會如何呢？ 10/24 星期五果然指數下跌 34.09 點，但是天啊，期貨收紅 13 點，這太沒天良了，做多被佔便宜，做空也被佔便宜，真是欺負人了。

接下來兩天仍是量縮做空，但指數分別漲了 40.41 與 116.9，而且…期貨漲了 42 點與 130 點，啥，我做空耶，被軋已經很難過了，居然期貨還漲得更兇。

然後 10/28(三) 成交量又補上來了，必須做多，幸好次日 10/29(四) 是上漲的，指數漲了 20.42 點，期貨漲 30 點，心裡稍微舒服了一點。

但 10/30(五) 不幸的事又發生了，指數漲了 12.26 點，但期貨卻下跌 26 點，手上握的是多單，卻遇上這種情形，真是受不了了。

這到底是怎麼一回事？常常我做對了，結果卻是不好的。大家可以到做出來的 Excel 工作表裡，逐日地觀察。要知道模擬的過程一下子就是千百個交易日過去了，而沒有辦法真實地感受。

就像「鐵達尼號」這就電影裡，開始時蘿絲對尋寶團隊的電腦模擬專家說：「Thank you for that fine forensic analysis. Of course the experience of it was somewhat less clinical. 謝謝你精緻的科學分析，但實際經歷，當然就不會是這麼冷冰冰的了。」

還記得我在前一節裡提到：我根據模擬指數操作的結果，用了太高的槓桿倍數。槓桿倍數過高除了讓風險太大之外，績效也不見得會隨之提高，兩者的效果加乘，更是會對心理帶來莫大的壓力，盤中看到方向不對，忍不住會插手干預。「身在此山中」時，真的很難一窺「廬山真面目」。

期貨與現貨之間

現在來看當然答案再明顯不過了，就是被「價差」吃了豆腐。但是在當時的情境之下，卻不知道是哪裡出了問題。就像塞在車陣當中，不知道是一時車多，還是紅綠燈卡住？是被交管了嗎？還是有車禍？

這些都還是可以猜猜看的。當時卻如落在五里霧中，不知道自己是不是走在正確的方向上，畢竟從來沒有操作過期貨，是不是自己弄錯了，還是真的有黑手在跟我對做，想想雖然可笑，但人在這種情形下真的會以為市場是有陰謀的。

點點滴滴地觀察與猜測：到底現貨跟期貨之間，還有什麼因素作用著。我原始的模型是用來分析成交量和加權指數之間的關係，可是沒有「加權指數」這項商品可以操作，才不得已來操作期貨，理論上期貨一定是跟著現貨走，但似乎不是那麼亦步亦趨，兩者之間有什麼差異，ΔF 和 ΔI 之間，存在著什麼？

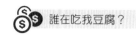

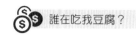

下面的公式是我自己推導的，雖然不是什麼高深的數學，但我是自己推出來的：

$$F_t-F_{t-1} = I_t-I_{t-1}+ ???$$

從國中數學可以知道，等號左邊有的，要在右邊保留下來，等號左邊沒有，則要減去，這樣就是一個恆等式。這不是統計裡迴歸分析的函式，比它簡單多了，是一個「恆等式」。

$$F_t-F_{t-1} \equiv I_t-I_{t-1}+ (F_t-F_{t-1})-(I_t-I_{t-1})$$

右邊四項調一下順序，把負號提出來，就變成：

$$F_t-F_{t-1} \equiv I_t-I_{t-1}+ (F_t-I_t)+(F_{t-1}-I_{t-1})$$

第一個括號裡的就是今天的價差，第二個括號裡的是前一天的價差，所以：

$$F_t-F_{t-1} \equiv I_t-I_{t-1} + D_t-D_{t-1}$$

F 是期貨價，I 是加權指數，D 就是兩者之間的價差。

$$\Delta F \equiv \Delta I + \Delta D$$

因此期貨價的漲跌就是：加權指數的漲跌，再加上價差的變化。

我用成交量預測出的是加權指數的漲跌，但是價差一直在吃我的豆腐，我被吃了快一年的豆腐，才看出來肉都跑到哪裡去了。

價差對指數現貨沒有預測能力

話說到了 2004 年，我好像升襄理還是副理了吧，但還是在證券業，每天早上都要對營業員分析並預測市場方向，腦袋裡想的都是股票投資。

那時台灣期貨市場才剛開始沒多久，每日成交量大約只有 2 萬口，就連營業員也不一定明白期貨是什麼東西，他們心裡都是想抓到一個大客戶，最好一個月可以成交 1 億以上的股票，就可以坐領高額獎金了。

而我比這些營業員也好不到哪裡去，因為我浸淫在這樣的環境當中，所以也常常想找到一支飆股，但用盡方法總無功，好不容易找到可以看成交量操作指數的方法，但這個方法套用在個股上面卻沒有效果。

我在這裡講的指數是指加權指數，也稱為指數現貨，而期貨是依附於其上的衍生性金融商品，兩者之間價格的差異，就是價差。因為我是證券分析師，所以一心一意只想要能抓住加權指數的方向，之所以操作期貨是因為沒有「加權指數」這個商品可操作。

期貨跟現價之間價格的差異，就是價差。教科書上總是說：期貨具有價格發現的功能。意義是說：簽定未來買賣契約的雙方，會各自蒐集有關價格的資訊，最後雙方所議定的價格，會考慮進所有的理性因素，即使個別交易者不能蒐集到完整的資訊，整體的交易人也應該可以蒐集到接近完整的資訊了，因此在公開市場上交易的價格，應該會反映出影響未來價格變動的因素，市場所決定出的期貨價格，就是現貨價格在到期日時，最有可能落定的價格。

如果期貨價格真的對現貨具有預測能力，那麼當期貨價格低於現貨價時（俗稱逆價差），應該預期指數將往下跌，如果期貨價高於現貨價（俗稱正價差），就代表期貨市場預期指數要往上漲。所以就先拿價差來看看對加權指數有沒有預測能力吧！

計算價差

要拿價差當指標，第一步當然是要先算出價差，而價差很容易算，就是今天的期貨價減去今天的現貨價（加權指數）。

$$D_t = F_t - I_t$$

但是指數在 5,000 點時的價差 50 點，和指數在 10,000 點時的價差 50 點，意義有一樣嗎？顯然沒有，50 元的股票漲停是 5 元，和 100 元的股票漲停是 10 元，用絕對數值來看不對，應該用相對數值來看才對。所以我把它改成：

$$D_t = F_t / I_t - 1$$

另外，當本交易日是結算日時，操作的應該是次月期貨，等下一個交易日，原本的當月期貨結算了，次月期貨就遞補成是當月期貨了。所以在結算日時計算價差，也應該計算次月期貨的價差才對。

現在請依以下步驟算出價差：

1. 在 F 的位置插入一欄。
2. 在 F1 儲存格打上標題「價差」。
3. 在 F2 輸入公式「=IF(O2=1,E2,D2)/B2-1」，這就是說今天若為結算日，就以次月期貨計算價差，否則以當月期貨來計算。

4. 把公式向下填滿到資料末端。

5. 調整資料顯示格式為「百分比」，並增加小數位數為 2 位。

6. 完成結果如下圖：

F2　　fx =IF(O2=1,E2,D2)/B2-1

	A	B	C	D	E	F	G	H
1	日期	收盤價	成交量	期貨	次月	價差	均價	均量 5
5825	2022/1/20	18218.28	238387	18226	18168	0.04%	17805.27	269464.4
5826	2022/1/21	17899.3	304171	17895	17840	-0.02%	17819.57	263959.6
5827	2022/1/24	17989.04	263375	17957	17905	-0.18%	17836.26	264695.6
5828	2022/1/25	17701.12	269410	17678	17625	-0.13%	17846.81	266205.2
5829	2022/1/26	17674.4	224109	17625	17570	-0.28%	17856.95	259890.4
5830	2022/2/7	17900.3	305070	17899	17846	-0.01%	17869.92	273227
5831	2022/2/8	17966.56	313218	17942	17889	-0.14%	17884.71	275036.4
5832	2022/2/9	18151.76	294063	18167	18113	0.08%	17898.96	281174
5833	2022/2/10	18338.05	280653	18337	18280	-0.01%	17914.34	283422.6
5834	2022/2/11	18310.94	261771	18275	18226	-0.20%	17927.17	290955
5835	2022/2/14	17997.67	259442	17977	17930	-0.11%	17934.47	281829.4
5836	2022/2/15	17951.81	231840	17953	17922	0.01%	17942.79	265553.8
5837	2022/2/16	18231.47	269020	18207	18213	-0.10%	17954.68	260545.2
5838	2022/2/17	18268.57	304332	18243	18207	-0.14%	17965.25	265281
5839	2022/2/18	18232.35	302889	18226	18192	-0.03%	17974.23	273504.6
5840	2022/2/21	18221.49	292847	18210	18177	-0.06%	17981.86	280185.6
5841	2022/2/22	17969.29	336508	17878	17849	-0.51%	17983.99	301119.2
5842	2022/2/23	18055.73	268988	18042	18013	-0.08%	17987.95	301112.8
5843	2022/2/24	17594.55	433686	17516	17485	-0.45%	17984.46	326983.6
5844	2022/2/25	17652.18	386495	17606	17580	-0.26%	17984.23	343704.8
5845								

Chart1　工作表1　工作表2　工作表3

就緒

以價差為指標操作「指數」

按照期貨具有「價格發現」功能的理論，當逆價差時，期貨價格低於現貨價，應該是暗示指數會往下跌，反之若是正價差，就代表市場預期指數會往上拉，我們先不考慮交易成本，單純看看逆價差時做空指數，正價差時做多指數的效果如何。請注意這裡只是模擬，畢竟沒有「加權指數」這項商品可供操作。

1. 在 J 欄的位置插入新欄，並在 J1 打上標題「價差指標」。

2. 在 J2 打上公式「=SIGN(F2)」。SIGN 函式用來取價差的正負號，這樣就表示在正價差時要做多，逆價差時要做空。向下填滿公式。

3. 這時損益欄已經被擠到 L 欄了。請將 L1 的標題改成浮動式的「損益」，即到「開發人員→插入→標籤（ActiveX 控制項）」，再設定「屬性→ Caption」為「損益」。

4. 把 L1 原本「量損益」的標籤改成數值 1。這樣就可以很方便地利用更改 L1 的數值，來切換損益計算是用什麼指標。

5. 在 L1 儲存格上按右鍵，選「插入註解」，然後在彈出的註解輸入視窗寫：

   「1: 量指標
   2: 價差指標」

   這樣以後如果忘記這裡輸入的數值代表什麼意義，只要把游標移過來，就會顯示註解了。

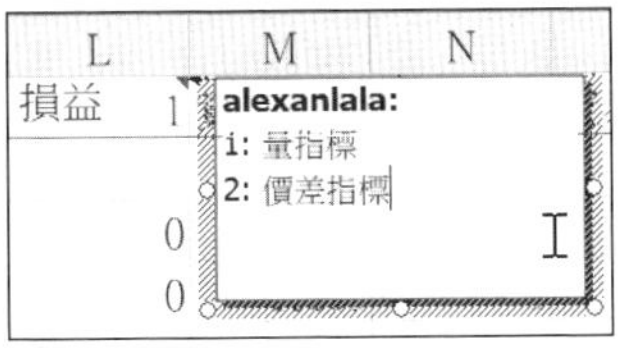

6. 把 N2 的公式改成「=INT(M2*$Q$1/B2)*CHOOSE($L$1,I2,J2)，我們在講如何找出結算日時，用過 CHOOSE 這個函數，它就是依據第一個參數 index_num 的值，來回傳後面的第 index_num

的值。所以現在如果 L1 是 1，就回傳 I 欄的量指標，如果是 2 就回傳 J 欄的價差指標。把公式向下填滿。

這樣就完成指標的設計了，而且可以很方便地切換指標。現在把 L1 的值改成 2，結果如下圖：

M5844 =M5843+K5844*N5843

	A	B	C	D	E	F	G	H	I	J	K	L	M	N
1	日期	收盤價	成交量	期貨	次月	價差	均價	均量	5 量指標	價差指標	指數漲跌	損益	2 資金	留倉口數
5826	2022/1/21	17899.3	304171	17895	17840	-0.02%	17819.57	263959.6	1	-1	-318.98	318.98	6920.5	0
5827	2022/1/24	17989.04	263375	17957	17905	-0.18%	17836.26	264695.6	-1	-1	89.74	89.74	6920.5	0
5828	2022/1/25	17701.12	269410	17678	17625	-0.13%	17846.81	266205.2	1	-1	-287.92	287.92	6920.5	0
5829	2022/1/26	17674.4	224109	17625	17570	-0.28%	17856.95	259890.4	-1	-1	-26.72	-26.72	6920.5	0
5830	2022/2/7	17900.3	305070	17899	17846	-0.01%	17869.92	273227	1	-1	225.9	-225.9	6920.5	0
5831	2022/2/8	17966.56	313218	17942	17889	-0.14%	17884.71	275036.4	1	-1	66.26	66.26	6920.5	0
5832	2022/2/9	18151.76	294063	18167	18113	0.08%	17898.96	281174	1	1	185.2	185.2	6920.5	0
5833	2022/2/10	18338.05	280653	18337	18280	-0.01%	17914.34	283422.6	-1	-1	186.29	186.29	6920.5	0
5834	2022/2/11	18310.94	261771	18275	18226	-0.20%	17927.17	290955	-1	-1	-27.11	27.11	6920.5	0
5835	2022/2/14	17997.67	259442	17977	17930	-0.11%	17934.47	281829.4	-1	-1	-313.27	313.27	6920.5	0
5836	2022/2/15	17951.81	231840	17953	17922	0.01%	17942.79	265553.8	-1	1	-45.86	45.86	6920.5	0
5837	2022/2/16	18231.47	269020	18207	18213	-0.10%	17954.68	260545.2	1	-1	279.66	-279.66	6920.5	0
5838	2022/2/17	18268.57	304332	18243	18207	-0.14%	17965.25	265281	1	-1	37.1	37.1	6920.5	0
5839	2022/2/18	18232.35	302889	18226	18192	-0.03%	17974.23	273504.6	1	-1	-36.22	-36.22	6920.5	0
5840	2022/2/21	18221.49	292847	18210	18177	-0.06%	17981.86	280185.6	1	-1	-10.86	-10.86	6920.5	0
5841	2022/2/22	17969.29	336508	17878	17849	-0.51%	17983.99	301119.2	1	-1	-252.2	-252.2	6920.5	0
5842	2022/2/23	18055.73	268988	18042	18013	-0.08%	17987.95	301112.8	-1	-1	86.44	86.44	6920.5	0
5843	2022/2/24	17594.55	433686	17516	17485	-0.45%	17984.46	326983.6	1	-1	-461.18	461.18	6920.5	0
5844	2022/2/25	17652.18	386495	17606	17580	-0.26%	17984.23	343704.8	1	-1	57.63	57.63	6920.5	0
5845														

Chart1 工作表1 工作表2 工作表3

就緒

還真令人失望，是不是？最後的資金只有 6,920.5 點，而且都不會變化了，留倉口數也都是 0，這是因為我們設定槓桿倍數為 1，6,920.5 點根本不夠交易 1 口大台，如果把起始資金改成 100,000 點，可以看到最後資金為 84908.18 點，還是虧損的，而且我們還沒有算進交易成本喔，表示用期貨來預測現貨的方向根本沒有用。

一般我們做指標回測時，如果這個指標不能賺錢，卻很明顯地賠錢，那也是一個好指標喔，怎麼說？因為你可以反過來做啊！如果明顯地賠錢，反過來做就會變賺錢了。最討厭的就是這種不賺不賠的狀況，那表示照著做賺不到，反過來做也賺不到，徒然浪費交易成本而已。

價差與月報酬率

我們做個圖來看看價差跟指數漲跌的關係。就看每個月結算日時，次月期貨的價差，是否能預測到下一個月加權指數的方向。

我們先算每個期貨結算月份的指數漲跌幅，也就是從上個結算日，到這個結算日的指數總報酬率。

1. 在 W1 輸入標題「月初價差」，X1 輸入「月累積指數漲跌幅」。

2. W3 輸入公式「=IF(P2=1,F2,W2)」，表示前一天若是結算日，就記錄新的開倉價差。我們在輸入價差公式時已經考慮到轉倉的問題，所以前一天若是結算日，價差是用次月期貨來計算，而這個次月期貨在隔一個交易日就自動遞補為當月期貨了。

   如果前一天不是結算日，那就把上一個交易日所記錄的價差延用下來，因此這一欄會一直記錄著該月份前一個結算日時，用次月期貨所計算的價差，那個次月期貨其實在往後的交易日都是當月期貨。

3. X3 輸入公式「=IF(P2=1,K3/B2,(1+K3/B2)*(1+X2)-1)」，這公式是用來計算總報酬率的，如果是第一天，就直接記錄那一天的報酬率，如果是第二天以後，就要把以前的報酬率加 1 之後連乘起來，再減去 1，即為總報酬率。

   $$R = (1+r_1)\times(1+r_2)\times(1+r_3)\times\cdots(1+r_t)-1$$

   這對具數學基礎與稍懂投資學和財務概念的人不是問題，但我以前有個同事，曾經是國際知名投資銀行的半導體分析師，居然在這麼簡單的問題上跟我起了爭執，他是國立大學經濟系畢業的，很顯然當年社會組的學生，普遍數學能力都有待加強，不過他的英文非常好，如果要對外資做報告，他是不二人選。

我們要計算總報酬率，就是把指數的總變化，除以一開始的指數：

$$R=\frac{\Delta I}{I_0}=\frac{(I_t-I_0)}{I_0}=\frac{I_\mathrm{t}}{I_0}-1$$

把期初的指數乘上 (1+R) 就是最後的指數。

$$I_0\times(1+R)=I_t$$

這是總的來看，若細分為每一天的報酬率，第一個交易日過完之後的指數 I_1 就是一開始的指數 I_0 乘上 $(1+r_1)$，

$$I_1=I_0\times(1+r_1)$$

第二個交易日結束時的指數 I_2 又是第一個交易日的指數 I_1 乘上 $(1+r_1)$

$$I_2=I_1\times(1+r_2)=I_0\times(1+r_2)\times(1+r_2)$$

這麼一路運作到最後一天，就會得到

$$I_t=I_0\times(1+r_1)\times(1+r_2)\times(1+r_3)\times\cdots(1+r_t)$$

最後把等號兩邊都除以 I_0，再減去 1，就得到總報率的公式：

$$R=(1+r_1)\times(1+r_2)\times(1+r_3)\times\cdots(1+r_t)-1$$

那個同事跟我爭辯：「如果你一開始的 I_0 不乘上 $(1+r_1)$，而是先乘上 $(1+r_3)$，這樣還會對嗎？」我真的不知道該怎麼回答他了。感覺就像教四歲的兒子騎腳踏車時，告訴他：「眼睛看前

面，右腳用力踩下去。」他只抬頭回我一句話，我就沒輒了。

他說：「哪一腳是右腳？」

4. 完成之後把 W 欄和 X 欄的公式都向下填滿。調整一下格式，以百分比呈現。附註一點，我在公式下填時碰上之前做的「運算分析」列表卡在中間，把它移動一下位置即可，因為這些試算表與計算報酬率或口數的儲存格常常是隨便找個位置，所以若讀者的結果跟我附圖的位置不太一樣，不用太在意。完成如下圖。

X3 =IF(P2=1,K3/B2,(1+K3/B2)*(1+X2)-1)

	A	K	L	M	N	O	P	Q	R	S	T	U	V	W	X	Y
1	日期	指數漲跌	損益	2 資金	留倉口數	交易口數	結算日	槓桿	1 期貨漲跌量	損益	資金	留倉口數	交易口數	月初價差	月累積指數漲跌幅	
5831	2022/2/8	66.26	66.26	6920.5	0	0	0		43	43	8590	0	0	-0.46%	-1.43%	
5832	2022/2/9	185.2	185.2	6920.5	0	0	0		225	225	8590	0	0	-0.46%	-0.42%	
5833	2022/2/10	186.29	186.29	6920.5	0	0	0		170	170	8590	0	0	-0.46%	0.61%	
5834	2022/2/11	-27.11	27.11	6920.5	0	0	0		-62	62	8590	0	0	-0.46%	0.46%	
5835	2022/2/14	-313.27	313.27	6920.5	0	0	0		-298	298	8590	0	0	-0.46%	-1.26%	
5836	2022/2/15	-45.86	45.86	6920.5	0	0	0		-24	24	8590	0	0	-0.46%	-1.51%	
5837	2022/2/16	279.66	-279.66	6920.5	0	0	1		254	-254	8590	0	0	-0.46%	0.02%	
5838	2022/2/17	37.1	37.1	6920.5	0	0	0		30	30	8590	0	0	-0.10%	0.20%	
5839	2022/2/18	-36.22	-36.22	6920.5	0	0	0		-17	-17	8590	0	0	-0.10%	0.00%	
5840	2022/2/21	-10.86	-10.86	6920.5	0	0	0		-16	-16	8590	0	0	-0.10%	-0.05%	
5841	2022/2/22	-252.2	-252.2	6920.5	0	0	0		-332	-332	8590	0	0	-0.10%	-1.44%	
5842	2022/2/23	86.44	86.44	6920.5	0	0	0		164	164	8590	0	0	-0.10%	-0.96%	
5843	2022/2/24	-461.18	461.18	6920.5	0	0	0		-526	526	8590	0	0	-0.10%	-3.49%	
5844	2022/2/25	57.63	57.63	6920.5	0	0	0		90	90	8590	0	0	-0.10%	-3.18%	
5845																
5846																
5847																
5848															-1.66%	-0.94%
5849														10	-1.66%	2.02%
5850														20	-1.66%	3.97%
5851														30	-1.66%	5.18%

Chart1 工作表1 工作表2 工作表3

就緒 平均值: -0.06% 項目個數: 11684 最小值: -21.60% 最大值: 22.19% 加總: -702.05% 100%

篩出結算日資料

現在 W 欄是當月期貨在前一個月結算日時，還身為次月期貨時的價差，X 欄則是從上一個結算日一直累計下來的指數報酬率。如果期貨具有預測現貨的功能，那月初的價差應該可以預期到一個月後指數的漲跌方向。

接著我們要用資料篩選的功能，只取出在結算日那一天的資料，再做繪圖。

1. 把上圖多重選取的部份取消，用做的比講的簡單，請點一下 P1 儲存格即可。如果在選取狀態下執行下一個步驟，會出現只能以部份資料篩選的狀況。

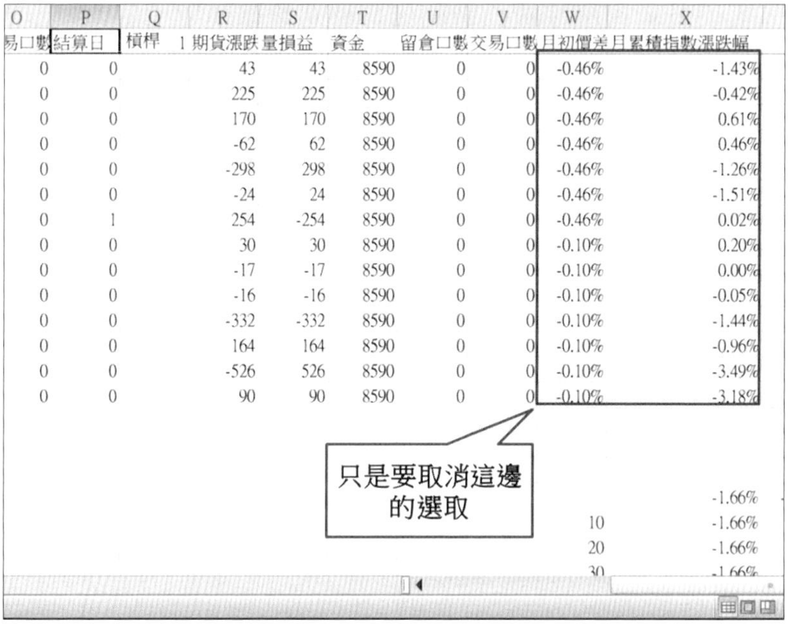

O	P	Q	R	S	T	U	V	W	X
易口數	結算日	槓桿	1 期貨漲跌	量損益	資金	留倉口數	交易口數	月初價差	月累積指數漲跌幅
0	0		43	43	8590	0	0	-0.46%	-1.43%
0	0		225	225	8590	0	0	-0.46%	-0.42%
0	0		170	170	8590	0	0	-0.46%	0.61%
0	0		-62	62	8590	0	0	-0.46%	0.46%
0	0		-298	298	8590	0	0	-0.46%	-1.26%
0	0		-24	24	8590	0	0	-0.46%	-1.51%
0	1		254	-254	8590	0	0	-0.46%	0.02%
0	0		30	30	8590	0	0	-0.10%	0.20%
0	0		-17	-17	8590	0	0	-0.10%	0.00%
0	0		-16	-16	8590	0	0	-0.10%	-0.05%
0	0		-332	-332	8590	0	0	-0.10%	-1.44%
0	0		164	164	8590	0	0	-0.10%	-0.96%
0	0		-526	526	8590	0	0	-0.10%	-3.49%
0	0		90	90	8590	0	0	-0.10%	-3.18%
									-1.66%
								10	-1.66%
								20	-1.66%
								30	-1.66%

2. 在工具列「資料」標籤下按「篩選」，然後拉下「結算日」欄位上的下拉選單，取消勾選「0」的值。

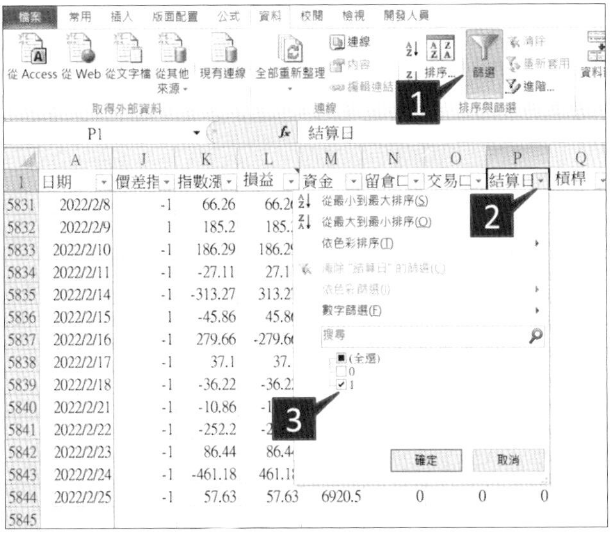

3. 選取 W 欄和 X 欄篩選出來的值，按 Ctrl + C 複製。

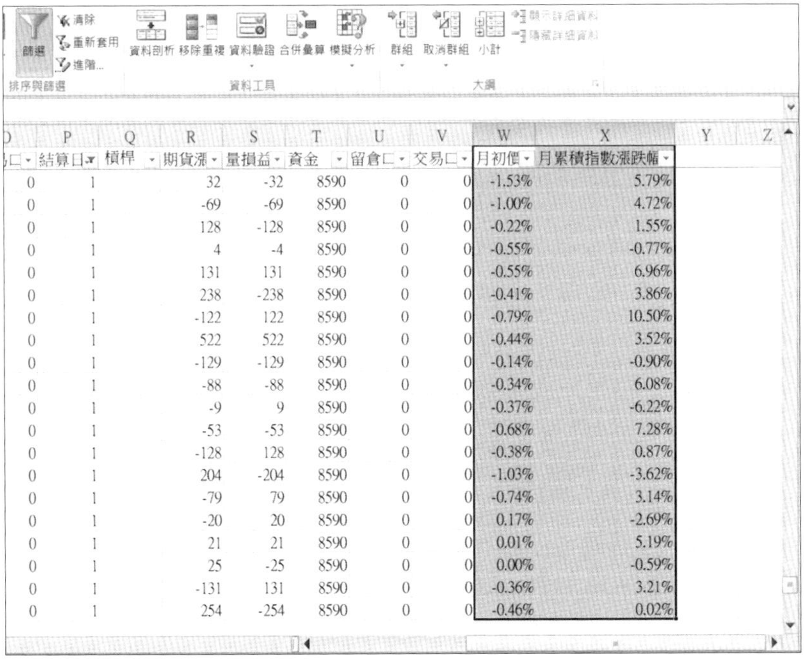

4. 到工作表 2，選取 C1 儲存格，再按 Ctrl + V 貼上。結果正好對齊我們之前用來找出結算日的欄位。然後按一下上面的「篩選」，解除篩選狀態。

繪出價差與「指數」月報酬率的關係

這樣看「價差」與「月累積指數漲跌幅」的資料，除非是電腦，否則一定無法看出有沒有關係，但繪個圖就容易看出了。

1. 選取工作表 2 的 C 欄和 D 欄，按工具列的「插入→散佈圖→帶有資料標記的散佈圖」。

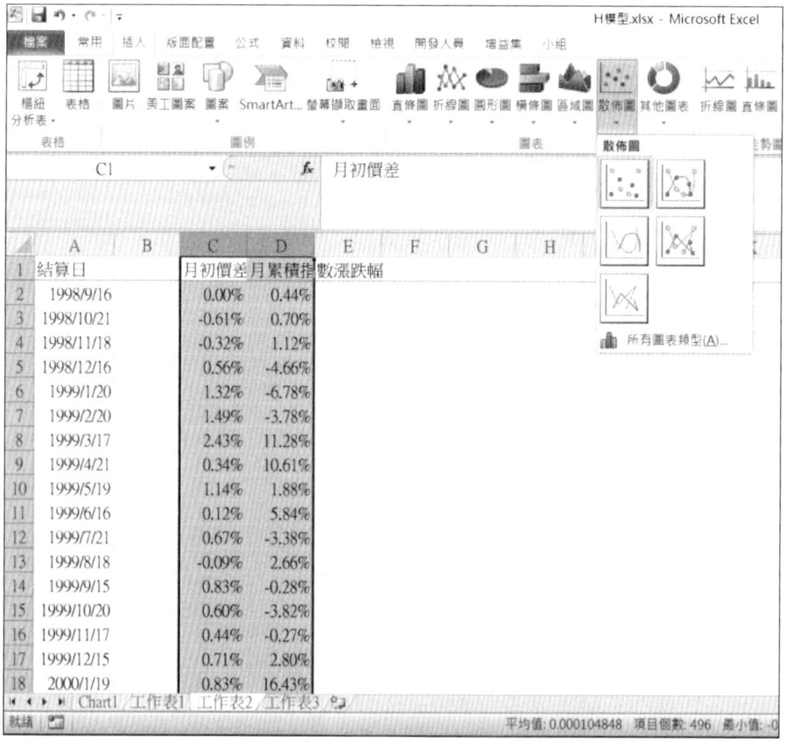

2. 在圖形上按右鍵→移動圖表→新工作表。這樣就完成了。

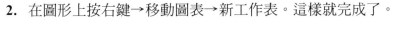

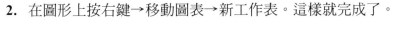

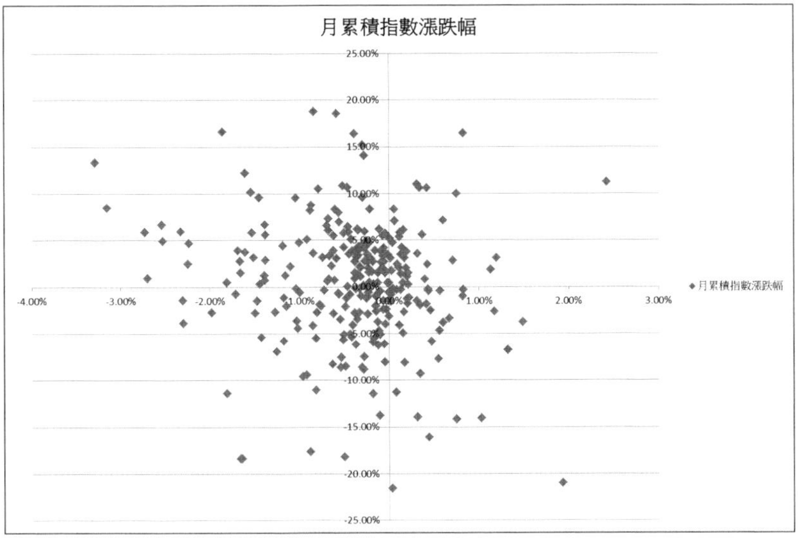

上圖的橫軸是每個月期貨開始的價差，縱軸是每個月結束時的指數漲跌百分比。有什麼相關嗎？看起來倒很像銀河星系往中間集中的樣子，那只是說明大部份時候的價差和漲跌幅度都不大，卻很難看出價差和指數漲跌幅有什麼關係。

四個象限都分別有一些遠離中心的點，表示正價差很大的時候，指數可能漲也可能跌，逆價差大的時候也是一樣，那就沒有預測能力了。

這真是很糟糕的一件事？

太好了，價差沒有預測能力

這個投影片是我在上「第一塊金磚— H 模型的設計與原理」課程時所做的，後來我在很多地方看到與聽到別人講述相同的內容，甚至舉了一樣的例，用相同的投影片，我倒也不會說別人剽竊我的智慧，不過總是要講一下：我才是原創者。

股市和經濟，就像主人與狗？

安德烈・科斯托蘭尼是歐洲的投資大師，他在德國投資界的地位，就有如美國的華倫・巴菲特一般。他曾經引述一條非常生動的比喻：「股市就一個人帶著一隻狗閒逛，雖然小狗有時候會走的比較遠，但始終不會離主人太遠。」

他的意思是主人是一個國家的經濟，朝著穩定的方向前進，而狗就像股市一樣，上上下下，但最後還是要回歸基本面。有人說他比喻的傳神，但請注意，我可沒說這個比喻傳神，只說它「生動」而已。

首先，一個國家的經濟本來就很難預測。我們的中經院（中華經濟研究院）跟台經院（台灣經濟研究院）所做出來的經濟預測幾乎從來沒有準過，每年都要修正個好幾次，即使年度結束以後，也還在修正，幾乎可以說是公佈到哪裡就修正到哪裡，那麼根本就不知道經濟的方向，要如何預測股市往哪裡走呢？

就算從事後來看好了，假設股市總繞著國家經濟打轉，請問 2018 年 10 月 11 日，加權指數一天大跌 660 點，期貨更是跌了 800 點，那麼前一個交易日跟後一個交易日，有看出國家經濟產生任何變化嗎？每一個股市大漲的日子，稻苗也不會長得比較快，每一個大跌的日子，公車還是一樣的開，國家經濟包含了各行各業的起伏盛衰，對他們來說，股市就好像天上的浮雲一樣，只是過眼雲煙而已。

主跑台塑新聞的記者姚惠珍寫了一本書叫「繼承者們：台塑接班十年祕辛」，提到王永慶三房次女王瑞華，回國進入台塑集團領導階層時，和王文淵曾有一段磨合期。因為王瑞華是唸財務管理的，很注重財務數字，常常看到營收下滑，獲利不如預期，就急著要找出原因。但王文淵是搞產業出身的，很清楚塑化產業本來就是景氣循環產業，我們以前當研究員時就知道：它的產業週期是七年。因此他不會因為一時的盛衰就緊張兮兮，只管穩定地做該做的事。所以股市很可能連這麼重要的一家公司狀況都反映不出來，如何能說與國家經濟有關呢？

2018 年 2 月 6 日股市跌了 526 點，有一個女生說她做選擇權賣方，因為保證金不足被券商斷頭，突然從擁有好幾百萬的部位，變成欠券商好幾百萬，她在網路上分享心情，說走在路上陽光普照，迎面走來笑嘻嘻的人群，她只想大哭一場，誰知道她的心在滴血。

是啊，股市的變化只影響到參與其中的人，他們彼此推擠出一個又一個的浪頭，又跌落一個又一個的深淵，股市才不是以國家經濟為中心，2000 年網路泡沫，2007 年次貸危機，2008 年金融海嘯，2011 年歐債危機，2015 年陸股泡沫，事後總是有好聽的解釋，可是每隔幾年就來那麼一下，到底哪裡是中心點呢？

2009 年台股不斷走升，基本面卻未見起色，當時的金管會主委陳沖居然給了一個名詞，叫做「無基之彈」：沒有基本面也可以反彈，這樣股市和國家經濟還有任何關係嗎？

所以科斯托蘭尼只是做了一個生動的比喻，但是它一點也不傳神。股市和國家經濟的關係微乎其微，就算有，也很難說哪一個是因，哪一個是果。1929 年美國股市大崩盤，之後開啟了長達五年的「大蕭條」時代，失業率攀升到 30%，金融機構倒了一堆，這是因為股市預測到未來的大蕭條嗎？喔，不，那些金融機構的倒閉根本是股市崩盤所造成的，背後的成因相當複雜，因為在之前就有過度投資與生產過剩的現象了，可是這兩者很難說清楚因果關係。

那段大蕭條還造成了一個後果：美國人民長達 30 年走不出那個陰影，對股市總是如臨深淵，如履薄冰。二次世界大戰後美國經濟起飛，倚靠著全世界的重建需求、本土工業未受損傷，戰時國內又有許多科技進步，全球人才在戰時有許多投向美國避難，各行各業在全球市場都居於領導地位。可是相對來說，股市的漲幅非常落後。

當然，這可以解釋為資金直接流向創業與實業發展，不需要在股市中追捧，但到最後居然有股價淨值比小於 1 的情形發生，也就是說股票總市值小於企業價值，就像有人拿著造價百萬的名車在場上以八十萬求售，已經是不合理現象了，與其自己創業，不如去買下一家股價淨值比小於 1 的公司。

好，這還可以說是為了求現，畢竟現金為王嘛！但是，有公司的股價居然小於它的平均每股現金，又該做何解釋？這就好像拿著千元大鈔在市場上賣九百元，完全就說不過去了。

這樣的時代背景給了巴菲特很好的成功條件，他信奉葛拉漢的價值型投資法，本身勤於閱讀財報。要知道，那個時候電腦尚未平民化，公司的財務報告讀起來就像電話號碼簿一樣，哦，可能比電話號碼簿還難啃，因為當時會計制度還很紛亂，各家公司的編製方式並不統一，要整理出有用的資訊得花上許多功夫。

在他的自傳「雪球」中提到，他創業時大女兒蘇西剛剛出生，他常常在晚上一邊抱女兒在書房與客廳間踱步哄她入睡，另一邊在腦袋裡計算各公司的財報數字與股價的關係。如果巴菲特是在公元 2000 年以後進入股市，就很難說還會不會有今天的成就了。

如果國家經濟和股市是主人與狗的關係，那這狗根本是瘋狗，牠才不管主人在哪裡，衝過頭的時候不見「狗」影，落後時不見「人」影，事實上這個主人本身的行蹤也很縹緲，狗和主人的關係應該是「倆忘煙水裡」吧！

期貨與股市才是主人與狗的關係

可是如果我們把「狗與主人」的比喻中，主角換成「期貨與股市」，那就一點也不差了。主人是股市，小狗是期貨，不管小狗怎麼跑，永遠不會離主人太遠。因為這個主人是用繩子牽著小狗的，這條繩子就是「期貨契約」，無論如何，到最後期貨都要以現貨結算，所以沒有辦法離開主人太遠。

這在期貨市場上是常識了，到結算日時，期貨和現貨一定會收斂，價差一定會歸零。問題只不過在於收斂的方式。

如果期貨真如理論具有價格發現的功能，那麼指數現貨就會靠向期貨，期貨是主人，現貨才是小狗。但我們用實際資料證明現貨並不會靠向期貨，價差方向對加權指數方沒有預測能力，也就是說，指數會走自己的路，它才是主人，期貨是小狗，必須往主人靠近。

事實上我們前面的實做當中，可以看出期貨價差不僅沒有預測股市的方向，而且股市還有一點往反方向移動，因為照著價差方向去買進或賣出指數，最後是虧錢的，也就說其實正價差的時候比較容易跌，逆價差的時候反而容易漲，不過數字很小，在統計上可以視為誤差，所以講沒有預測能力是比較恰當的。

而「沒有預測能力」這件事，在一般的技術分析裡是很糟糕的，表示沒有辦法根據指標進行操作。可是現在我們的指標是價差，而價差就是「期貨價減去現貨價」，如果現貨價不隨價差方向波動，那麼結算時期貨一定要靠過來，因此價差就變成預測期貨方向的很好指標。

繪出價差與「期貨」月報酬率的關係

我們來把期貨的漲跌加到上一張做出來的「月累積指數漲跌幅」圖中，看看是什麼狀況。現在回到工作表 1，把原本的「篩選」功能取消。

1. 在 Y1 打上標題「月累積期貨漲跌幅」。

2. 在 Y3 輸入公式「=IF(P2=1,R3/E2,(1+Y2)*(1+R3/D2)-1)」，這個公式跟計算「月累積指數漲跌幅」的一樣，只不過在前一日為結算日的時候，計算報酬率的分母是用次月期貨，之後都是當月期貨。因為我們已經在計算漲跌時考慮過結算轉倉的問題了，所以可以直接拿 R 欄的「期貨漲跌」來用。

3. 公式向下填滿，並把格式調整為兩位小數的百分比。

4. 跟做「月累積指數漲跌幅」時一樣，把結算日篩選出來，然後把結算日的資料貼到工作表 2。

	A	B	C	D	E
1	結算日		月初價差	月累積指數漲跌幅	月累積期貨漲跌幅
264	2020/7/15		-1.53%	5.79%	7.59%
265	2020/8/19		-1.00%	4.72%	6.00%
266	2020/9/16		-0.22%	1.55%	1.71%
267	2020/10/21		-0.55%	-0.77%	-0.35%
268	2020/11/18		-0.55%	6.96%	7.42%
269	2020/12/16		-0.41%	3.86%	4.42%
270	2021/1/20		-0.79%	10.50%	11.09%
271	2021/2/17		-0.44%	3.52%	3.75%
272	2021/3/17		-0.14%	-0.90%	-1.00%
273	2021/4/21		-0.34%	6.08%	6.63%
274	2021/5/19		-0.37%	-6.22%	-5.83%
275	2021/6/16		-0.68%	7.28%	8.25%
276	2021/7/21		-0.38%	0.87%	1.09%
277	2021/8/18		-1.03%	-3.62%	-2.86%
278	2021/9/15		-0.74%	3.14%	4.07%
279	2021/10/20		0.17%	-2.69%	-2.88%
280	2021/11/17		0.01%	5.19%	4.93%
281	2021/12/15		0.00%	-0.59%	-0.75%
282	2022/1/19		-0.36%	3.21%	3.53%
283	2022/2/16		-0.46%	0.02%	0.35%
284					

Chart1 / 工作表1 / Chart2 / 工作表2 / 工作表3

1. 把剛貼到工作表 2 的資料，直接再按 Ctrl + C 複製起來，到 Chart2 工作表，再按 Ctrl + V 貼上，就會把新做好的資料，貼在圖表上了。

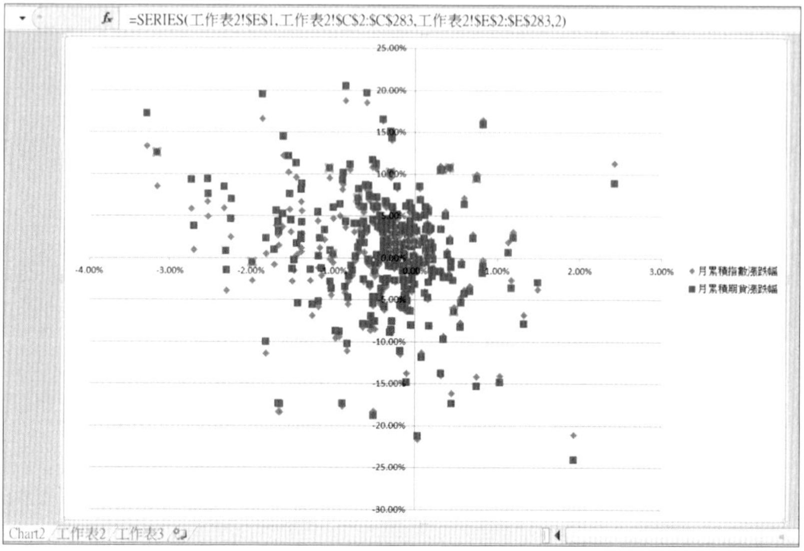

結果如上圖，分別點不同的資料數列，可以看到最上面的公式輸入區，會像我們以前教過的出現由 4 個引數代入的 SERIES 函數，這就是數列的意思。這 4 個引數分別是：

1. 數列名稱：就是放在工作表 2，D1 和 E1 儲存格的標題。
2. X 軸資料：兩個數列的 X 軸都採用 C 欄的月初價差資料。
3. Y 軸資料：第一個數列是 D 欄的「月累積指數漲跌幅」，第二個數列是 E 欄的「月累積期貨漲跌幅」。
4. 數列編號：這個參數會決定數列的圖層，後來的編號會顯示在上層，所以如果要切換的時候，把數列 2 改成數列 1，數列 1 就會自動變成數列 2，並顯示在上層了。

現在看著上面的圖，有沒有感覺月累積「期貨」漲跌幅的資料點，有一種左上往右下的趨勢？和前面看過月累積「指數」漲跌幅的資料點表現不一樣。指數的資料點看起來沒有什麼趨勢，就是往中間集中而已，但期貨的資料點有負斜率。

如果再看仔細一點，在 Y 軸左半側，似乎月累積「期貨」漲跌幅的資料點，傾向出現在月累積「指數」漲跌幅的資料點上方，也就是說期貨的報酬率相較於指數報酬率，是往正方向移動；Y 軸右半則是相反，即是說期貨報酬率相較於指數報酬率往負方向移動。

如果能夠套利的話，這就是很好的套利機會了：在正價差時買進指數，賣出期貨；在逆價差時買進期貨，賣出指數。可是老問題來了：沒有「加權指數」這項商品，想要模擬指數，就必須把它的成份股按照權重複製一遍，這樣交易跟管理的成本都太高了，更重要的是：哪來那個錢把所有成份股都買下來？因此只能考慮做單邊，也就是期貨。

在進入下一節之前，我們來看看是不是真的有圖形視覺上的趨勢存在。在上個圖點選數列 2 的情況下按右鍵，選「加上趨勢線」，直接採用預設的「線性」趨勢線即可。

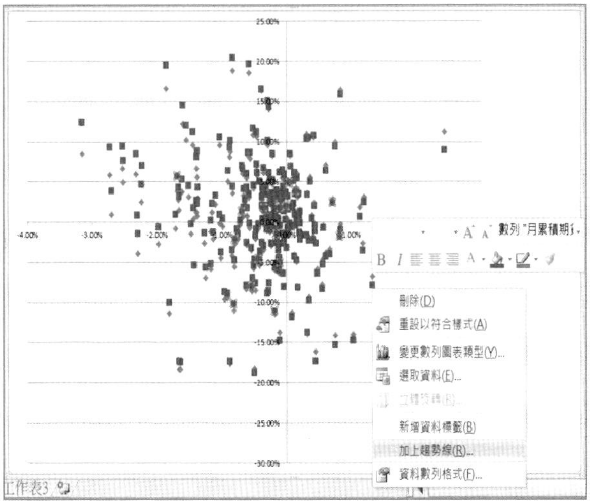

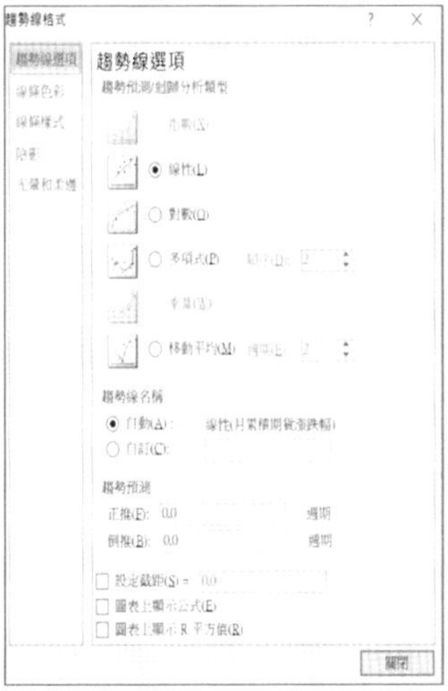

結果會像這樣：

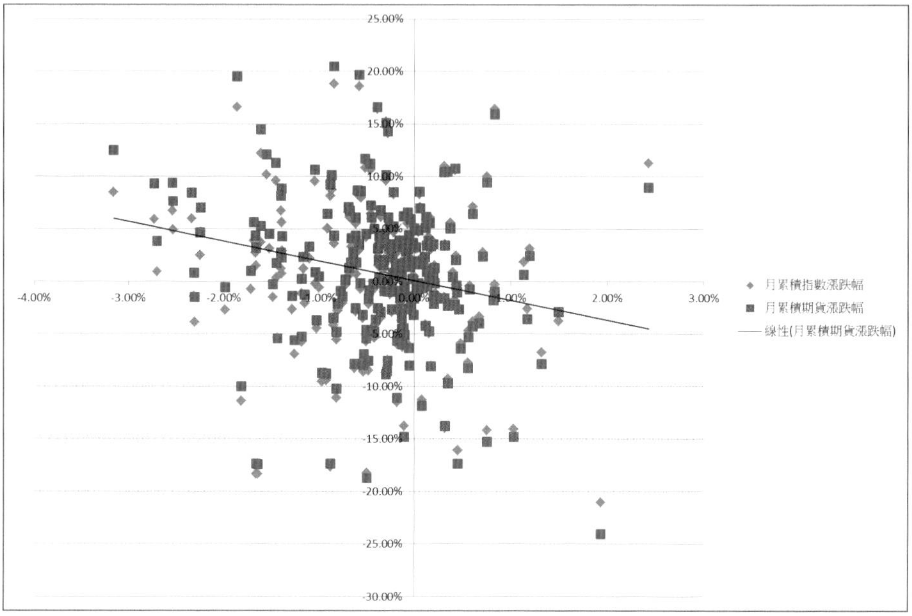

這樣應該就很明顯了：期貨對價差的趨勢線是負斜率，即逆價差愈大，期貨愈有可能漲，反之愈是正價差，期貨愈可能跌，原因就是它要靠向走勢不受價差影響的指數。

以價差指標操作期貨

我們已經試過以價差當做指標，模擬操作加權指數，結果根本沒什麼效果。但從前面幾節的討論，最後已經發現期貨對價差的趨勢線，有明顯的負斜率，表示在逆價差的情況下做多，或是在正價差的情況下做空，應該有比較明顯的報酬率。

多說無益，自己看

現在我們就來看看，把價差當做指標，來操作期貨，是否能有足夠的獲利，來打敗交易成本。

1. 回到工作表 1，把上一節所做的 W、X、Y 欄的資料都清除，我們已經把有用的東西都複製到工作表 2 了。
2. 把 J2 的價差指標前面加上負號，變成「-SIGN(F2)」，並向下填滿。這樣我們就是在逆價差的情況下做多，在正價差的情況下做空。
3. L 欄原本是用來計算單口損益，但我們已經把多空方向整合到「留倉口數」裡，這一欄已經失去原本的功用，只剩下 L1 是用來選擇指標。
4. 把 L2 以下的公式區域清除，重新在 L2 輸入公式「=CHOOSE($L$1,I2,J2)」，做為完整的指標選擇，L1 的標籤也改成「指標」，公式向下填滿。

L2 =CHOOSE($L$1,I2,J2)

	A	H	I	J	K	L	M	N	O	P	Q
1	日期	均量 60	量指標	價差指標	指數漲跌	指標 2	資金	留倉口數	交易口數	結算日	槓桿
5826	2022/1/21	316445	-1	1	-318.98	1	6378.31	0	0	0	
5827	2022/1/24	315085.6	-1	1	89.74	1	6378.31	0	0	0	
5828	2022/1/25	314152.2	-1	1	-287.92	1	6378.31	0	0	0	
5829	2022/1/26	311433.7	-1	1	-26.72	1	6378.31	0	0	0	
5830	2022/2/7	311083.3	-1	1	225.9	1	6378.31	0	0	0	
5831	2022/2/8	311163.2	1	1	66.26	1	6378.31	0	0	0	
5832	2022/2/9	310672.5	-1	-1	185.2	-1	6378.31	0	0	0	
5833	2022/2/10	309122.6	-1	1	186.29	1	6378.31	0	0	0	
5834	2022/2/11	306931.2	-1	1	-27.11	1	6378.31	0	0	0	
5835	2022/2/14	305416.3	-1	1	-313.27	1	6378.31	0	0	0	
5836	2022/2/15	302611.5	-1	-1	-45.86	-1	6378.31	0	0	0	
5837	2022/2/16	300979.2	-1	1	279.66	1	6378.31	0	0	1	
5838	2022/2/17	299777	1	1	37.1	1	6378.31	0	0	0	
5839	2022/2/18	298524.2	1	1	-36.22	1	6378.31	0	0	0	
5840	2022/2/21	296824.2	-1	1	-10.86	1	6378.31	0	0	0	
5841	2022/2/22	295855.4	1	1	-252.2	1	6378.31	0	0	0	
5842	2022/2/23	293719.2	-1	1	86.44	1	6378.31	0	0	0	
5843	2022/2/24	295731.1	1	1	-461.18	1	6378.31	0	0	0	
5844	2022/2/25	296943.9	1	1	57.63	1	6378.31	0	0	0	
5845											

1. N 欄「留倉口數」，用來選擇指標的 CHOOSE 函數已經被獨立到 L 欄了，因此可以用 L 欄的資料替代。把 N2 改成「=INT(M2*$Q$1/B2)*L2」，然後向下填滿。

2. U2 公式「=INT(T2*$Q$1/IF(P2=1,E2,D2))*I2」中，最後面 I2 是代表量指標，把它改成和 N2 一樣，以 L 欄的資料來取代，變成「=INT(T2*$Q$1/IF(P2=1,E2,D2))*L2」，再向下填滿。前面 INT(T2*$Q$1/IF(P2=1,E2,D2)) 的部份是計算可操作口數，後面就是選用指標。

3. S 欄目前用不到，把整欄的資料清空。

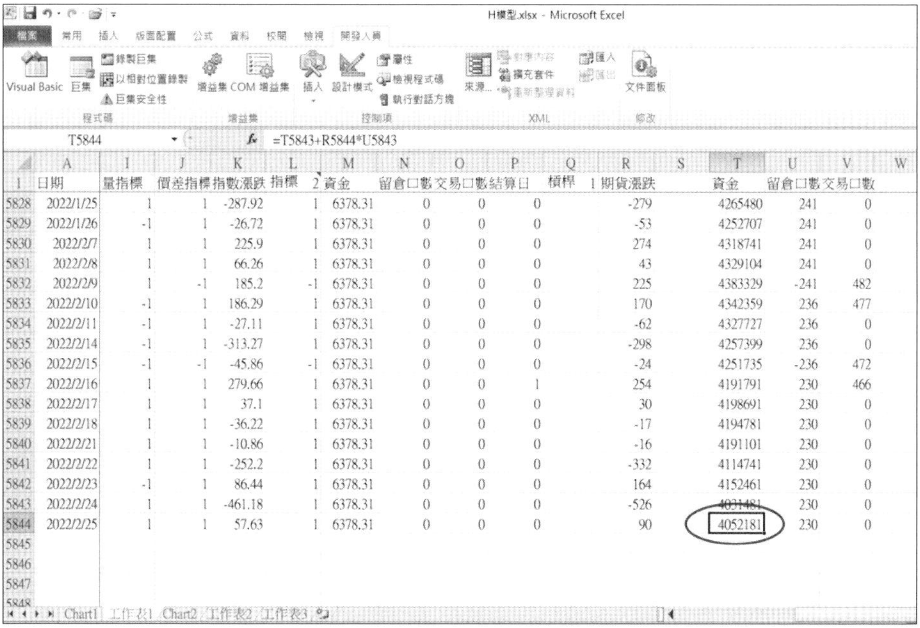

	A	I	J	K	L	M	N	O	P	Q	R	S	T	U	V	W
1	日期	量指標	價差指標	指數漲跌	指標	2 資金	留倉口數	交易口數	結算日	槓桿	1 期貨漲跌		資金	留倉口數	交易口數	
5828	2022/1/25	1	1	-287.92	1	6378.31	0	0	0		-279		4265480	241	0	
5829	2022/1/26	-1	1	-26.72	1	6378.31	0	0	0		-53		4252707	241	0	
5830	2022/2/7	1	1	225.9	1	6378.31	0	0	0		274		4318741	241	0	
5831	2022/2/8	1	1	66.26	1	6378.31	0	0	0		43		4329104	241	0	
5832	2022/2/9	1	-1	185.2	-1	6378.31	0	0	0		225		4383329	-241	482	
5833	2022/2/10	-1	1	186.29	1	6378.31	0	0	0		170		4342359	236	477	
5834	2022/2/11	-1	1	-27.11	1	6378.31	0	0	0		-62		4327727	236	0	
5835	2022/2/14	-1	1	-313.27	1	6378.31	0	0	0		-298		4257399	236	0	
5836	2022/2/15	-1	-1	-45.86	-1	6378.31	0	0	0		-24		4251735	-236	472	
5837	2022/2/16	1	1	279.66	1	6378.31	0	0	1		254		4191791	230	466	
5838	2022/2/17	1	1	37.1	1	6378.31	0	0	0		30		4198691	230	0	
5839	2022/2/18	1	1	-36.22	1	6378.31	0	0	0		-17		4194781	230	0	
5840	2022/2/21	1	1	-10.86	1	6378.31	0	0	0		-16		4191101	230	0	
5841	2022/2/22	1	1	-252.2	1	6378.31	0	0	0		-332		4114741	230	0	
5842	2022/2/23	-1	1	86.44	1	6378.31	0	0	0		164		4152461	230	0	
5843	2022/2/24	1	1	-461.18	1	6378.31	0	0	0		-526		4031481	230	0	
5844	2022/2/25	1	1	57.63	1	6378.31	0	0	0		90		4052181	230	0	
5845																
5846																
5847																
5848																

你瞄到了嗎？旁邊的資金欄位最後變成什麼數字？

「這次我有說我要變魔術嗎？」「沒有。」

「所以你看到的是什麼？」「是事實。」

事實就是：如果從台指期貨開倉的第一天起，就按照正價差做空，逆價差做多的方式操作，未計交易成本的情況之下，只用 1 倍槓桿倍數，資金就會從 10,000 點成長到 4,052,181 點，不熟悉期貨市場的人可能到現在還不能適應，1 點就是大台 200 元，小台 50 元。相當於帶著 200 萬元進場，23 年後是以 8.1 億離場。

交易成本僅是九牛一毛

不過交易成本當然是一定要算的，我們繼續改善「資金」欄位的公式。

交易成本分為「交易稅」和「手續費」，還有滑價的問題，也就是一定要買到就得追高，一定要賣掉就得殺低。

先說明一下滑價的問題好了。因為 H 模型的交易模式就是在每天股市收盤後，期貨收盤前，看看價差方向為何，然後進行調整多空留倉方向的動作。如果前一天是看多，今天也看多，那就不必交易，直接把前一天的倉位留到明天即可。前後都看空也是一樣，無需調整。

若是持倉方向需要改變，或是要增減口數，下限價單交易即可，大部份的情形都可以成交。因為已經是現貨收盤了，期貨通常不太會出現明顯地往上或往下的動作。如果下限價單可以成交，那就不會有滑價的問題，若是到收盤前都沒有成交，以前我會在最後 30 秒改下市價單，那就會產生滑價。但現我用程式交易，收盤前如果有震盪，還可以多賺幾點利潤回來，但這就不在本書的範圍了。後面我們還會繼續說明：投資本來就是一門不精確的科學，這是很多工程師進入這個領域的罩門，他們很不能接受不確定的事情。

所以這裡主要的成本還是手續費和交易稅。一般的程式交易者會以每交易一口的成本為多少點數來做計算，比如說現在市面手續費單口大約 50~100 元不等，交易稅為十萬分之二，以目前 2022/2/25 指數位置在 17,500 點左右，契約價值是 350 萬，十萬分之二為 70 元，因此把數字抓大一點，大約每口交易的成本約為 1 點（200 元）。

在 V 欄已經計算出「交易口數」了，它就是今天的部位與前一天部位的差值，請看 V3 的公式：

「=IF(P3=1,ABS(U3)+ABS(U2),ABS(U3-U2))」

若今天是結算日，就要把當月期貨換成次月期貨，這個次月期貨在下一個交易日就會自動變成當月期貨了。因此不管前後的多空方向是否一致，都要把前一天的部位清空，交易口數為 ABS(U2)，然後再建立新的部位，交易口數為 ABS(U3)，兩者相加為總交易口數。

若今天不是結算日，就只要交易「今天的部位跟前一天部位的差值」，那就是 ABS(U3-U2)，這裡包含了多空方向的轉變，以及資金增減時，依據槓桿倍數計算出所需要的口數調整。

循環參照

明白以後就可以來把成本計入資金欄位。以下動作會報錯，所以請看我做就好了：

在 T3 資金欄的公式末端，加上減去 V3 口數，這是假設每口交易的成本為 1 點。公式就變成「=T2+R3*U2-V3」，代表著前一天的資金 T2，再加上今天單口的損益點數 S3，乘上前一天的留倉口數 U2，最後再減去今天的交易口數 V3。結果會出現「循環參照」的錯誤，對不熟悉 Excel 的使用者來說，「循環參照」是很頭疼的錯誤。

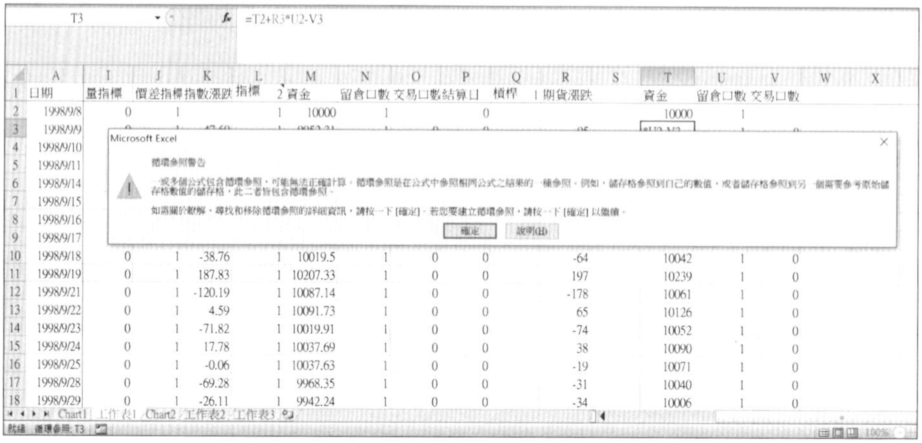

我先按下「確定」關閉錯誤警告視窗，現在畫面上出現了幾個藍色箭號。

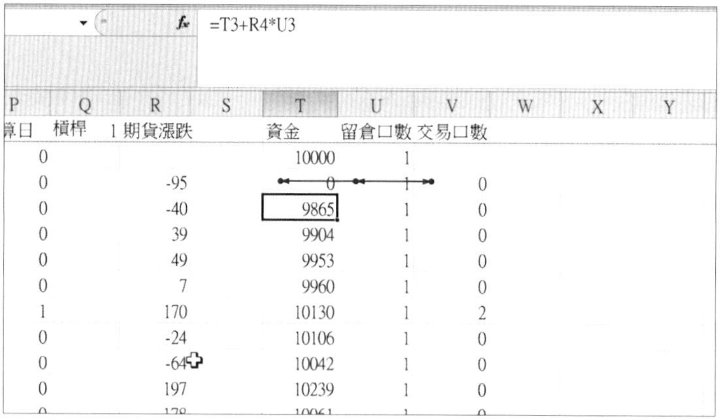

它的意思是說：今天的留倉口數是以今天的資金除以每口價值來計算的；計算完留倉口數，再和前一天的差值來得出應交易口數，最後交易口數所需的成本（1 點）還要計入今天的資金裡，這樣就形成了循環參照「資金→留倉口數→交易口數→資金」，因為在這個循環裡，所有

的變數都要倚賴彼此來計算，若沒有一個獨立的變數，就沒有一個可以落定的答案了。

這就像老師要全班同學寫下一個數字，看誰的數字最接近總平均減去 1，就可以得到獎賞。結果每寫下一個數字，預期把它減 1 才是正確答案，於是先減 1 再送出去，但又不對了，要再減 1 才行。這樣沒完沒了，就叫循環參照。

我的解決方法是：先交易，才有成本，所以成本要算到隔天的帳上，那麼今天要減去的就不是今天的交易成本，是前一天的交易成本，接下來就請大家把 T3 的公式改成：「=T2+R3*U2-V2」，就不會出現循環參照了。並把公式向下填滿。

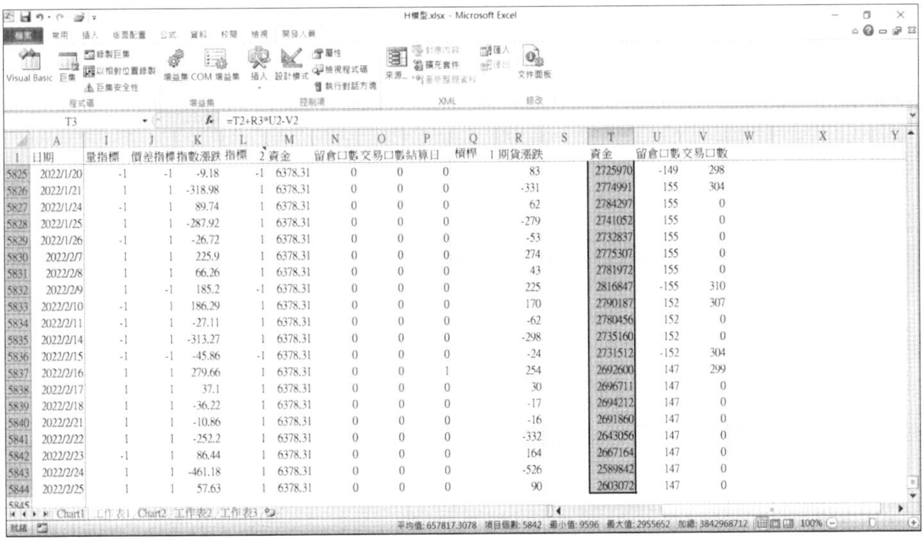

1	日期	量指標	價差指標	指數漲跌	指標	2 資金	留倉口數	交易口數	結算日	槓桿	1 期貨漲跌		資金	留倉口數	交易口數
5825	2022/1/20	-1	-1	-9.18	-1	6378.31	0	0	0		83		2725970	-149	298
5826	2022/1/21	1	1	-318.98	1	6378.31	0	0	0		-331		2774991	155	304
5827	2022/1/24	-1	1	89.74	1	6378.31	0	0	0		62		2784297	155	0
5828	2022/1/25	1	1	-287.92	1	6378.31	0	0	0		-279		2741052	155	0
5829	2022/1/26	-1	1	-26.72	1	6378.31	0	0	0		-53		2732837	155	0
5830	2022/2/7	1	1	225.9	1	6378.31	0	0	0		274		2775307	155	0
5831	2022/2/8	1	1	66.26	1	6378.31	0	0	0		43		2781972	155	0
5832	2022/2/9	1	-1	185.2	-1	6378.31	0	0	0		225		2816847	-155	310
5833	2022/2/10	-1	1	186.29	1	6378.31	0	0	0		170		2790187	152	307
5834	2022/2/11	-1	1	-27.11	1	6378.31	0	0	0		-62		2780456	152	0
5835	2022/2/14	-1	1	-313.27	1	6378.31	0	0	0		-298		2735160	152	0
5836	2022/2/15	-1	-1	-45.86	-1	6378.31	0	0	0		-24		2731512	-152	304
5837	2022/2/16	1	1	279.66	1	6378.31	0	0	1		254		2692600	147	299
5838	2022/2/17	1	1	37.1	1	6378.31	0	0	0		30		2696711	147	0
5839	2022/2/18	1	1	-36.22	1	6378.31	0	0	0		-17		2694212	147	0
5840	2022/2/21	1	1	-10.86	1	6378.31	0	0	0		-16		2691860	147	0
5841	2022/2/22	1	1	-252.2	1	6378.31	0	0	0		-332		2643056	147	0
5842	2022/2/23	-1	1	86.44	1	6378.31	0	0	0		164		2667164	147	0
5843	2022/2/24	1	1	-461.18	1	6378.31	0	0	0		-526		2589842	147	0
5844	2022/2/25	1	1	57.63	1	6378.31	0	0	0		90		2603072	147	0

可以看到資金減少了三分之一，看似很大，但這是 23 年的累積效果，我們來算一下年複合報酬率好了，就是那個投資銀行半導體分析師也可能搞不懂的年複合報酬率。

年複合報酬率

$$N\text{年複合和報酬率} = \left(\frac{A_N}{A_0}\right)^{\frac{1}{N}} - 1$$

A_0 代表期初資金，A_N 代表期末資金

在 X5840 輸入公式「=(T5844/T2)^(365.25/(A5844-A2))-1」，之前我們曾經用過類似的公式，但那個時候只是簡單地開了 23 次方的根號，假設就是操作了 20 年，但事實上不是，從 1998/9/8 到 2022/2/25 有「23 年 5 個月又 17 天」，在指數律中開 N 次方的根號，就是指數為 1/N，我們有講過在 Excel 中的日期就是從 1900/1/1 往後數幾天，不足 1 的小數部份，就按照 1 天的比例來計算。所以從 A2 到 A5844 所經過的天數，就是 A5844-A2，把這個天數除以一年有 365.25 天，就是經過的年數（包含不足一年的小數部份），然後倒數過來，做為指數，就是開幾年的根號了。

調整一下格式為百分比，小數位數兩位，結果如附圖：

fx =(T5844/T2)^(365.25/(A5844-A2))-1

R	S	T	U	V	W	X
1 期貨漲跌		資金	留倉口數	交易口數		
274		2775307	155	0		
43		2781972	155	0		
225		2816847	-155	310		
170		2790187	152	307		
-62		2780456	152	0		
-298		2735160	152	0		
-24		2731512	-152	304		
254		2692600	147	299		
30		2696711	147	0		
-17		2694212	147	0		
-16		2691860	147	0		26.75%
-332		2643056	147	0		
164		2667164	147	0		
-526		2589842	147	0		
90		2603072	147	0		

年複合報酬率為 26.75%，這就算跟世界級的避險基金相比，也是很好的績效了。

為了看交易成本的影響，我們把每口的交易成本從原本為 1，改成變數好了，就放在 V1 儲存格裡，那麼就把 V1 的標題改用標籤的方式表示。就是到工具列「開發人員→插入→標籤（ActiveX 控制項）」，然後在屬性中更改 Caption 為「交易口數」。

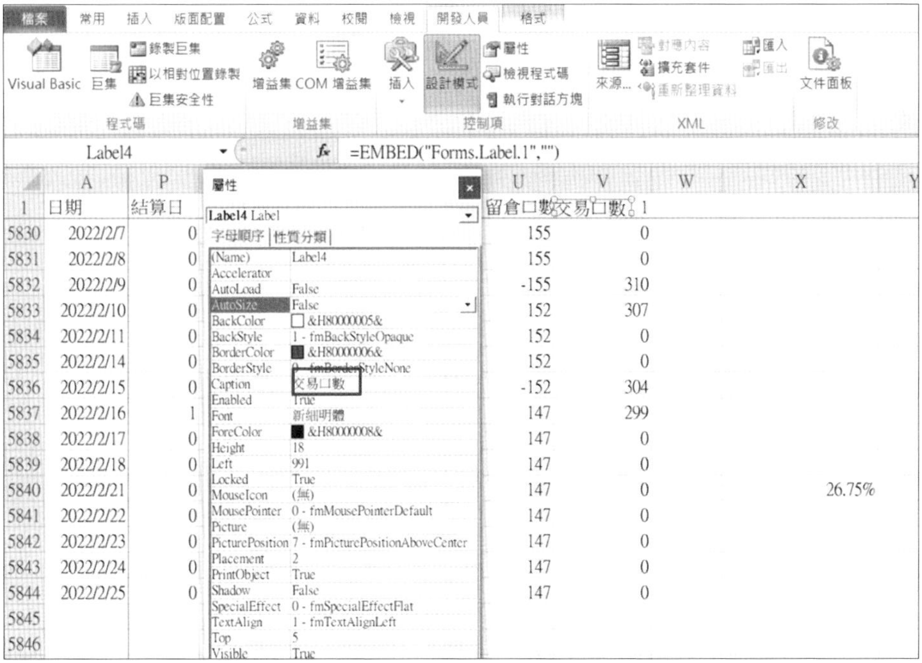

再把 T3 資金公式中最後減去交易口數 V2 的部份，後面補上「*$V$1」就是以交易口數乘上每口的交易成本了。

T 欄公式向下填滿，此時調整 V1 儲存格的數字，就可以看到在不同交易成本的假設之下，模型的績效為何了。附圖把 V1 輸入 0，表示沒有交易成本的狀況。年複合報酬率為 29.16%，所以複合報酬率只是小小幾個百分點的差異，就可造成長期巨大的落差，反過來說，長期的巨大落差，也不過是短期一點一點小進步的累積。

T3　　=T2+R3*U2-V2*$V$1

	A	Q	R	S	T	U	V	W	X
1	日期	槓桿 1	期貨漲跌		資金	留倉口數	交易口數 0		
5832	2022/2/9		225		4383329	-241	482		
5833	2022/2/10		170		4342359	236	477		
5834	2022/2/11		-62		4327727	236	0		
5835	2022/2/14		-298		4257399	236	0		
5836	2022/2/15		-24		4251735	-236	472		
5837	2022/2/16		254		4191791	230	466		
5838	2022/2/17		30		4198691	230	0		
5839	2022/2/18		-17		4194781	230	0		
5840	2022/2/21		-16		4191101	230	0		29.16%
5841	2022/2/22		-332		4114741	230	0		
5842	2022/2/23		164		4152461	230	0		
5843	2022/2/24		-526		4031481	230	0		
5844	2022/2/25		90		4052181	230	0		
5845									

以價差指標操作期貨的驚人績效

一般我們做投資回測，最怕就是過去有效，未來無效。這個問題的成因是「過度配適」，也就是說使用了太多變數，或稱「自由度」，結果對歷史資料有很好的預測能力，但對未來就完全無效。

通常解決這個問題的方法是：把手上已得的資料分成「訓練集」和「測試集」，訓練集拿來建立模型，一般是取 50%~80% 的資料數量，因為建立模型需要大量的資料，當資料總數少的時候，會多拿一些資料在訓練集裡。

測試集則是利用剩下的資料，來測試建立的模型是否能有一樣的預測能力。這些資料在建立模型時沒有用到，對模型來說是「沒見過的資料」，如果能有和訓練集相似的預測能力，就可以相信剛才建立的模型之統計數據。

我們後面再來深入談這個問題，它對建立預測模型的觀念很重要。而我是在 2003 年建立 H 模型，到 2004 年完成。台灣期貨的歷史是從 1998 年開始，所以我只用了五年多的資料來建立模型，往後十八年的資料都算測試，而且不是紙上談兵的測試，我可是真金白銀下去測試。

資金的歷史成長軌跡

我也不吹噓測試結果如何，現在請你照著把圖畫出來，就知道了。

1. 選取 A 欄（日期）和 T 欄（資金）的資料。這邊的選取是有點技巧的。請照前面所教的，點選 A1 儲存格，然後按 Ctrl + Shift + ↓，把 A 欄的資料選取起來，接著只按 Ctrl 鍵，用滑鼠點住 T1，就會同時選取 A 欄和 T1 儲存格，然後再做一次 Ctrl + Shift + ↓，這樣就完成 A 欄和 T 欄資料區的選取了。

按住 Ctrl 再用滑鼠選取，就是多重選取的功能，原來的選取區域會保留著，如果在選完 A 欄之後，按住 Ctrl 再用滑鼠把 T 欄資料選取下拉，也可以完成如上的動作，但是一樣的老問題：要選取大量資料時比較不方便。

2. 在工具列選取「插入→折線圖→折線圖」

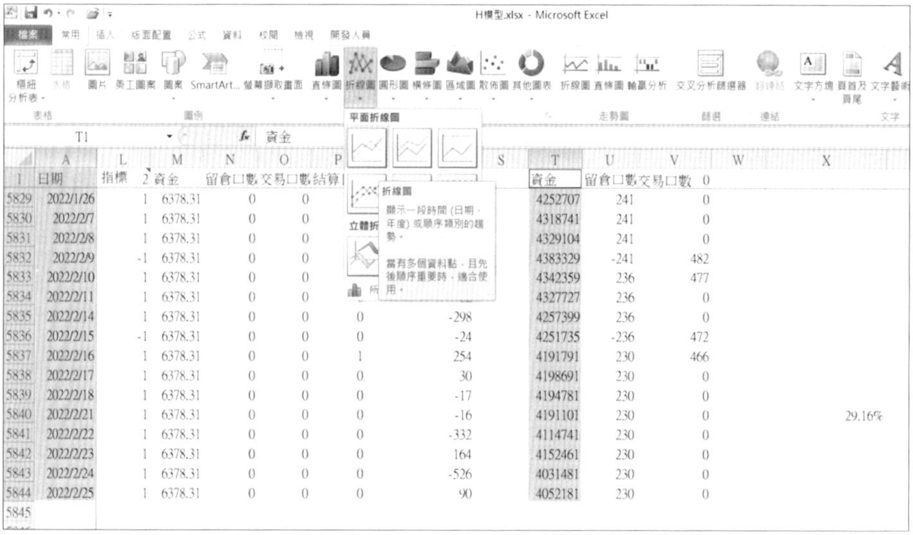

完成的圖表有可能因為位於最上面一列的位置，導致一時看不見，用 Ctrl + ↑ 回到第一列，稍微往下拉一下就可以看到下面這張圖了。

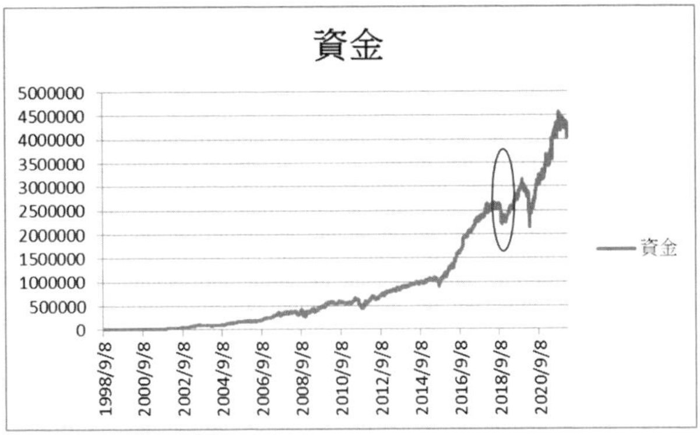

可以看到資金很穩定往上攀升，愈到後面甚至攀升速度愈快，不過在 2018 年有一個令人不安的回檔，本書第一版寫成之時在 2019 年 5 月，當時已再創新高，但不到一年的時間就遇上新冠肺炎疫情的衝擊，讓高齡 89 歲的巴菲特見到人生中第一次的美股熔斷，幾天後又遇見了第二次、第三次…，可是沒個月後一樣又再創新高，2021 年更是成長快速，現在則又適逢俄烏戰爭如火如荼之時，面臨回檔考驗。

對數縱座標

但是這樣去解讀這個圖並不正確，因為我們並不是用固定口數的操作，所以本來就不會呈現直線的方式向上走。我們的資金欄位是用單口損益乘上前一天的留倉口數來計算，而留倉口數則會依據前一天資金的多寡，按照槓桿倍數去求出來，這個圖是 1 倍槓桿的結果，固定的是槓桿倍數，留倉口數可沒固定喔，大家可以看若依照這個策略操作，因為最後的資金部位很大，留倉口數也達到了 147 口（槓桿 1，交易成本 1）。

固定槓桿倍數的效果是資金部位會呈指數攀升，因此等差的座標軸反映不出正確的解讀，比如說看到 2018 年與 2020 年的大回檔，不少人可能會覺得是不是要見長期高點了？這個模型會不會失效了？不是的。

現在請在 Y 座軸的區域按一下右鍵，選「座標軸格式」。

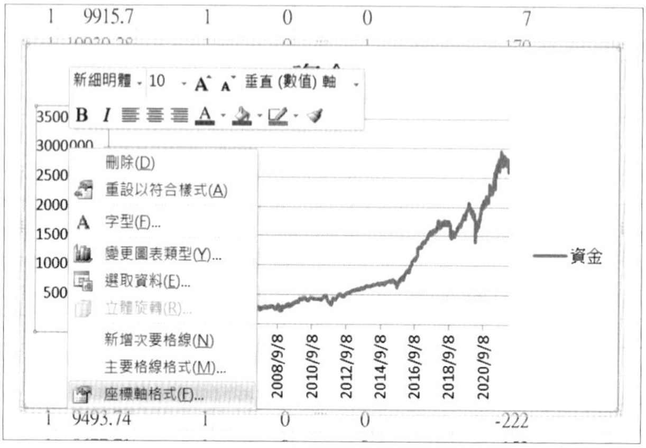

在座標軸格式視窗中，把「對數刻度」勾選起來，同時設定最小值為 10,000。

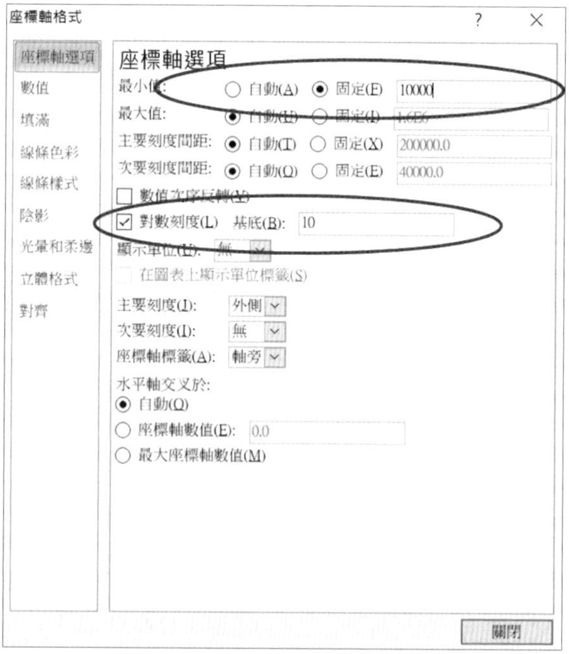

設定好之後圖形就變下面這樣了：

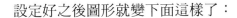

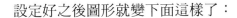

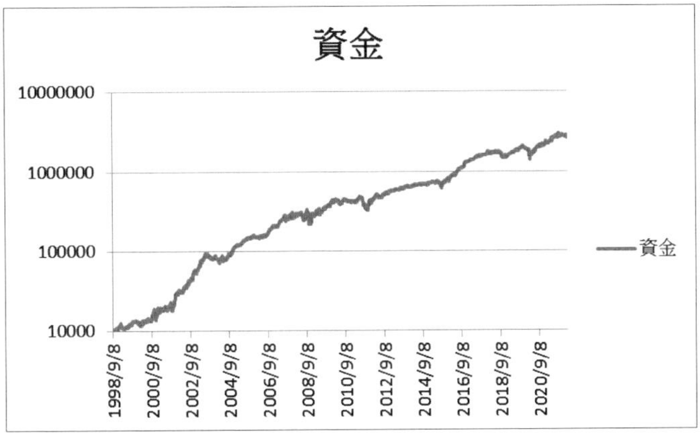

Y 座標軸每往上一個刻度就成長了 10 倍，現在你還有覺得 2018 與 2020 年有什麼回檔嗎？並沒有，看起來 2011 年的回檔還比較大一點，事實上也是如此。我們在原本的等差座標圖上看到的大回檔，其實是因為操作的資金已經成長到百萬點以上，只要小小的拉回比例，看起來就是很大的數字，但其實在對數座標圖上看不太出來，因為那只是一個很少的比例而已。

從這個圖看起來，根本就是一路向上，最重要的是它只用了一個指標：價差。而且沒有經過參數的優化調整，就只是正價差做空，逆價差做多而已。後面我們會繼續講到優化參數、槓桿倍數，還有如何和成交量指標一起操作。

也就是說，這個百倍獲利，看似誇張的數字，其實還很含蓄，不信的話，你把槓桿倍數調成 2 試試看，如下圖，最後結果是 1 萬倍，還沒見頂喔，我口袋裡還有許多招數沒使出來。

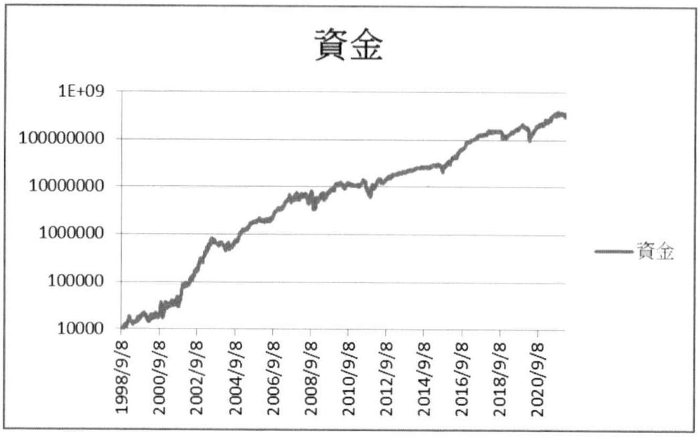
資金
1E+09
100000000
10000000
1000000
100000
10000
1998/9/8
2000/9/8
2002/9/8
2004/9/8
2006/9/8
2008/9/8
2010/9/8
2012/9/8
2014/9/8
2016/9/8
2018/9/8
2020/9/8
資金

04

投資組合

- 降低風險，還能提高獲利
- 投資組合與槓桿倍數
- 量指標與價差指標的投資組合
- 面對 CFA Institute 的質疑
- 年度績效分析
- 使用公式設定格式化的條件

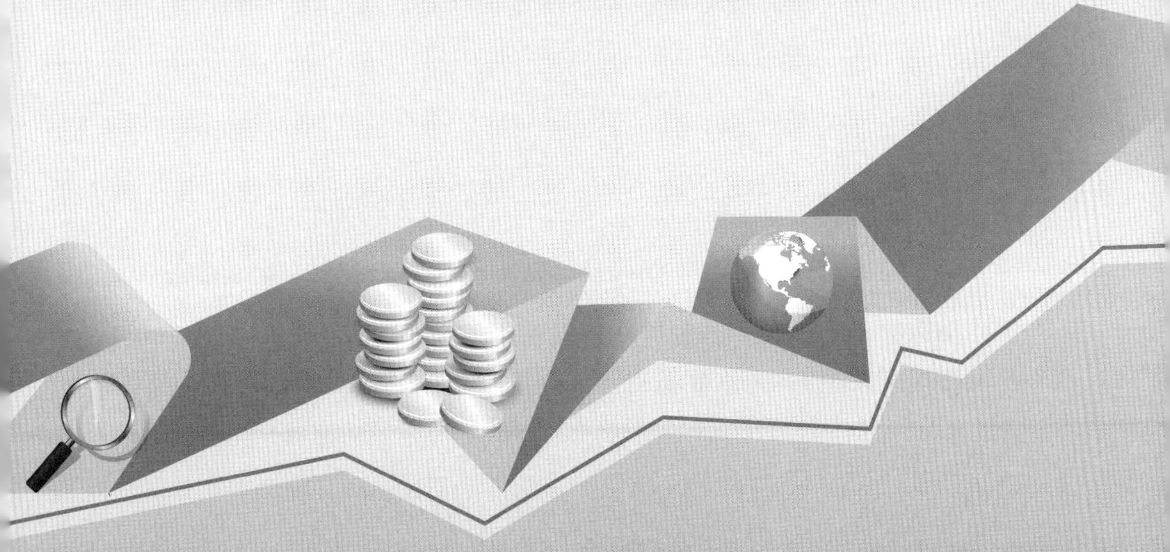

降低風險，還能提高獲利

2003 年，我才剛三十出頭，還是很敢衝很敢拚的年紀。我根據杜金龍先生的書，激發了量指標的想法，滿心以為自己就要發大財，五子登科了。我從模擬加權指數的操作，認為可以用到 3 倍以上的槓桿倍數，把手上的存款 100 萬元全部投入，就從三口大台開始操作。試想，當年的保證金才 8~9 萬元，操作三口只需不到 30 萬，我認為自己還非常地保守，卻不知道其實已經站在懸崖邊上了。

下圖是以 40 日均量做為指標，如果集中市場成交量大於均量就做多，小於均量就做空，用不同的槓桿倍數，操作指數跟操作期貨會有的成果。

	年報酬率	
槓桿倍數	指數	期貨
1	11.64%	6.19%
1.5	17.75%	7.95%
2	21.56%	7.79%
2.5	25.01%	6.01%
3	25.66%	4.32%
3.5	26.41%	-3.52%
4	25.42%	-5.71%
4.5	22.73%	-7.92%
5	18.78%	-8.25%
5.5	14.17%	-10.71%
6	7.19%	-11.55%

可是在實際操作當中，卻總是因為價差伸縮的關係，不能得到正確預測指數應有的獲利，甚至於在波動當中，反而會發生虧損。原因就是我反覆提醒大家的：「水能載舟，亦能覆舟」，適當提高槓桿倍數可以增

加獲利，但是一定要謹慎使用。模型可能有未竟之處，過去的歷史也不代表未來。

尤其在 319 槍擊案事件後，陳水扁當選，紅衫軍走上街頭，股市每天都是大漲大跌，風險提高的情況之下又使用高槓桿，原本能賺錢的策略也會變賠錢，導致我的虧損最高幾達 6 成，但是「生於憂患，死於安樂」。要不是一開始就被巴來巴去，我也不會痛定思痛，繼續找出「價差指標」。

既然價差指標的表現優於量指標，是不是我就應該拋棄量指標，專心照著價差指標操作呢？

我在解釋「為何期貨是全市場最安全的商品？」時，曾經導入投資組合的觀念：兩個商品即使風險和報酬率互有優劣，只要做成投資組合，效果一定會比操作單一商品來得好。現在我們有兩個指標，價差指標的表現優於量指標，但是做成投資組合的效果會如何呢？

運算列表分析投資組合

在繼續之前我們先回顧一下：投資組合的效果會比操作單一商品好，是因為它的風險可以下降。比如說有兩個商品，A 可以獲利 50% 或虧損 30%，機會一半一半，期望報酬率是 10%，B 可以獲利 40% 或虧損 20%，機會同樣是一半一半，期望報酬率也是 10%，可是長期持有下來，投資在 B 身上會比投資在 A 身上要好得多。因為平均每兩期各會獲利與虧損一次：

$$A: (1+50\%)\times(1-30\%)-1 = 5\%$$

$$B: (1+40\%)\times(1-20\%)-1 = 12\%$$

而我們前面舉過例了：各投資一半的效果會更好。

總報酬率是兩者各自的報酬率，乘以持股比例之後再相加		A	
		漲（50%×0.5）	跌 (－ 30%×0.5)
B	漲 (40%×0.5)	45%	5%
	跌 (－ 20%×0.5)	15%	−25%

因為平均每四期會有一期 A 和 B 都獲利 (+45%)，一期是 A 獲利而 B 虧損（+15%），一期 A 虧損而 B 獲利（+5%），還有一期 A 和 B 都虧損（-25%）。

四期的總投資報酬率為：

$$(1+45\%)\times(1+15\%)\times(1+5\%)\times(1-25\%)-1 = 31.32\%$$

高於全部投資 A 四期（兩次兩期 5%）：

$$(1+5\%)\times(1+5\%)-1 = 10.25\%$$

也高於全部投資 B 四期（兩次兩期 12%）：

$$(1+12\%)\times(1+12\%)-1 = 25.44\%$$

這跟高中數學中的算幾不等式是同樣意思。算幾不等式是說：任意數列的算術平均數大於等於幾何平均數，而當數列中的值愈靠近（標準差愈小），幾何平均數會愈靠近算術平均數，值也就愈大，那麼連乘起來的效果也愈佳。最極端的情況是數列中所有的值都一樣，標準差等於 0，此時幾何平均值等於算術平均值，但是除了固定利率的定存之外，大概沒有什麼投資的報酬率是一成不變的吧！

在上面的例子中都還沒有考慮到槓桿倍數的效果，只是單純地全部買 A，全部買 B，以及一半買 A 一半買 B，總投入的槓桿倍數都是 1。

這個情況在數學上是有公式解的。但我們有好用的工具 Excel，我來示範一下如何求得最佳槓桿倍數。這個方法在後面會發揮很大功用，所以也請大家跟著學習。

1. 開啟一個新的工作表，我是在工作表 3。
2. 於 A1 輸入 0.5，代表投資於 A 的槓桿倍數，B1 輸入 0.5，代表投資於 B 的槓桿倍數。
3. A3 輸入 50%，A4 輸入 -30%，這就是商品 A 的獲利與虧損數字。
4. B2 輸入 40%，C2 輸入 -20%，這就是商品 B 的獲利與虧損數字。
5. B3 輸入公式「=(1+$A$1*$A3+$B$1*B$2)-1」，這是在 A 與 B 都獲利時的報酬率。在這裡我們非常有技巧地運用了 $ 符號。
   i. A1 與 B1 的欄列都加上了 $，表示不管公式往右或往下填滿時，都不會改變絕對位置。
   ii. A3 在欄號 A 前加上了 $，表示向右填滿時不改變欄號，仍會取 A 欄的數字，但向下填滿時會改變列號，這樣就會由商品 A 的漲變成跌。
   iii. B2 在列號前加上了 $，這樣往右複製時會從 B 欄跳到 C 欄，變成商品 B 的跌，往下填滿時卻不改變列號，維持商品 B 的報酬率。

6. 選取 B3 儲存格，游標移到選取方框右下角的小黑點，往右拖曳一格會在 C3 填入公式「=(1+$A$1*$A3+$B$1*C$2)-1」，再繼續往下拖曳一格，就會分別在 B4 填上公式「=(1+$A$1*$A4+$B$1*B$2)-1」，C4 填上公式「=(1+$A$1*$A4+$B$1*C$2)-1」。講解比較不容易清楚，實際做一遍很快就明白了。

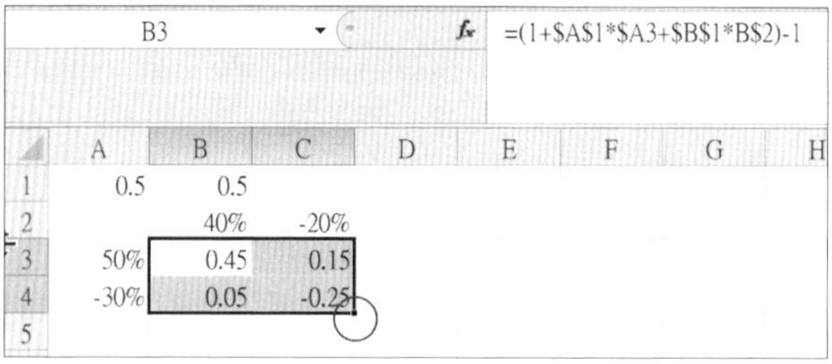

1. D5 輸入公式「=(1+B3)*(1+C3)*(1+B4)*(1+C4)-1」，這就算出平均每四期的預期報酬率了。

2. 在 E5 輸入 0，F5 輸入 0.2，然後同時選取 E5 和 F5，再把右下角的小黑點往右拉，就會按照等差 0.2 的方式填入數字，一直把它填到 O5，也就是數字 2。同樣的方式在 D6 到 D16 也填入一樣的等差數列。

3. 選取 D5 到 O16 的範圍，然後點選工具列的「資料」→「模擬分析」→「運算列表」，列變數點選 B1，欄變數點選 A1，就完成不同槓桿倍數下的總報酬率分析。

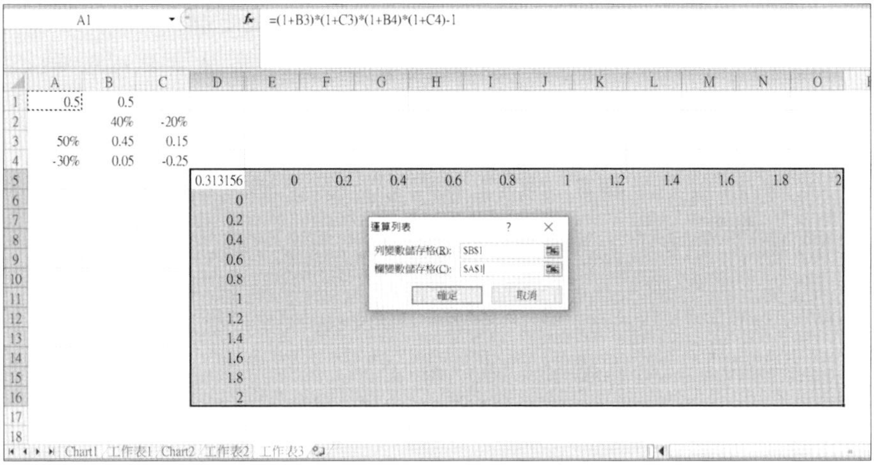

4. 把格式調整為百分比，小數位數設定為 2 位。我相信大家做到這裡，一定都很想找出來最大值在什麼地方，可是一堆密密麻麻的數字，對像我這般視力不佳的中年人是很大的考驗。此時可以在工具列「常用」標籤下「設定格式化的條件」→「頂端 / 底端項目規則」→「前 10 個項目」。這樣就很清楚最大報酬率在什麼地方了。

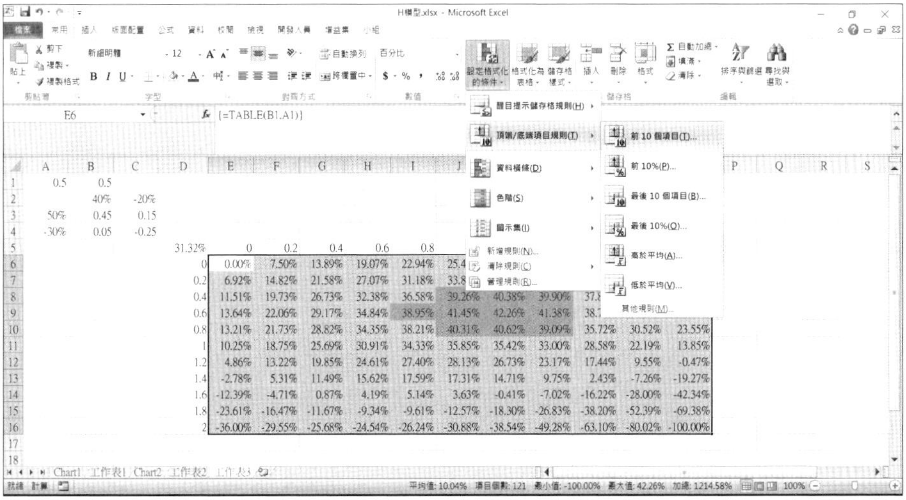

仔細研究一下上表，J6 的地方就是全部投資在商品 B，總報酬率就是我們前面算的 25.44%，E11 是全部投資在商品 A，總報酬率是 10.25%。

若只能投資一種商品，投資商品 A 的最佳槓桿倍數應該落在 0.6，也就是持股比例 6 成，總報酬率可達到 13.64%。商品 B 的最佳槓桿倍數則為 1.2，總報酬率為 26.52%，也就是可以融資 2 成的資金來操作。

可是整體最佳的報酬率是兩者同時進行，買進 6 成資金的商品 A，再融資投入 1.2 倍資金的商品 B，總報酬率可以達到 42.26%，比單獨操作要好得多。此時總投入為 1.2+0.6 ＝ 1.8，借入的資金就高達原本資金的 8 成了。

不想融資就找尋列變數與欄變數相加≦ 1 的部份，最大值出現在買進 6 成的 B 商品與 4 成的 A 商品，總報酬率是 32.38%。我們先前隨便假設各買一半，總報酬率可以達到 31.32%，已經很接近不融資的最佳報酬率了。

不管風險偏好為何，在相同的投入資金下，投資組合總是能幫你得到更高的報酬率。但還是要繼續強調，不管怎樣高竿的操作，如果使用太高的槓桿倍數，一樣都會變成虧損。玩得愈大，輸得愈多（見上圖右下角）。

投資組合與槓桿倍數

台大對面的溫州街裡有一家不起眼的舊書店，門口貼著一副對聯：「萬刀亂砍總無功，十年磨劍求一擊」，很能點出讀書人精益求精的心情，我想用它來說明另一個投資組合原理還沒講清楚的地方。

我們在前面說明了投資組合的好處：降低投資風險，才能使用更高的槓桿倍數。那是不是什麼投資商品都可以納進投資組合，以降低總投資風險呢？並不是。

非正期望值不應納入投資組合

請延續上一節所做出的表格，把 B2 儲存格改成 20%，也就是把 B 商品原本能獲利 40% 的機會，降到只有 20%，那就和虧損時的 -20% 大小一樣了，B 商品每一期的期望值因此降到了 0%，運算列表馬上自動更新如下：

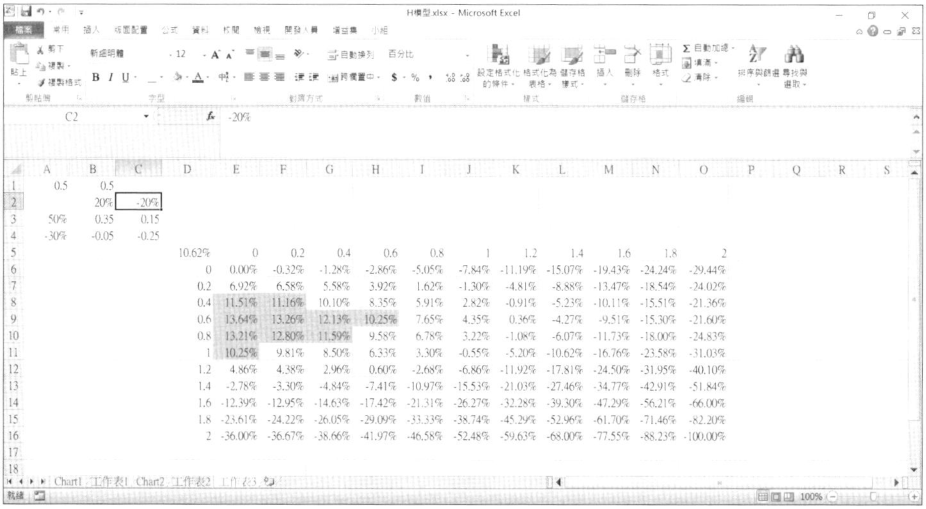

	A	B	C	D	E	F	G	H	I	J	K	L	M	N	O
1	0.5	0.5													
2		20%	-20%												
3	50%	0.35	0.15												
4	-30%	-0.05	-0.25												
5				10.62%	0	0.2	0.4	0.6	0.8	1	1.2	1.4	1.6	1.8	2
6				0	0.00%	-0.32%	-1.28%	-2.86%	-5.05%	-7.84%	-11.19%	-15.07%	-19.43%	-24.24%	-29.44%
7				0.2	6.92%	6.58%	5.58%	3.92%	1.62%	-1.30%	-4.81%	-8.88%	-13.47%	-18.54%	-24.02%
8				0.4	11.51%	11.16%	10.10%	8.35%	5.91%	2.82%	-0.91%	-5.23%	-10.11%	-15.51%	-21.36%
9				0.6	13.64%	13.26%	12.13%	10.25%	7.65%	4.35%	0.36%	-4.27%	-9.51%	-15.30%	-21.60%
10				0.8	13.21%	12.80%	11.59%	9.58%	6.78%	3.22%	-1.08%	-6.07%	-11.73%	-18.00%	-24.83%
11				1	10.25%	9.81%	8.50%	6.33%	3.30%	-0.55%	-5.20%	-10.62%	-16.76%	-23.58%	-31.03%
12				1.2	4.86%	4.38%	2.96%	0.60%	-2.68%	-6.86%	-11.92%	-17.81%	-24.50%	-31.95%	-40.10%
13				1.4	-2.78%	-3.30%	-4.84%	-7.41%	-10.97%	-15.53%	-21.03%	-27.46%	-34.77%	-42.91%	-51.84%
14				1.6	-12.39%	-12.95%	-14.63%	-17.42%	-21.31%	-26.27%	-32.28%	-39.30%	-47.29%	-56.21%	-66.00%
15				1.8	-23.61%	-24.22%	-26.05%	-29.09%	-33.33%	-38.74%	-45.29%	-52.96%	-61.70%	-71.46%	-82.20%
16				2	-36.00%	-36.67%	-38.66%	-41.97%	-46.58%	-52.48%	-59.63%	-68.00%	-77.55%	-88.23%	-100.00%

看到了嗎？不管 A 商品的投資比重為何，它都指明 B 商品的投資比重為 0 是最好的選擇。因為 B 的期望值為 0，所以根本不應該浪費任何成本在它上面，那就更不用講如果 B 商品的期望值是負的了。不信你再進一步降低 B2 的獲利報酬率，或是擴大 C2 的虧損數字，就很清楚了。

根據算幾不等式，幾何平均數一定會小於算術平均數（會發生等於的情況只有在每一期的報酬率都相等，那就只有定存了），而期望值就是算術平均數，如果連期望值都拉不到正數，那身為幾何平均數的年複合報酬率一定為負值，所以根本不用考慮納入投資組合。

所以當一個投資策略的期望值拉不到正數，千萬不要以為它可以降低風險就放到投資組合裡。我看到很多策略管理的論述完全忽略了這一點，並非多策略的操作方式一定比單一策略來得好，如果單一策略是唯一有正期望值的策略，那其它的無效策略確實應該要全部剔除掉。

還有人誤以為讓眾多技術指標分別投票，最後再按照總得票數進行投資，這樣可以有好的結果，這也是錯的。除非有相當的信心認為它能帶來正報酬，否則就不應該讓它參與決策。就算是在民主機制當中，也會排除有害社會的褫奪公權人物。

所以說「萬刀亂砍總無功」，就是說不要把無效的策略也納進投資組合裡。然而「十年磨劍求一擊」這句話也有點問題。再怎麼好的策略，除非勝率是 100%，完全沒有錯的可能，否則也不該只「求一擊」，也就是說不能孤注一擲，保留退路是很重要的。

不求大勝，而求連勝

大家都知道「適者生存」，那是說最能適應環境者可以生存下來嗎？其實不是。如果最能適應環境的這個族群數量太少，很可能沒有足夠的機會讓它展現適應力，就被弱者給淘汰了。比如說微軟的 DOS 作業系統遠遠比不上蘋果的麥金塔，但蘋果想要軟硬體通吃，遲遲打不開市場，DOS 卻搭上 IBM 相容 PC 的市場，而且很長一段時間幾近免費，我讀大學時，同學們幾乎每年都傳遞著新一版的 DOS 磁片，最後十年磨劍的麥金塔被擠出了市場。

投資領域也是如此，再怎麼好的策略，也不能只求一擊。它的優勢要靠著一次又一次的小獲利，最後累積成大勝利。如果憑藉著優勢，就一頭撞進去，即使咬了好幾大口肥肉，但最後一定會被抬著出來。

如果你曾經跟老人家打麻將就會發現老人的智慧：他們往往不求胡大牌，只求不放槍。所以跟老人打牌很無聊，但往往他們才是笑著離場的人。

這在生物界也有很好的例子：

海裡的沙丁魚群是許多獵食動物的目標：鯊魚、座頭鯨、企鵝、海豹，都會追著沙丁魚群跑，它們相對於沙丁魚群是高高在上的獵食者，可是沒有任何一種敢游進沙丁魚群裡，大部份的掠食著會繞著外圍，一點一點地吞食，座頭鯨最有趣，會游到下方吐泡泡，結成「漁網」，把魚群區隔開來再獵食。

項羽敗給劉邦也是這樣敗的。劉邦帶著 20 萬漢軍追擊項羽的 10 萬楚軍還佔不到便宜，只好求助於韓信。在垓下之戰是韓信與項羽的首次交鋒，也是最後一次，先是韓信向項羽進攻，然後韓信故意做出戰敗的樣子退了回去，項羽帶著 10 萬大軍衝殺過去，而韓信早就埋伏了大軍在兩側，衝了出來圍住項羽。此戰，楚軍陣亡四萬餘，被俘兩萬，被打散兩萬，僅剩不到兩萬傷兵隨項羽退回陣中。

最後項羽帶 800 人向南突圍，渡過淮河時只剩 100 多人，再走到東城就只有 28 人，項羽多次衝殺，每次都殺敵數百，己方損失的兵馬只有個位數，可是終了依然自刎於烏江河邊。

項羽強不強？當然強。可是他孤軍深入就是兵家大忌，如果他能緩緩而退，慢慢去打，按照他的兵士能以一擋百，喔不，擋十就好，十萬楚軍就相當於百萬大軍，對劉邦的漢軍仍然有絕對優勢。

因此這副對聯應改成：「萬刀亂砍總無功，十年磨劍再連擊」，那就好多了。

	A	B	C	D	E	F	G	H	I	J	K	L	M	N	O	P
1	0.5	0.5														
2		20%	-20%													
3	50%	0.35	0.15													
4	-50%	-0.15	-0.35													
5				-14.22%	0	0.2	0.4	0.6	0.8	1	1.2	1.4	1.6	1.8	2	
6				0	0.00%	-0.32%	-1.28%	-2.86%	-5.05%	-7.84%	-11.19%	-15.07%	-19.43%	-24.24%	-29.44%	
7				0.2	-1.99%	-2.31%	-3.28%	-4.88%	-7.10%	-9.91%	-13.29%	-17.21%	-21.63%	-26.49%	-31.75%	
8				0.4	-7.84%	-8.17%	-9.17%	-10.81%	-13.10%	-16.00%	-19.49%	-23.53%	-28.09%	-33.12%	-38.56%	
9				0.6	-17.19%	-17.54%	-18.58%	-20.31%	-22.71%	-25.75%	-29.42%	-33.67%	-38.46%	-43.76%	-49.51%	
10				0.8	-29.44%	-29.81%	-30.92%	-32.76%	-35.31%	-38.56%	-42.47%	-47.01%	-52.15%	-57.83%	-64.00%	
11				1	-43.75%	-44.15%	-45.35%	-47.33%	-50.08%	-53.59%	-57.82%	-62.74%	-68.30%	-74.47%	-81.19%	
12				1.2	-59.04%	-59.47%	-60.78%	-62.94%	-65.94%	-69.76%	-74.38%	-79.75%	-85.84%	-92.61%	-100.00%	
13				1.4	-73.99%	-74.47%	-75.89%	-78.26%	-81.55%	-85.75%	-90.82%	-96.74%	-103.46%	-110.93%	-119.11%	
14				1.6	-87.04%	-87.56%	-89.14%	-91.74%	-95.37%	-100.00%	-105.60%	-112.14%	-119.58%	-127.87%	-136.96%	
15				1.8	-96.39%	-96.97%	-98.70%	-101.58%	-105.59%	-110.71%	-116.91%	-124.16%	-132.41%	-141.63%	-151.75%	
16				2	-100.00%	-100.64%	-102.56%	-105.74%	-110.17%	-115.84%	-122.71%	-130.75%	-139.91%	-150.16%	-161.44%	
17																
18																

Chart1 工作表1 Chart2 工作表2 工作表3

就緒

所以即使是公平的賭局，都不應該玩，因為那代表期望值是 0。在上圖中，把 A 和 B 的期望值都調整成 0，報酬率最佳的投資就是商品 A 的槓桿 0，商品 B 的槓桿也是 0，總報酬率亦是 0%。其它比例只要有投入都是賠錢。

固定口數可視為極低槓桿倍數

或許有人會說：那在公平賭局中就固定口數操作，反正對錯的機率一半一半，也不會輸。對，我們先不計入交易成本，你不會輸，但你也不會贏。而且總有一天會連錯個幾十次，輸到沒錢，就必須離場，不能再繼續固定口數了。

所謂的固定口數，其實是一個極低槓桿倍數的操作，比如說我有 1 億，每次都只做 1 口，那槓桿倍數是：

$$\frac{\text{契約價值 200 萬（假設）} \times \text{口數 1}}{\text{自有資金 1 億}} = 0.02 > 0$$

這樣幾乎不管怎樣，都可以持續以 1 口來操作，槓桿倍數很接近 0 了，但還是大於 0，所以總報酬率依然是負的，只不過輸得很少。這種操作法，難道是來刷存在感的嗎？

重點就是：

1. 期望報酬率為負的策略不要做，就算可避險，調整槓桿前後的長期總報酬率，都還是會下降。

2. 即使期望報酬率為正數，也不能使用高槓桿，不只是風險會提高而已，還會使總報酬率下降，甚至變為負數。

量指標與價差指標的投資組合

現在主題拉回到 H 模型。既然量指標的報酬率是正的，價差指標的報酬率也是正的，那麼即使價差指標的表現優於量指標，也不應該捨棄量指標，而是做成投資組合，表現會比只照單一指標來操作要好。

1. 我把剛才在工作表 3 做的試算全部刪除掉，這只是示範投資組合的效果給大家看。

2. 再把工作表 1 裡的資金圖另外放到新的工作表 Chart3，現在我們有好幾個 Chart 工作表裡面放圖，分別取名字好了。

3. 在 Chart3 的標籤上按右鍵，選「重新命名」，把名字改成「資金」，另外 Chart1 也改成「量比價先行」、Chart2 改成「價格發現」。

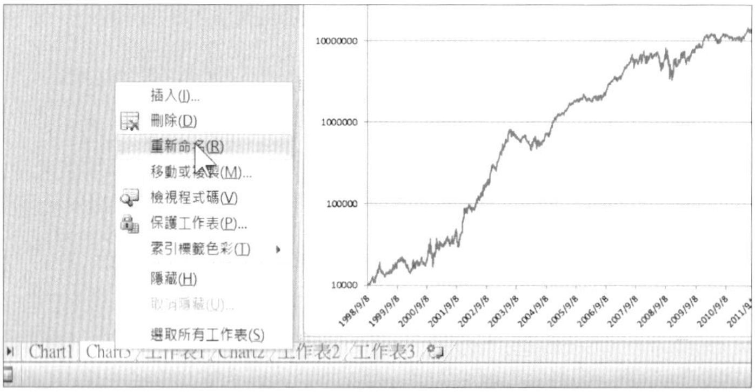

4. 把工作表 1 中的 W 欄、X 欄和 Y 欄中的運算列表也清除掉。

Excel 有一個先天的弱勢：它雖然可以很方便的即使看到試算結果，可是每次只要做一點小更動，就會把所有開啟的活頁簿和試算表都重算一次，尤其是「運算列表」功能，它就是假設每次改掉一個小參數之後，所有的工作表重算之結果，因此一個 10×10 的運算列表，就會重算 100 次所有的工作表，極耗資源與時間，所以我先清除「運算列表」，未來有需要再重新寫一個就行了。

設定量指標與價差指標的權重

接下來要開始設計量指標與價差指標的投資組合公式了。

不同於前一節，把商品 A 和商品 B 的槓桿倍數分別設定，此處我將設定量指標的權重（w_1）和價差指標的權重（$w_2 = 1 - w_1$），然後再乘上總槓桿倍數（L），就是量指標的槓桿倍數（$L_1 = L \times w_1$）與價差指標的槓桿倍數（$L_2 = L \times w_2$）。

這麼做可以很明顯地區分出：

1. 不同指標所佔的權重。
2. 不同組合可使用的總槓桿倍數。最佳槓桿倍數若比較高，就表示該組合的單位風險報酬率（風報比）較佳。

選用指標的儲存格在 L1，1 是量指標，2 是價差指標，L2 的公式本來是「=CHOOSE($L$1,I2,J2)」，現在請把 L2 公式改成「=CHOOSE($L$1,I2*(INT($L$1)+1-$L$1)+J2*($L$1-INT($L$1)),J2)」。不要慌，我們慢慢解釋：

- CHOOSE 函式是根據第一個參數 index_num 的值，來回傳後面第 index_num 個參數，它只看 index_num 的整數部份。此時我們將利用它小數的部份，來設定指標的權重。

- Excel 沒有直接的公式可取出小數部份，但是 INT 函數將取出整數的部份，將一個數減去它整數的部份，就是小數部份，所以 $L\$1-INT(\$L\$1)$，就是 L1 的小數部份，我們用它來當做價差指標的權重。

■ 量指標的權重是 1 減去 L1 的小數部份，也就是 $1-(\$L\$1-INT(\$L\$1))$，去掉括號之後得到：$INT(\$L\$1)+1-\$L\1。

■ 當 L1=1 時，小數部份為 0，代表價差指標的權重是 0，量指標的權重是 1，全部是量指標。

■ 當 1<L1<2 時，指標值是量指標的權重 $INT(\$L\$1)+1-\$L\1 乘上量指標 I2，再加上價差指標的權重 $\$L\$1-INT(\$L\$1)$ 乘上價差指標 J2。

■ 當 L2 變成 2 時，CHOOSE 函式會取第 2 個參數值 J2，那就代表 100% 的價差指標。

現在完成投資組合的公式了，請將 L2 向下填滿。

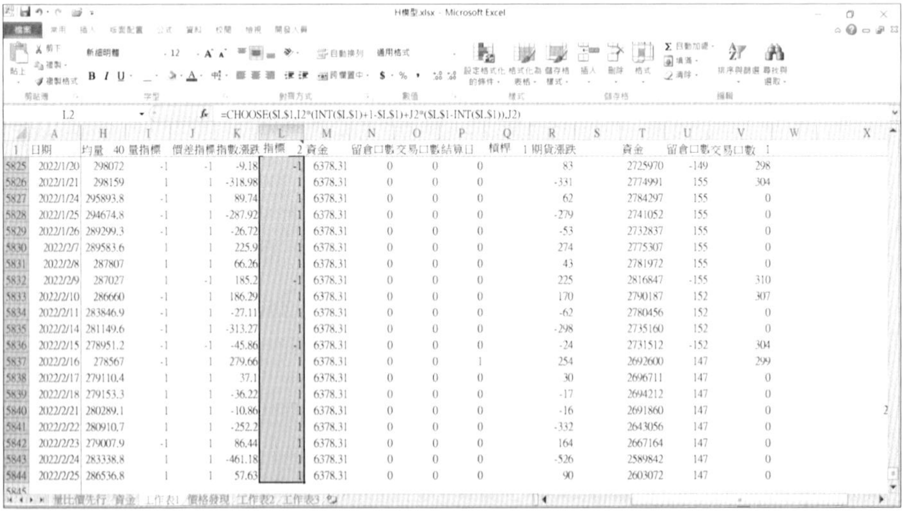

若輸入正確，改變 L1 的值為 1~2 之間的小數，就可以看到不同指標權重下的操作績效了。

一倍槓桿，不同權重

我們做個運算列表試試：

1. 在 S5845 到 S5855 輸入 1, 1.1, 1.2,…2 的數字，方法跟前面教過的一樣。

2. 選取 S5844 到 T5855 的範圍。

3. 在工具列點選「資料→模擬分析→運算列表」，欄變數儲存的地方輸入 $L$1。

完成之後，調整為數值格式，加上千位符號並移除小數位數，就會得到如下圖的運算列表：

1	40,893
1.1	61,192
1.2	111,150
1.3	201,936
1.4	291,253
1.5	451,507
1.6	687,140
1.7	1,013,730
1.8	1,495,633
1.9	2,044,857
2	2,603,072

似乎隨著價差指標的權重提高，最後的總資金也愈高，表示報酬率更佳，對不對？最後還是全用價差指標的效果最好。但是我們還沒有考慮進擴大使用槓桿倍數的效果，這裡都是槓桿倍數為 1 的結果。

提升槓桿倍數

我們現在試著把槓桿倍數納進運算列表。

1. 在 W5845 輸入公式「=(T5844/T2)^(365.25/(A5844-A2))-1」，這是前面講過用來計算年複合報酬率的公式。

2. 在 W5846 到 W5856 輸入 1, 1.1, 1.2,…2 的數值，用來調整指標權重。

3. 在 X5845 至 AG5845 輸入 1, 2, 3,…10 的數值，用來調整總槓桿倍數。

4. 選取 W5845 至 AG5856 的範圍。

5. 在工具列點選「資料→模擬分析→運算列表」，列變數儲存格輸入 $Q$1，欄變數儲存格的地方輸入 $L$1。

完成之後，調整樣式為百分比，小數位數兩位。結果如下圖：

6.19%	1	2	3	4	5	6	7	8	9	10
1	6.19%	7.79%	4.32%	-5.71%	-8.25%	-11.55%	-13.08%	-13.41%	-14.11%	-13.81%
1.1	8.03%	14.61%	15.68%	10.64%	0.66%	-9.04%	-11.75%	-13.44%	-13.97%	-13.84%
1.2	10.81%	21.37%	26.67%	27.05%	23.12%	15.13%	1.42%	-8.87%	-10.76%	-14.18%
1.3	13.66%	27.60%	37.49%	44.01%	46.23%	43.73%	36.32%	22.47%	12.03%	-13.49%
1.4	15.45%	33.06%	47.61%	60.26%	67.98%	71.15%	68.90%	59.87%	45.72%	-13.12%
1.5	17.63%	38.29%	57.84%	74.41%	87.26%	95.46%	97.45%	94.30%	83.59%	65.62%
1.6	19.75%	42.72%	64.94%	83.94%	101.85%	111.91%	116.99%	114.87%	99.92%	83.28%
1.7	21.75%	47.06%	71.57%	92.42%	110.00%	121.95%	123.12%	119.00%	103.56%	-13.41%
1.8	23.79%	50.68%	75.61%	96.20%	112.00%	119.39%	119.04%	106.76%	87.23%	-13.51%
1.9	25.45%	53.29%	78.55%	97.05%	109.18%	111.16%	102.00%	75.54%	-13.91%	41.17%
2	26.75%	55.40%	78.18%	94.11%	98.11%	92.30%	70.78%	46.57%	-10.85%	-13.52%

如果想要快速找出最大報酬率的位置，可以用之前教過「常用→設定格式化的條件→頂端 / 底端項目規則→前 10 個項目」。完成如下：

6.19%	1	2	3	4	5	6	7	8	9	10
1	6.19%	7.79%	4.32%	-5.71%	-8.25%	-11.55%	-13.08%	-13.41%	-14.11%	-13.81%
1.1	8.03%	14.61%	15.68%	10.64%	0.66%	-9.04%	-11.75%	-13.44%	-13.97%	-13.84%
1.2	10.81%	21.37%	26.67%	27.05%	23.12%	15.13%	1.42%	-8.87%	-10.76%	-14.18%
1.3	13.66%	27.60%	37.49%	44.01%	46.23%	43.73%	36.32%	22.47%	12.03%	-13.49%
1.4	15.45%	33.06%	47.61%	60.26%	67.98%	71.15%	68.90%	59.87%	45.72%	-13.12%
1.5	17.63%	38.29%	57.84%	74.41%	87.26%	95.46%	97.45%	94.30%	83.59%	65.62%
1.6	19.75%	42.72%	64.94%	83.94%	101.85%	111.91%	116.99%	114.87%	99.92%	83.28%
1.7	21.75%	47.06%	71.57%	92.42%	110.00%	121.95%	123.12%	119.00%	103.56%	-13.41%
1.8	23.79%	50.68%	75.61%	96.20%	112.00%	119.39%	119.04%	106.76%	87.23%	-13.51%
1.9	25.45%	53.29%	78.55%	97.05%	109.18%	111.16%	102.00%	75.54%	-13.91%	41.17%
2	26.75%	55.40%	78.18%	94.11%	98.11%	92.30%	70.78%	46.57%	-10.85%	-13.52%

這樣就明顯看出，投資組合的風險與報酬比率較佳，所以可以使用較高的槓桿倍數，當價差指標權重 70%，量指標權重 30% 時，最佳槓桿倍數為 7 倍，年複報酬率可達 123%。這是一個非常誇張的數字，如果有什麼投資績效宣稱每年可以翻一倍，那大約就是詐騙集團無誤了。

如果我一開始就跟你說「每年翻倍」，相信你也會以為我是詐騙，把這本書丟下不看了。

但現在全部都是一步一步自己做出來的，恐怕不由得你不信。交易成本假設是每口 1 點，已經扣除了。目前最大的問題在於：它乃是用歷史資料做出來的，未來是否能維持像過去一樣的表現？但我們只用了兩個指標，應該沒有過度配適的問題，後面我們會繼續從許多面向來分析這個投資策略的穩健度與風險性。

再怎麼好的策略，槓桿都有極限

現在先把注意力集中回上面這個表格。

看到橫列是 1 的地方，那就是用量指標操作的結果，最佳槓桿倍數為 2 倍，年複合報酬率是 7.79%，不過在本章一開始的只用量指標搭配槓桿倍數的表格裡，其實 1.5 倍槓桿才是最佳的，年化報酬率為 7.95%。

最下面橫列 2 則是用價差指標操作的結果，最佳槓桿倍數可以用到 5 倍，年複合報酬率是 98.11%。這些都是我們前面分別講解量指標和價差指標時就已經做出來的結果。

再看縱列，它顯示如果只打算用 2 倍以下的槓桿倍數，也就是很保守地操作，那麼應該完全只看價差指標，這樣會有最好的報酬率，可是從 3 倍槓桿倍數開始，投資組合的績效就會優於單一指標操作了。而如果用 4 倍槓桿倍數照著量指標操作，其實已經會發生虧損，這也就是我在 2004 年以前所面臨的危機。

最重要的是看到表格的右半部，當槓桿倍數高於最佳槓桿倍數時，投資績效下滑的速度非常驚人，轉瞬間就來到負值，所以我一再強調：「勢不可使盡，使盡則禍必至，福不可受盡，受盡則緣必孤」。

有一個富商招聘司機，出的題目是：「誰能把車開得最靠近那個懸崖邊？」第一個人在懸崖邊緊急煞車，車頭恰恰切齊。第二個人加速甩尾轉彎，居然一瞬間車尾懸空了一下。第三個人咧？他慢條斯理的開過，遠遠地離開了懸崖，落下一句：「我才不會靠近那個懸崖。」是的，最後一個人被錄取了。

如果問我怎麼操作最好，我會說：「選那個週邊參數看起來都不錯，尤其要距離虧損可能性愈遠愈好的參數。」

面對 CFA Institute 的質疑

講到這裡，H 模型的雛型已經都出來了。

「什麼？這樣還只是雛型？」是的，只是雛型。我將會展現給大家看的是已經理論架構、實做技巧都很完整的 H 模型，但這不是一蹴可幾的，我自己是「一邊提槍快跑前進，一邊還要戴鋼盔打綁腿」，實際上的績效沒有理論上的高，但已經是很驚人了。我在 2009 年離開華亞科以後就再也沒有工作，家無恆產，全靠著 H 模型的獲利養活一家五口，居然還能充裕地生活著，應該就不言而喻了吧。

我 2017 年曾經在 FB 上發文講：「我靠著 H 模型賺了大錢」，CFA Institute 就來了信，要求我提供佐證。因為國內券商只保留 5 年的交易資料，我沒有從 2003 年開始的交易資料，但我把 2012 年以後的給了他們。另外銀行端保留著帳戶的記錄，所以我還提供了從 2003 年起的出入金紀錄，有操作期貨的人應該明白，如果權益帳戶的出金遠大於入金，那只有可能是從期貨市場中的獲利，而不會是從別的地方跑出來的。

事實上我在群益期貨的業務曾經來拜訪我，他現在自己是協理了，但當時他是說他的協理要他來找我，因為我一直在出金，擔心我是不是要轉券商了。結果他一看我的帳戶，就回他協理：「這個客人一直在賺錢，一直把賺到的錢轉出去，帳戶餘額並沒有減少。」才釋了他主管的疑心。

話說 CFA Institute 隔了可能快一年，才再度來信，要求我繼續提供 H 模型的詳細資料。因為我只證明了從期貨市場上的獲利，卻不能證明是 H 模型的績效。於是我把 H 模型的資料提供給它們，當然我隱去了本書中的公式推演部份，只給了數字。最後它們寄來了這封信：

Cautionary Letter

Dear Mr. Huang:

After a careful review of the information available to us, Professional Conduct has decided to close its investigation and take no disciplinary action against you. We reserve the right to reopen the matter if we learn of any new or different information in the future.

However, it appears that you published a post on social media that did not provide full disclosure of information and, thus, could potentially mislead readers. We strongly encourage you to review and closely observe the Code of Ethics and Standard of Professional Conduct I(C) – Misrepresentation to avoid possible violations in the future. Further, we strongly encourage you to review the Consumer Protection Act (消費者保護法) and the Enforcement Rules of Consumer Protection Act and closely observe your local laws and regulations to ensure full compliance with your local advertising codes and guidelines. And although we are taking no disciplinary action in this instance, this does *not* mean that we agree with, approve of, or otherwise endorse your investing approach, claimed successes, or any of the related statements you have made, and you must not make any representations to that effect.

Lastly, it appears that you published on social media certain written correspondence between yourself and CFA Institute that revealed private and confidential information regarding a member of our investigative staff. I must remind you that all our investigations are strictly confidential and CFA Institute exercises great care to ensure that they remain so -- we expect that you will exercise the same care in reciprocity. Accordingly, we require that you immediately remove any references in social media that reveal the names (or other identifying information) and actions of our investigative staff.

Sincerely,

我把它翻譯一下：

親愛的黃先生：

在小心地檢視過我們可得的資訊後，Professional Conduct 已經決定結束調查，並且不採取任何紀律處置。如果未來有任何新的或不同的資訊，我們將保留重啟調查的權利。

然而，你在社群媒體上發佈的一篇文章裡，並沒有提供完整公開的資訊，因此有可能誤導讀者。我們強烈建議你重讀並仔細檢視 the Code of Ethics and Standard of Professional Conduct I(C) - Misrepresentation，

> 以避免在未來有可能違反它。更進一步地，我們也強烈鼓勵你查看消費者保護法和當地的相關法令，來確保你遵守廣告規定和指導原則。雖然在此事我們沒有採取紀律行動，但不表示我們同意、贊成或背書你的投資方法、宣告績效，或任何相關陳述，你不可以做任何有此類效果的描述。
>
> 最後，你在社群媒體上公開了你和 CFA Institute 之間的信件，其中揭露了我們某位調查成員私人與保密的資訊，我必須提醒你：我們所有的調查都嚴格保密，而且 CFA Institute 投注大量關心來確保如此 -- 我們期待你也相對地投入同樣的關注。因此，我們要求你立刻移除在社群媒體上，那些有揭露我們調查人員名字（或其它可供辨識的資訊）和行動的連結。

因為在 FB 有人跟我說要對帳單，我想公開也無妨，就把給 CFA 的回信 PO 了出來，卻沒注意到裡面有 CFA 調查成員的資訊，這確實是我的錯誤。本書的內容我也不強調自己的獲利，卻仔細地把方法告訴大家，希望能夠滿足 CFA Institute 所謂「完整公開」的要求。

我在上一節講到：「目前最大的問題在於：它乃是用歷史資料做出來的，未來是否能維持像過去一樣的表現？」曾經在某次有人問我：「你是否把 H 模型的資料分為訓練集與測試集，以確保模型的有效性？」這個人肯定是「機器學習」領域的專家。

在機器學習的實做中，會把手上的資料分成「訓練集」與「測試集」，訓練集的資料用來訓練模型，測試集的資料則用來測試已經訓練好的模型。這就像「熟讀唐詩三百首，不會作詩也會吟」，這個唐詩三百首就是訓練集，背熟了之後，我出書裡的上聯，它就能對出下聯，但如果我出了一個書裡沒有的句子，還能夠對得工整，才是一個成功的模型。

因為訓練時的資料量愈大，愈能建立一個穩固的模型，所以一般會拿 5~8 成的資料量當做訓練集，剩下的拿來測試。可是我是在 2003 年時開始建立 H 模型，到 2004 年大致就完成了。台指期貨是從 1998 年 9 月開始交易，我只有五年多的資料量做為訓練，從 2004 一直到現在，我用來測試模型的資料量已經是訓練集資料量的 3 倍了，而且不是紙上談兵，是真槍實彈地在市場上衝鋒，取得實際的戰果。

這是從實際上的效果來回答：「用歷史資料做出來的，未來是否能維持像過去一樣的表現？」接下來我們會再回到數據當中，來看看 H 模型的穩健度。

年度績效分析

現在我們要來看目前所做的策略模型，在過去的績效是否有延續性。一個好的策略模型，要具有完整性，不管何時都能適用，如果只有在某些時候適用，那就需要有先行指標，來判斷是否適用，不能事後再用其它說詞來硬拗，這是很基本的道理，可是有的時候不經深思，就很容易被牽著鼻子走。

我常常聽人家說：「技術指標有適用性，有的適用於盤整期，有的適用於波段趨勢。」那能告訴我什麼時候是盤整期？什麼時候是波段趨勢嗎？如果說「震盪指標有效就是盤整期，突破指標有效就是波段趨勢」，這不就是套套邏輯嗎？讓我想到有一次看到投顧老師在電視上講：「這裡有一個向下的跳空缺口，如果股市要漲，一定要先補這個跳空缺口，如果補不了這個跳空缺口，股市就漲不上去…」這不是廢話嗎？要前進三步，一定要先前進兩步，沒有踏出第二步，就踏不出第三步…這個訊息有任何幫助嗎？

如果在歷史上，H 模型有不適用的時候，我希望知道為什麼，我接受統計上的誤差，可是如果明顯不是誤差，就希望能找出背後的原因。不過我可以先說答案：它的績效真的很穩定，勝率穩定，期望值穩定，樣本分布均勻，除了說是統計誤差，真的找不出什麼理由了。

我還在證券業當研究部主管時，公司裡招聘了幾個台大經濟系的學妹，剛開始她們要做研究報告很是生疏，倒不是知識上的不足，而是技巧不熟，要查找跟整理資料總是慢半拍，其實只要把 Excel 用熟了，製做報表根本是易如反掌。在那個證券業最不景氣的時代，公司不斷裁員，最後我一個人要負責日報、週報和月刊，三不五時還要寫寫工商時報與電子時報的專欄，學妹常常站在我後面看我用 Excel，斗換星移，氣定神閒，我相信她們一定是目眩神迷，崇拜不已…

我不知道現在眾看倌書都讀一半了，是不是已經把我前面教的技巧用熟了。我還有一些壓箱寶，是別的書裡學不到，網路上查不到，可是卻非常好用的功夫。

計算各年度損益的總和

現在我要做的是：按照年度來統計 H 模型的損益。因為我已經把計算損益的部份拆分成：

期貨漲跌 × 留倉口數

所以需要另外的一欄來計算單獨的期貨損益。現在 S 欄是空的，就放在這裡吧！

1. 在 S3 儲存格輸入公式：「=R3*L2」，接著向下填滿公式。在 S1 打上標題「損益」。

S3 =R3*L2

	A	N	O	P	Q	R	S	T	U	V	W
1	日期	留倉口數	交易口數	結算日	槓桿	1 期貨漲跌	損益	資金	留倉口數	交易口數	1
5828	2022/1/25	-7	0	0		-279	279	39453	-2	0	
5829	2022/1/26	-7	0	0		-53	53	39559	-2	0	
5830	2022/2/7	7	14	0		274	-274	39011	2	4	
5831	2022/2/8	7	0	0		43	43	39093	2	0	
5832	2022/2/9	7	0	0		225	225	39543	2	0	
5833	2022/2/10	-7	14	0		170	170	39883	-2	4	
5834	2022/2/11	-7	0	0		-62	62	40003	-2	0	
5835	2022/2/14	-7	0	0		-298	298	40599	-2	0	
5836	2022/2/15	-7	0	0		-24	24	40647	-2	0	
5837	2022/2/16	-7	0	1		254	-254	40139	-2	4	
5838	2022/2/17	7	14	0		30	-30	40075	2	4	
5839	2022/2/18	7	0	0		-17	-17	40037	2	0	
5840	2022/2/21	7	0	0		-16	-16	40005	2	0	
5841	2022/2/22	7	0	0		-332	-332	39341	2	0	
5842	2022/2/23	-7	14	0		164	164	39669	-2	4	
5843	2022/2/24	7	14	0		-526	526	40717	2	4	
5844	2022/2/25	7	0	0		90	90	40893	2	0	
5845											

2. 因為要做年度的總和，所以需要取得年度資料，在 X1 打上標題「年度」，在 X2 輸入公式「=YEAR(A2)」，並向下填滿。

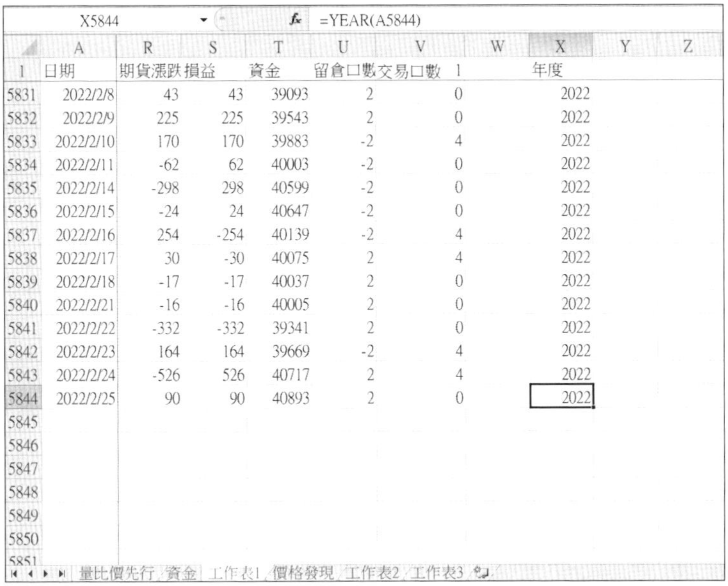

X5844　=YEAR(A5844)

	A	R	S	T	U	V	W	X	Y	Z
1	日期	期貨漲跌	損益	資金	留倉口數	交易口數	1	年度		
5831	2022/2/8	43	43	39093	2	0		2022		
5832	2022/2/9	225	225	39543	2	0		2022		
5833	2022/2/10	170	170	39883	-2	4		2022		
5834	2022/2/11	-62	62	40003	-2	0		2022		
5835	2022/2/14	-298	298	40599	-2	0		2022		
5836	2022/2/15	-24	24	40647	-2	0		2022		
5837	2022/2/16	254	-254	40139	-2	4		2022		
5838	2022/2/17	30	-30	40075	2	4		2022		
5839	2022/2/18	-17	-17	40037	2	0		2022		
5840	2022/2/21	-16	-16	40005	2	0		2022		
5841	2022/2/22	-332	-332	39341	2	0		2022		
5842	2022/2/23	164	164	39669	-2	4		2022		
5843	2022/2/24	-526	526	40717	2	4		2022		
5844	2022/2/25	90	90	40893	2	0		2022		
5845										
5846										
5847										
5848										
5849										
5850										

量比價先行　資金　工作表1　價格發現　工作表2　工作表3

3. 在 Z2 到 Z26 輸入 1998, 1999, 2000,…2022 的數字，代表要加總的年度。Z1 也打上標題「年度」。

4. AA1 打上標題「損益總和」，AA2 輸入公式「=SUMIF($X$2:$X$5844,Z2,$S$2:$S$5844)」。SUMIF 是條件式加總的函式。

- 第一個參數 range 表示判斷的範圍，代入 $X$2:$X$5844 即是每個交易日的年度。

- 第二個參數 criteria 是判斷條件，可以代入數值或公式，代入數值就表示判斷條件為代入數值時成立，公式則以判斷條件代入公式計算，若回傳 TRUE 時成立，我們以後再講公式的用法，這裡就輸入 Z2，表示年度和 Z2 儲存格的值相等時成立。

- 第三個參數 sum_range 是要加總的範圍，如果省略就直接以第一個參數 range 做為加總的範圍。我們要加總的範圍是損益，所以輸入 $S$2:$S$5844。
- 以上三個參數只有 criteria 的 Z2 前面沒有加 $ 符號，其它兩個 range 和 sum_range 都有加，因為向下填滿公式的時候，判斷的範圍和加總的範圍是不變的，但判斷的條件要隨著 Z 欄往下移動。

5. 把 AA2 的公式向下填滿到 AA23，這樣就依序計算出各年度損益的總和了。

AA26　=SUMIF($X$2:$X$5844,Z26,$S$2:$S$5844)

	A	R	S	T	U	V	W	X	Y	Z	AA	AB	AC
1	日期	期貨漲跌損益		資金	留倉口數	交易口數 1		年度		年度	損益總和		
7	1998/9/15	7	0	10000	0	0		1998		2003	525		
8	1998/9/16	170	0	10000	0	0		1998		2004	3248		
9	1998/9/17	-24	0	10000	0	0		1998		2005	1255		
10	1998/9/18	-64	0	10000	0	0		1998		2006	-276		
11	1998/9/19	197	0	10000	0	0		1998		2007	655		
12	1998/9/21	-178	0	10000	0	0		1998		2008	4216		
13	1998/9/22	65	0	10000	0	0		1998		2009	-983		
14	1998/9/23	-74	0	10000	0	0		1998		2010	616		
15	1998/9/24	38	0	10000	0	0		1998		2011	-766		
16	1998/9/25	-19	0	10000	0	0		1998		2012	1296		
17	1998/9/28	-31	0	10000	0	0		1998		2013	180		
18	1998/9/29	-34	0	10000	0	0		1998		2014	-985		
19	1998/9/30	-19	0	10000	0	0		1998		2015	2052		
20	1998/10/1	-167	0	10000	0	0		1998		2016	1543		
21	1998/10/2	-222	0	10000	0	0		1998		2017	-778		
22	1998/10/3	152	0	10000	0	0		1998		2018	-2135		
23	1998/10/6	-100	0	10000	0	0		1998		2019	621		
24	1998/10/7	189	0	10000	0	0		1998		2020	-1963		
25	1998/10/8	342	0	10000	0	0		1998		2021	2162		
26	1998/10/9	-81	0	10000	0	0		1998		2022	1973		
27	1998/10/12	35	0	10000	0	0		1998					

量比價先行 / 資金 / 工作表1 / 價格發現 / 工作表2 / 工作表3

此時我的 L1 值是 1，表示這是量指標的操作結果，而且 S 欄的公式沒有帶到任何槓桿倍數喲，亦即那就是一路以單口操作的結果，這樣有一致的比較基礎。

不同權重在各年度的績效

如果想要知道價差指標或是不同權重配比的結果，可以用運算列表的方式：

1. 在 AB1 到 AL1 以間隔 0.1，輸入 1~2 的數字。方法是在 AB1 輸入 1，AC1 輸入 1.1。然後框選 AB1:AC1，按住選取區右下角的小黑點往右拉到 AL1。
2. 選取 AA1 到 AL26 的範圍。
3. 從工具列依序點選「資料→模擬分析→運算列表」。
4. 在列變數儲存格填入 $L$1。

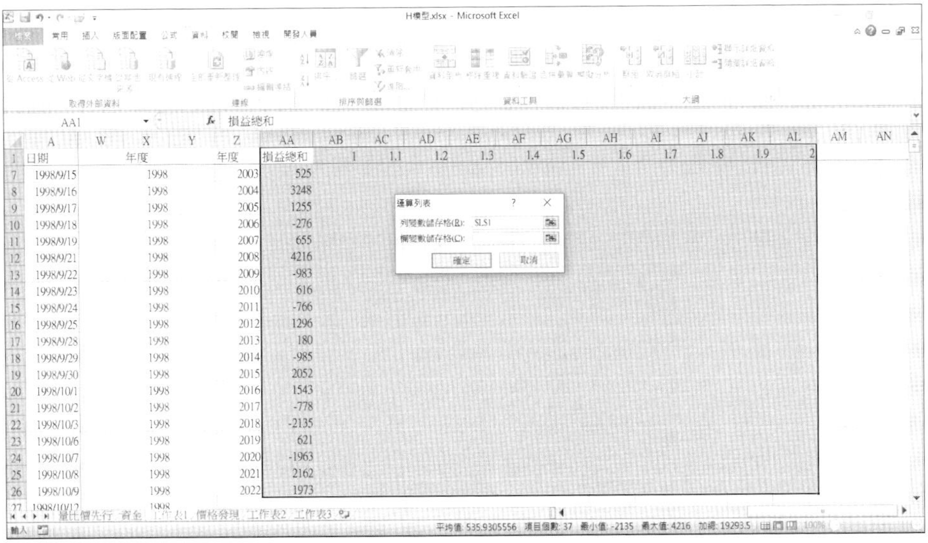

按「確定」之後就會自動計算在不同的量指標和價差指標權重，各個年度的單口操作績效。如下圖：

年度	損益總和	1	1.1	1.2	1.3	1.4	1.5	1.6	1.7	1.8	1.9	2
1998	1147	1147	1168	1189	1210	1231	1252	1273	1294	1315	1336	1357
1999	2629	2629	2545.2	2461.4	2377.6	2293.8	2210	2126.2	2042.4	1958.6	1874.8	1791
2000	-660	-660	-204.8	250.4	705.6	1160.8	1616	2071.2	2526.4	2981.6	3436.8	3892
2001	2743	2743	2760	2777	2794	2811	2828	2845	2862	2879	2896	2913
2002	962	962	1201.8	1441.6	1681.4	1921.2	2161	2400.8	2640.6	2880.4	3120.2	3360
2003	525	525	740.4	955.8	1171.2	1386.6	1602	1817.4	2032.8	2248.2	2463.6	2679
2004	3248	3248	3102.2	2956.4	2810.6	2664.8	2519	2373.2	2227.4	2081.6	1935.8	1790
2005	1255	1255	1347	1439	1531	1623	1715	1807	1899	1991	2083	2175
2006	-276	-276	-32.4	211.2	454.8	698.4	942	1185.6	1429.2	1672.8	1916.4	2160
2007	655	655	892.8	1130.6	1368.4	1606.2	1844	2081.8	2319.6	2557.4	2795.2	3033
2008	4216	4216	3847.6	3479.2	3110.8	2742.4	2374	2005.6	1637.2	1268.8	900.4	532
2009	-983	-983	-599.2	-215.4	168.4	552.2	936	1319.8	1703.6	2087.4	2471.2	2855
2010	616	616	567.8	519.6	471.4	423.2	375	326.8	278.6	230.4	182.2	134
2011	-766	-766	-688	-610	-532	-454	-376	-298	-220	-142	-64	14
2012	1296	1296	1428.6	1561.2	1693.8	1826.4	1959	2091.6	2224.2	2356.8	2489.4	2622
2013	180	180	268.4	356.8	445.2	533.6	622	710.4	798.8	887.2	975.6	1064
2014	-985	-985	-770.2	-555.4	-340.6	-125.8	89	303.8	518.6	733.4	948.2	1163
2015	2052	2052	1985.5	1919	1852.5	1786	1719.5	1653	1586.5	1520	1453.5	1387
2016	1543	1543	1816.2	2089.4	2362.6	2635.8	2909	3182.2	3455.4	3728.6	4001.8	4275
2017	-778	-778	-435.2	-92.4	250.4	593.2	936	1278.8	1621.6	1964.4	2307.2	2650
2018	-2135	-2135	-2001.6	-1868.2	-1734.8	-1601.4	-1468	-1334.6	-1201.2	-1067.8	-934.4	-801
2019	621	621	791	961	1131	1301	1471	1641	1811	1981	2151	2321
2020	-1963	-1963	-1579.6	-1196.2	-812.8	-429.4	-46	337.4	720.8	1104.2	1487.6	1871
2021	2162	2162	2395.6	2629.2	2862.8	3096.4	3330	3563.6	3797.2	4030.8	4264.4	4498
2022	1973	1973	1650.4	1327.8	1005.2	682.6	360	37.4	-285.2	-607.8	-930.4	-1253

這樣不是很容易觀察出數值的大小與變化，請選取 AA2 到 AL26 的資料範圍，然後在工具列「常用→設定格式化的條件→色階→紅－黃－綠色階」

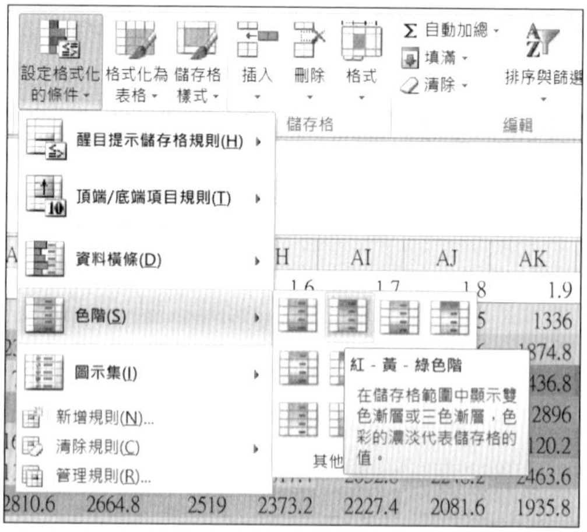

完成之後，儲存格的背景填滿顏色會由大到小，逐漸從紅色轉為綠色，如下圖。

年度	損益總和	1	1.1	1.2	1.3	1.4	1.5	1.6	1.7	1.8	1.9	2
1998	1147	1147	1168	1189	1210	1231	1252	1273	1294	1315	1336	1357
1999	2629	2629	2545.2	2461.4	2377.6	2293.8	2210	2126.2	2042.4	1958.6	1874.8	1791
2000	-660	-660	-204.8	250.4	705.6	1160.8	1616	2071.2	2526.4	2981.6	3436.8	3892
2001	2743	2743	2760	2777	2794	2811	2828	2845	2862	2879	2896	2913
2002	962	962	1201.8	1441.6	1681.4	1921.2	2161	2400.8	2640.6	2880.4	3120.2	3360
2003	525	525	740.4	955.8	1171.2	1386.6	1602	1817.4	2032.8	2248.2	2463.6	2679
2004	3248	3248	3102.2	2956.4	2810.6	2664.8	2519	2373.2	2227.4	2081.6	1935.8	1790
2005	1255	1255	1347	1439	1531	1623	1715	1807	1899	1991	2083	2175
2006	-276	-276	-32.4	211.2	454.8	698.4	942	1185.6	1429.2	1672.8	1916.4	2160
2007	655	655	892.8	1130.6	1368.4	1606.2	1844	2081.8	2319.6	2557.4	2795.2	3033
2008	4216	4216	3847.6	3479.2	3110.8	2742.4	2374	2005.6	1637.2	1268.8	900.4	532
2009	-983	-983	-599.2	-215.4	168.4	552.2	936	1319.8	1703.6	2087.4	2471.2	2855
2010	616	616	567.8	519.6	471.4	423.2	375	326.8	278.6	230.4	182.2	134
2011	-766	-766	-688	-610	-532	-454	-376	-298	-220	-142	-64	14
2012	1296	1296	1428.6	1561.2	1693.8	1826.4	1959	2091.6	2224.2	2356.8	2489.4	2622
2013	180	180	268.4	356.8	445.2	533.6	622	710.4	798.8	887.2	975.6	1064
2014	-985	-985	-770.2	-555.4	-340.6	-125.8	89	303.8	518.6	733.4	948.2	1163
2015	2052	2052	1985.5	1919	1852.5	1786	1719.5	1653	1586.5	1520	1453.5	1387
2016	1543	1543	1816.2	2089.4	2362.6	2635.8	2909	3182.2	3455.4	3728.6	4001.8	4275
2017	-778	-778	-435.2	-92.4	250.4	593.2	936	1278.8	1621.6	1964.4	2307.2	2650
2018	-2135	-2135	-2001.6	-1868.2	-1734.8	-1601.4	-1468	-1334.6	-1201.2	-1067.8	-934.4	-801
2019	621	621	791	961	1131	1301	1471	1641	1811	1981	2151	2321
2020	-1963	-1963	-1579.6	-1196.2	-812.8	-429.4	-46	337.4	720.8	1104.2	1487.6	1871
2021	2162	2162	2395.6	2629.2	2862.8	3096.4	3330	3563.6	3797.2	4030.8	4264.4	4498
2022	1973	1973	1650.4	1327.8	1005.2	682.6	360	37.4	-285.2	-607.8	-930.4	-1253

這樣就蠻明顯地可以看出右上角偏紅，左下角偏綠，意思就是說成交量當做指標的有效性在下降當中，即使是價差指標，看起來也沒有早些年的好，不過年度最大的累積獲利出現在 2021 年的 4498 點，2016 年也不差，有 4275 點，還是蠻有效的。

另一個觀察的重點是要看資料的分佈是否均勻。我不希望只是因為少數年度的特殊狀況，扭曲了整個模型的結果。比如說如果只有某一年是巨幅獲利 50,000 點，其它年度都是小賺小賠，正負 100 點以內，不細看就會以為長期報酬率很好，但那一年可能發生了什麼特殊事件，以後很難再有，這樣就會以偏概全了。

我們在下一節繼續分析。

使用公式設定格式化的條件

前一節的結果看起來有點密密麻麻的，不太能表現出重點。我們來做幾個分析。

計算不同權重的年績效平均值與標準差

1. 在 AA28 打上標題「總和」。AA29 打上標題「標準差」。
2. AB28 輸入公式「=SUM(AB2:AB26)」。
3. AB29 輸入公式「=STDEV(AB2:AB26)」。
4. 框選 AB28:AB29，按住選取框右下角的小黑點，往右拖到 AL 欄。

這樣就會計算不同指標權重之下，各年度績效的總和，與年度績效的標準差。如下圖：

fx =SUM(AB2:AB26)

X	Y	Z	AA	AB	AC	AD	AE	AF	AG	AH	AI	AJ	AK	AL
年度		年度	損益總和	1	1.1	1.2	1.3	1.4	1.5	1.6	1.7	1.8	1.9	2
1998		2007	655	655	892.8	1130.6	1368.4	1606.2	1844	2081.8	2319.6	2557.4	2795.2	3033
1998		2008	4216	4216	3847.6	3479.2	3110.8	2742.4	2374	2005.6	1637.2	1268.8	900.4	532
1998		2009	-983	-983	-599.2	-215.4	168.4	552.2	936	1319.8	1703.6	2087.4	2471.2	2855
1998		2010	616	616	567.8	519.6	471.4	423.2	375	326.8	278.6	230.4	182.2	134
1998		2011	-766	-766	-688	-610	-532	-454	-376	-298	-220	-142	-64	14
1998		2012	1296	1296	1428.6	1561.2	1693.8	1826.4	1959	2091.6	2224.2	2356.8	2489.4	2622
1998		2013	180	180	268.4	356.8	445.2	533.6	622	710.4	798.8	887.2	975.6	1064
1998		2014	-985	-985	-770.2	-555.4	-340.6	-125.8	89	303.8	518.6	733.4	948.2	1163
1998		2015	2052	2052	1985.5	1919	1852.5	1786	1719.5	1653	1586.5	1520	1453.5	1387
1998		2016	1543	1543	1816.2	2089.4	2362.6	2635.8	2909	3182.2	3455.4	3728.6	4001.8	4275
1998		2017	-778	-778	-435.2	-92.4	250.4	593.2	936	1278.8	1621.6	1964.4	2307.2	2650
1998		2018	-2135	-2135	-2001.6	-1868.2	-1734.8	-1601.4	-1468	-1334.6	-1201.2	-1067.8	-934.4	-801
1998		2019	621	621	791	961	1131	1301	1471	1641	1811	1981	2151	2321
1998		2020	-1963	-1963	-1579.6	-1196.2	-812.8	-429.4	-46	337.4	720.8	1104.2	1487.6	1871
1998		2021	2162	2162	2395.6	2629.2	2862.8	3096.4	3330	3563.6	3797.2	4030.8	4264.4	4498
1998		2022	1973	1973	1650.4	1327.8	1005.2	682.6	360	37.4	-285.2	-607.8	-930.4	-1253
1998														
1998			總和	19277	22197.5	25118	28038.5	30959	33879.5	36800	39720.5	42641	45561.5	48482
1998			標準差	1608.623	1467.799	1344.42	1243.689	1171.461	1133.2	1132.356	1169.008	1239.837	1339.43	1461.922
1998														
1998														

價格發現 / 工作表2 / 工作表3

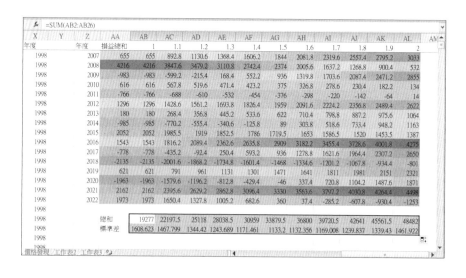

這個圖可以看出來隨著價差指標的比重提高，績效的總和也是一路提高，但是標準差的最低點卻出現在 1.6 的這一欄，表示當量指標權重 4 成，價差指標權重 6 成時，有最低的風險（以標準差來評量）。這約略吻合我們配合槓桿倍數操作時，最佳的權重出現在量指標比價差指標的權重為 3 比 7 之時，因為價差指標的報酬率較高，所以可以多承擔一些風險，來牟取最大的槓桿利潤。這其實是有公式可計算的，往後會在講凱利方程式時談到。

使用公式來決定要格式化哪些儲存格

你可能會想找出來在不同的年度裡，是不是有比較好的操作策略，比如說某些年度比較適合量指標，另一些年度較適合價差指標，更重要的是，它是否有延續性，會不會適合量指標時會延續好幾年？那我就可在每個年度終了時，根據過去一年的操作績效，來判斷來年應該給哪一個指標多一點配重。

可是要一行一行地找出來哪個值比較大，可不是一件有趣的差事。接下來我想炫耀一下 Excel 的操作技巧，這邊的內容是別的地方找不到的。

開始之前先清除之前設定的「紅—黃—綠色階」，方法是選取有顏色區域的儲存格 AA2:AL26，然後是「常用 設定格式化的條件 清除規則 清除選取儲存格的規則」。

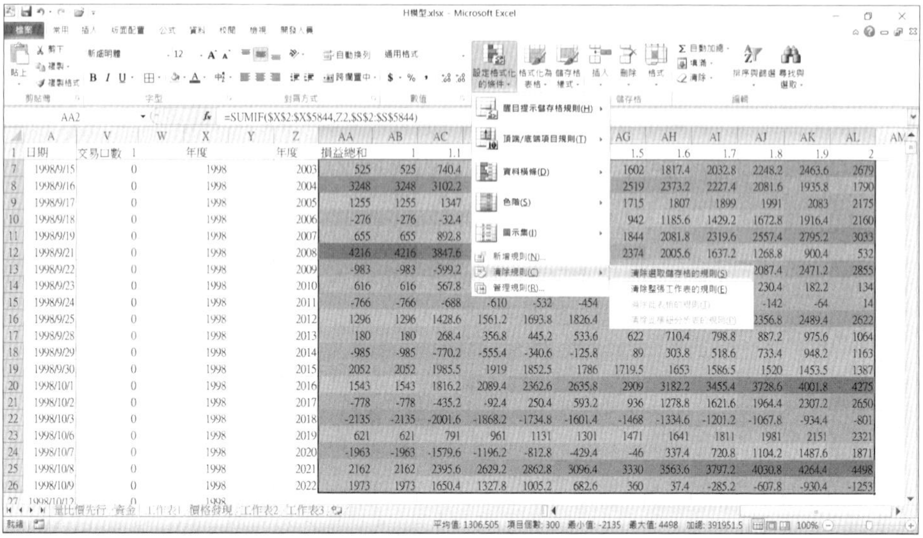

1. 選取 AB2:AL26，這裡要注意的是需由 AB2 往右下拉到 AL26。重點其實是要讓 AB2 反白，表示目前的焦點儲存格是 AB2。一般情況下此時如果輸入任何數值或公式，都會填入在 AB2，但目前 AB2 是運算列表的一部份，所以不能單獨更動內容。

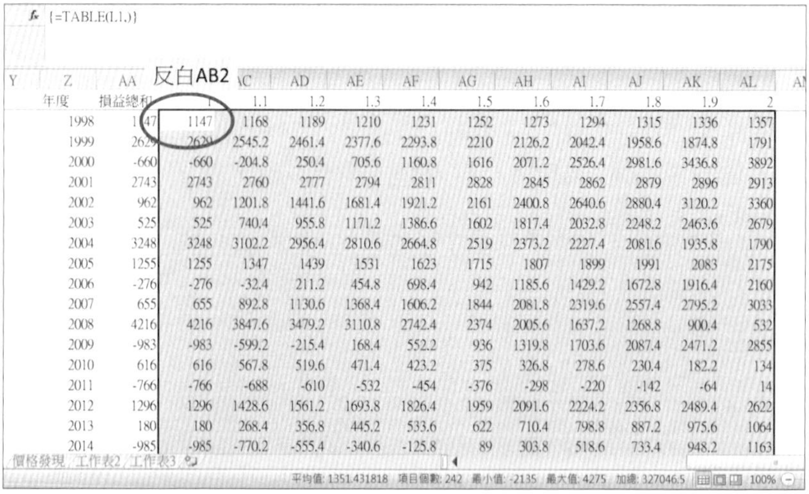

2. 在工具列「常用→設定格式化的條件→新增規則」。

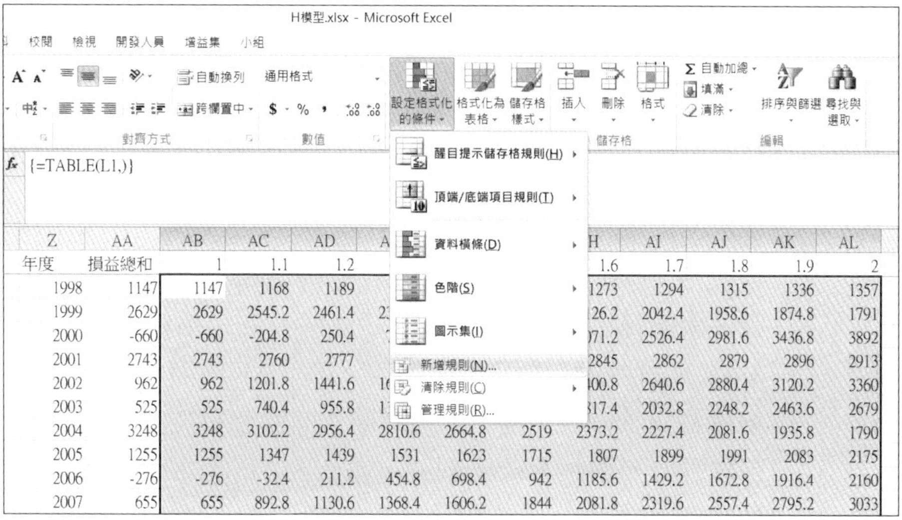

3. 在新增格式化規則視窗中，點選「使用公式來決定要格式化哪些儲存格」。

4. 按下格式鍵，在填滿標籤中選一個淡色，我選的是淡橘色。

5. 在「格式化在此公式為 True 的值」輸入公式「=AB2=MAX($AB2:$AL2)」。

   i. 這個公式的第一個「=」代表要輸入公式，跟儲存格中輸入公式一樣。

   ii. 第一個「=」後面才是真正的公式部份，也就是「AB2=MAX($AB2:$AL2)」，用來判斷 AB2 儲存格是否等於 MAX($AB2:$AL2)，是則傳回 True，整個儲存格因此變色，否則傳回 False，保持原來的格式。

iii. MAX 函式會回傳輸入參數的最大值，也就是 AB2 到 AL2 中的最大值。

iv. 整個公式是用來判斷 AB2 得到的回傳值，所以一開始強調要反白在 AB2，左右上下的儲存格，就像我們向右與向下填滿公式一樣，這輸入的公式會隨之調整參數，並重新計算回傳值 True 或 False。

v. 這裡最重要的地方還是「$」符號。AB2 都沒有加「$」符號，表示隨著儲存格左右上下位移，公式都會隨著調整。MAX 函式裡的參數則是在欄號 AB 和 AL 前面加了「$」，表示左右移不會改變欄號，但列號 2 前面沒有加「$」，因此上下移動時，會跟著改變列號，如此 MAX 函式就會回傳每一列的最大值。

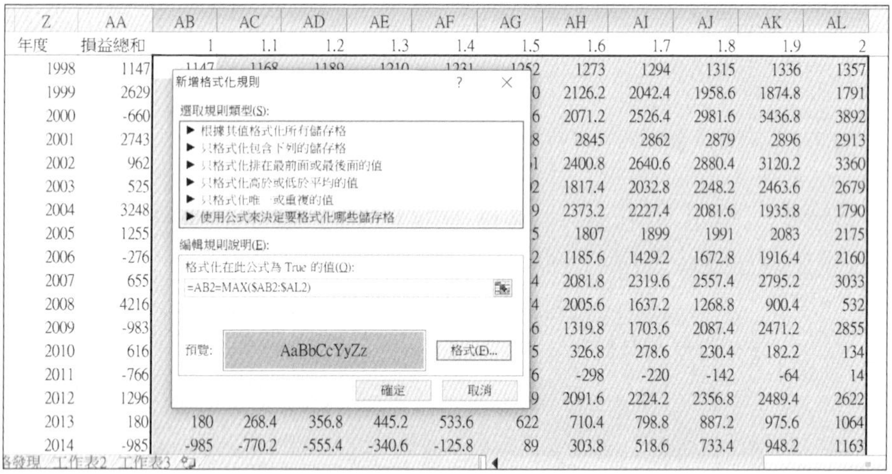

按下確定之後，就可以看到每一列的最大值在什麼地方。結果如下圖。

年度	損益總和	1	1.1	1.2	1.3	1.4	1.5	1.6	1.7	1.8	1.9	2
1998	1147	1147	1168	1189	1210	1231	1252	1273	1294	1315	1336	1357
1999	2629	2629	2545.2	2461.4	2377.6	2293.8	2210	2126.2	2042.4	1958.6	1874.8	1791
2000	-660	-660	-204.8	250.4	705.6	1160.8	1616	2071.2	2526.4	2981.6	3436.8	3892
2001	2743	2743	2760	2777	2794	2811	2828	2845	2862	2879	2896	2913
2002	962	962	1201.8	1441.6	1681.4	1921.2	2161	2400.8	2640.6	2880.4	3120.2	3360
2003	525	525	740.4	955.8	1171.2	1386.6	1602	1817.4	2032.8	2248.2	2463.6	2679
2004	3248	3248	3102.2	2956.4	2810.6	2664.8	2519	2373.2	2227.4	2081.6	1935.8	1790
2005	1255	1255	1347	1439	1531	1623	1715	1807	1899	1991	2083	2175
2006	-276	-276	-32.4	211.2	454.8	698.4	942	1185.6	1429.2	1672.8	1916.4	2160
2007	655	655	892.8	1130.6	1368.4	1606.2	1844	2081.8	2319.6	2557.4	2795.2	3033
2008	4216	4216	3847.6	3479.2	3110.8	2742.4	2374	2005.6	1637.2	1268.8	900.4	532
2009	-983	-983	-599.2	-215.4	168.4	552.2	936	1319.8	1703.6	2087.4	2471.2	2855
2010	616	616	567.8	519.6	471.4	423.2	375	326.8	278.6	230.4	182.2	134
2011	-766	-766	-688	-610	-532	-454	-376	-298	-220	-142	-64	14
2012	1296	1296	1428.6	1561.2	1693.8	1826.4	1959	2091.6	2224.2	2356.8	2489.4	2622
2013	180	180	268.4	356.8	445.2	533.6	622	710.4	798.8	887.2	975.6	1064
2014	-985	-985	-770.2	-555.4	-340.6	-125.8	89	303.8	518.6	733.4	948.2	1163
2015	2052	2052	1985.5	1919	1852.5	1786	1719.5	1653	1586.5	1520	1453.5	1387
2016	1543	1543	1816.2	2089.4	2362.6	2635.8	2909	3182.2	3455.4	3728.6	4001.8	4275
2017	-778	-778	-435.2	-92.4	250.4	593.2	936	1278.8	1621.6	1964.4	2307.2	2650
2018	-2135	-2135	-2001.6	-1868.2	-1734.8	-1601.4	-1468	-1334.6	-1201.2	-1067.8	-934.4	-801
2019	621	621	791	961	1131	1301	1471	1641	1811	1981	2151	2321
2020	-1963	-1963	-1579.6	-1196.2	-812.8	-429.4	-46	337.4	720.8	1104.2	1487.6	1871
2021	2162	2162	2395.6	2629.2	2862.8	3096.4	3330	3563.6	3797.2	4030.8	4264.4	4498
2022	1973	1973	1650.4	1327.8	1005.2	682.6	360	37.4	-285.2	-607.8	-930.4	-1253

很有意思，對不對？有些年度量指標的表現優於價差指標，包含了 1999 年、2004 年、2008 年、2010 年、2015 年與 2022 年，但是看不出延續性。除了以上年度之外，價差指標的表現都比量指標還要好。所以也不能因為上個年度某個指標的表現比較好，就說下年度應該採用相同指標。

更有趣的是在不同年度裡，若非量指標優於價差指標，就是價差指標優於量指標，以不同權重做成投資組合的表現，卻從來都不是最好的。然而投資組合的風險（標準差）確實比較低，所以在配合槓桿操作之下，擁有最好的長期報酬率。

05

H 指標

- ❖ 價格發現的錯誤
- ❖ H 指標
- ❖ 微調 H 指標
- ❖ 過度配適
- ❖ H 指標無過度配適問題

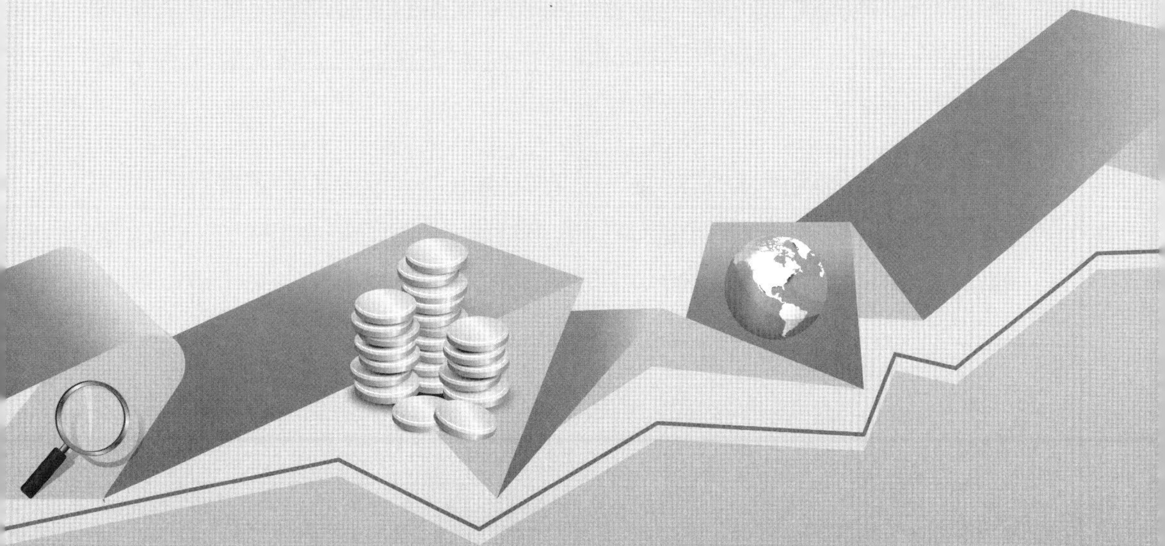

價格發現的錯誤

還記得我們在說明期貨市場為何不是零和遊戲時，說到它具有避險的功能嗎？任何東西，只要能對買賣雙方都創造價值，它就不再是零和遊戲。

「遠離家園」與巴菲特

美國是全世界玉米產量最大的國家，大約佔到 50%。假設史詩電影「遠離家園」中，由湯姆克魯斯主演的約瑟，和妮可基嫚主演的夏蓮結婚，並成功在奧克拉荷馬爭取到土地之後，他可以選擇種植小麥、玉米或是棉花。在已知價格的情況之下，他可以決定分別種植多少面積，來讓利潤極大化，方法就是我們國中學過的線性規劃。但現在問題是未來的價格不確定，約瑟就變成要冒險賭一把了。

幸好約瑟是個有頭腦的年輕小夥子，他來到巴菲特的故鄉—內布拉斯加的奧馬哈，這裡是美國最古老的牛隻加工基地。他碰到巴菲特的爺爺恩尼斯，此時恩尼斯面臨了不知道該養多少牛的問題，因為他不知道未來玉米的價格如何，養得多了，萬一玉米漲價就會賠錢，如果玉米價格不漲，養少了又浪費人力與空間，他也需要確定的價格，來規劃牛隻的生產。

約瑟很高興地與恩尼斯簽下了期貨合約：一年後，約瑟會賣給恩尼斯 1,000 蒲耳式的玉米，每蒲耳式的價格是 50 美元。這樣雙方的問題都解決了，約瑟知道未來的價格，就知道該種多少畝地的玉米，恩尼斯也知道玉米價格，固定了成本，就知道可以養多少牛。

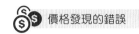

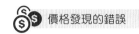

或許一年後玉米的價格是每蒲耳式 60 美元，看起來約瑟似乎吃了虧，但事實上如果他不賣給恩尼斯，把他的玉米拿到市場上去賣，可能會造成供給量增加，導致價格下滑，就不一定能賣到市價 60 美元了。而且如果事先沒有定好這個合約，他也不敢種那麼多玉米。所以不能從事後再來說吃虧或佔便宜，買賣契約簽定的當下，對雙方都是有利的。

這就是期貨的避險功能。對買賣雙方來說，都降低了風險，是一個雙贏的交易，不是零和。

假設雙方很愉快地從 19 世紀合作到 20 世紀，可是恩尼斯的兒子霍華無意繼承父業，他對政治比較有興趣，決定投入內布拉斯加州議員的選舉。此時約瑟也老了，沒辦法再前往奧馬哈去找另外一個願意跟他簽期貨合約的買方了。

幸好在奧克拉荷馬和奧馬哈之間的堪薩斯新開了一間交易所，在這個交易所裡除了有種玉米的農人要賣，有養牛的牧人要買，還有一群人願意暫時地持有期貨合約，這些人的數量龐大，資金雄厚，他們不種玉米也不養牛，只是想要在市場上尋找願意低價賣出的賣方，與願意高價買進的買方，他們會很快地和買方與賣方分別簽定合約，承擔了買賣雙方不願意承擔的風險，並賺取中間的價差。

這就是期貨的第二個功能：投機。有些人不想要風險，願意承受一點點的價差損失，來把風險轉讓出去，但資本家有閒置的資金，他們願意承擔風險，只要價差的期望值夠大，可以經由多次多筆的交易，來把風險分散，並得到不錯的報酬率。

對需要避險的農人與牧人，以及想投機的資本家來說，一樣是各取所需，依然是雙贏局面，不是零和遊戲。

但是交易所收取的手續費對交易人來說，不但增加了避險的成本，也減少了投機的利潤。而且另外還有隱藏的成本，就是欺詐與霸凌現象的存在。當時的交易所主事者，不定時就會來個軋空或殺多的把戲，根本是殺雞取卵。這個亂象一直到 1970 年代以後才逐漸改善。

期貨的避險功能要發揮，就必須有適當的流動性，不然約瑟就老是要北上去找賣牛的，或是恩尼斯老是要南下去找種玉米的。

投機者創造了流動性

這裡可能要進一步解釋什麼是流動性，即使是老市場派，有的時候也說不清楚它是什麼。流動性是指不同資產之間變換的能力，如果能流暢地變換，就說它流動性好，如果交易很遲滯，就說它流動性不好。期貨市場的流動性自然指的就是現金和期貨契約之間變換的流暢度了。

有三個定量的方式可以判斷流動性的好壞，它們不全然一樣，但都是流動性的性質。

1. 在揭示報價成交的速度：比如說台積電目前價格是 250 元，如果要在這個價格買賣 400 張，相當於 1 億元，可以在一筆交易直接成交，我們就說它流動性很好。

2. 大量不計價的買賣單，對價格所造成的影響：比如說要賣出 1 億元的台積電，對價格的影響並不大，但若要賣出 1 億元的台泥，可能就會造成價格超過 1% 以上的跌幅，即表示台積電的流動性優於台泥。

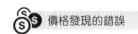

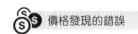

3. 價格劇烈震盪之後，回復平穩所需的時間：上例中，如果台積電和台泥的價格都突然殺低 1%，但台積電的買單馬上會再度湧

入，維持價格的平穩，而台泥就比較慢，即稱台積電的流動性較佳。好比舀起一勺子的水很快可以補平，舀起一勺子的瀝青要補平就得多花點時間，因此水的流動性要比瀝青還要好。

而提高金融市場流動性的方法，就是吸引投機者的進入，只要給適當的利潤，投機者很樂意承擔風險，中國古老的諺語說：「殺頭的生意有人做，賠錢的生意沒人做」，就是這個意思。

但不管要避險或是投機，交易成本都是其中的關鍵。如果交易成本太高，投機者的利潤會被剝奪掉，自然就不願意進場，要避險的人也因此找不到相對交易人。

下圖是台灣期貨市場在 1999~2019 這廿年間的交易狀況：

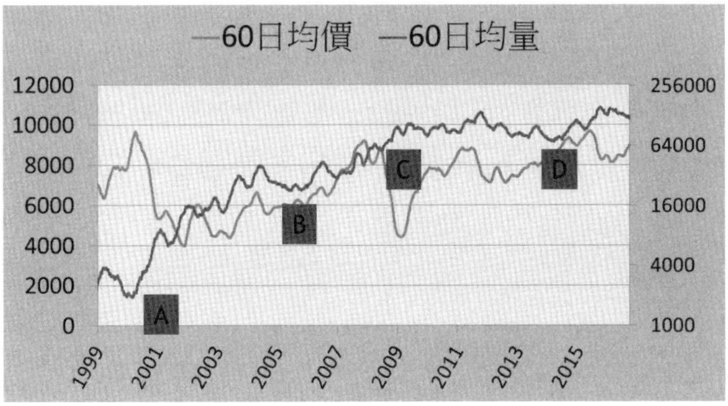

其中我標示了 A、B、C、D 四個點，分別是台灣市場調降了四次期貨交易稅：

A. 2000/5/1 期貨交易稅由萬分之 5 降到萬分之 2.5

B. 2006/1/1 期貨交易稅由萬分之 2.5 降到萬分之 1

C. 2008/10/6 期貨交易稅由萬分之 1 降到十萬分之 4

D. 2013/4/1 期貨交易稅由十萬分之 4 降到十萬分之 2

很明顯可以看到在降稅之後，期貨的成交量都有明顯的上升。尤其要注意的是期貨交易量對應右邊的座標軸，是以倍數來呈現，從最早每日不到 4,000 口，一直以倍數成長，直到現在每日都有十幾萬口。

反觀證交所的交易稅一直維持千分之 3，所以股市的成交量也一直拉不上去。我記得 2000 年時指數在萬點，就時常見到 2,000 億以上的成交量，在 2019 年指數又回到萬點，集中市場的成交量反而只有 1,000 億出頭，更遑論雖然指數同樣是萬點，但 2000 年時的台股市值不過 15 兆，2019 年則已經倍增到 30 兆，週轉率（交易量／市值）可以說根本就是減半了。

> **作者註**：本書第一版寫於 2019 年，後來證交所維持當沖交易稅率減半，鼓勵了更多當沖交易者進場，2020 年開始突破 2,000 億，2021 年更是最高見到 7,000 億以上的大量，顯見交易稅果然是阻礙成交量放大的關鍵因素。

「商品期貨」具有價格發現的功能

幾乎所有介紹期貨的教科書裡都會這麼寫：

「期貨具有三大功能：

1. 避險。

2. 投機。

3. 價格發現。」

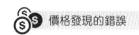

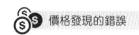

我們已經介紹過避險和投機了，現在來講價格發現。

在期貨市場中的交易人大多數是來投機的，他們除了提供實際的生產者和消費者風險承擔之外，彼此之間也競爭著資訊優勢。他們努力地蒐集資訊，包括農場的氣候、人們對牛肉的需求、運輸的成本、經濟方向、科技進展…等等，希望能憑藉著資訊優勢，早一步判斷出價格的方向，做出正確對應的動作。

在經濟理論中價格是由供需決定的，利用的是群眾的智慧，意思是個人的見解或許因本身的立場和專業有所不同，但整體的平均值會很接近真實的狀況。前提是這些人的看法必須獨立的，各自依照獨立的條件做出判斷，如果群體裡的看法彼此受到影響，例如北韓人民一致都認為金正恩很帥，那就不叫群眾的智慧，而叫做愚蠢的群眾，他們是被洗腦而非獨立思考。

大部份的時候，投資人都是獨立做判斷，得出來的價格反映出了正確的資訊，所以很難擊敗市場。可是市場瘋狂的時候就是不理性了，此時大家一致地樂觀或一致地悲觀，價格就會超漲或超跌，因此有獲利的空間。

「股票作手回憶錄」是一本很多投資人奉為圭臬的經典，裡面的主角李佛摩更是被作手們像神一般地崇拜。可是事實上他破產三次，又崛起三次，最後心理壓力太大，覺得人生沒什麼意思，就舉槍自盡了。說穿了，就是入了魔道。槓桿使用太大就是入了魔道。舉劍鬥惡龍的勇士，身上必定沾染惡血。與魔鬼跳舞的人，只有被牽著走的份。

這本書裡講到在一次世界大戰後期，德國封鎖了大西洋的航運，許多物資因此無法進出美國，李佛摩看準了這個機會，大舉購入咖啡期貨的倉位。因為南美洲跟非洲的咖啡豆都進不了美國市場，那咖啡的價格一定要漲，後來咖啡價格果然也漲上去了，李佛摩因此收割了鉅額的利潤。

可是他的相對交易人卻向交易所提出了抗議，說李佛摩利用壟斷做為不當競爭的手段，咖啡價格會漲都是因為壟斷了買方市場，他是在發國難財，逼迫交易所命令李佛摩把他的多方倉位平掉。李佛摩雖然忿忿不平，也只好照辦。結果咖啡價格依然一路狂飆，因為真正的原因是供給不足。

愛迪生發明電燈以後，美國的銅價也一度出現飆漲的現象，許多礦主因此從墨西哥引入礦工，在加州開採銅礦。彭慕蘭教授在「貿易打造的世界」裡寫道：這些礦工世代居住在礦區，開始的時候是兒子拿著鑿子，爸爸拿槌子，等到兒子長大有力氣了，就變成爸爸拿鑿子，兒子拿槌子。本來銅價並不夠支撐開採的成本，漲上來之後就有人願意投入了。就好像幾年前原油漲到 100 美元以上的時候，就有人想要開採成本很高的頁岩油了。

為什麼銅價會飆漲？因為有電燈要拉電線，銅的需求量大增，所以價格上揚。上個例子裡咖啡是因為供給減少而大漲，這裡是因為需求增加，都是由於供需原理。而供需雙方因為各自的資訊優勢，會在期貨市場中議價，因而可預測未來的價格。

「金融期貨」沒有價格發現的功能

咦？不對呀！我們整個模型做到現在，不就是因為期貨市場對指數方向沒有預測能力，因此才得以獲利的嗎？這裡為什麼又說期貨具有價格發現的功能。而且還不是說說而已，所有的教科書都這樣寫，寫了幾十年，如果是錯的，為什麼沒有更正過來？這就是另外一個故事了。

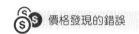

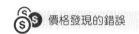

我們來看下面這個圖，是美國市場期貨交易所裡，各類商品的市佔率：

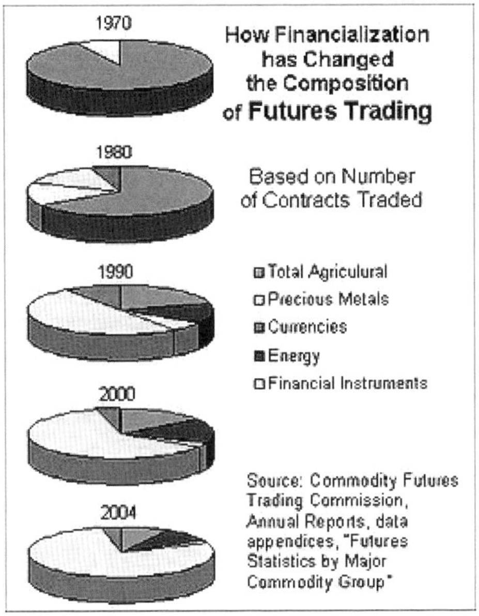

▲ 圖片來源：維基百科

在 1970 年代，主要的交易商品是農產品，註記為 Total Agricutural，佔了有大概 8 成，剩下兩成是貴金屬，註記為 Precious Metals。這兩樣都是商品期貨，也就是大宗物資。大宗物資有生產者與消費者，可以根據供需原理來決定價格。

可是從 1980 年代開始，有一項革命性的商品出現在市場上了，那就是金融期貨（Financial Instruments）。

1982 年 4 月 21 日芝加哥交易所推出了被稱為終極合約的 S&P 500 指數期貨，一上市就有如青天霹靂炸了開來，交易量與市佔率馬上就超越了其它期貨合約，到 1990 年代金融期貨的市佔率已經達到二分之一，2000 年時就有三分之二，2004 年已經有四分之三了。我這個圖是從 Wikipedia 抓下來的，資料只到 2004 年，我相信時至今日，金融期貨的市佔率一定超過九成了。

它的市佔率並不是靠著擠壓其它合約來達成的。隨著國際貿易的自由化，所有期貨合約的規模都呈倍數成長，只是金融期貨的成長速度比別人更快。我們剛才講過：在 2000 年時台指期貨只有不到 4000 口的成交量，現在卻有十幾萬口，成長了大約 30 倍，更別提還有許多的金融期貨合約陸續加入這個市場。

那麼我請問大家一個問題：你知道明天台積電會漲還是會跌嗎？除非今天是星期五，我很確定明天台積電不會漲也不會跌，不然的話，我還真難肯定地回答。台泥也是，台塑也是，台肥也是，台紙也是，除了台字頭的，華碩華新華航華通華紙通通都是，事實上我沒有辦法知道明天什麼股票會漲，什麼股票會跌，那怎麼可能回答得出指數要上還是要下呢？如果無法預期指數的方向，指數期貨就不可能有價格發現的功能。

這就是問題所在。為何商品期貨可以由供需來預測未來的價格，而金融期貨不行？

我來舉個例好了，草莓是冬天的水果，芒果是夏天的水果。想在冬天吃到芒果或是在夏天吃到草莓，價格一定很高，但是在冬天買草莓或是在夏天買芒果就便宜多了。如果我在一月的時候，預期七月的草莓很貴，跟溫室農夫談到的期貨價格一定也高，但這個期貨價會影響到一月的現貨價嗎？不太會。因為一月的草莓放不到七月就壞了。即使是前面例子所舉的咖啡或者是銅期貨，也都要依倉儲成本折價下來，即使期貨價格很高，現貨的價格只會拉升，卻一定會落後期貨價。

可是金融商品就不一樣了。假設台積電宣佈接到英特爾額外的大訂單，或是鴻海成為三星的獨立供應商，不用等到真的交貨，營收與獲利上揚，馬上股價一定大漲，若是聯發科開發出繪圖晶片，甚至不用等接到訂單，股價就先漲了。

為什麼？學過投資學的人就明白，股價反映的是未來的獲利，股價反映的是未來的獲利，股價反映的是未來的獲利。很重要所以講三遍，如果股價本身就反映未來，期貨就不能再反映未來的未來獲利，直接反映在股價就行了。

所以金融期貨只有避險與投機的功能，卻沒有價格發現的功能。所以我們看到每月指數漲跌幅相對於月初期貨價差的圖是像這樣子，根本沒有相關性。

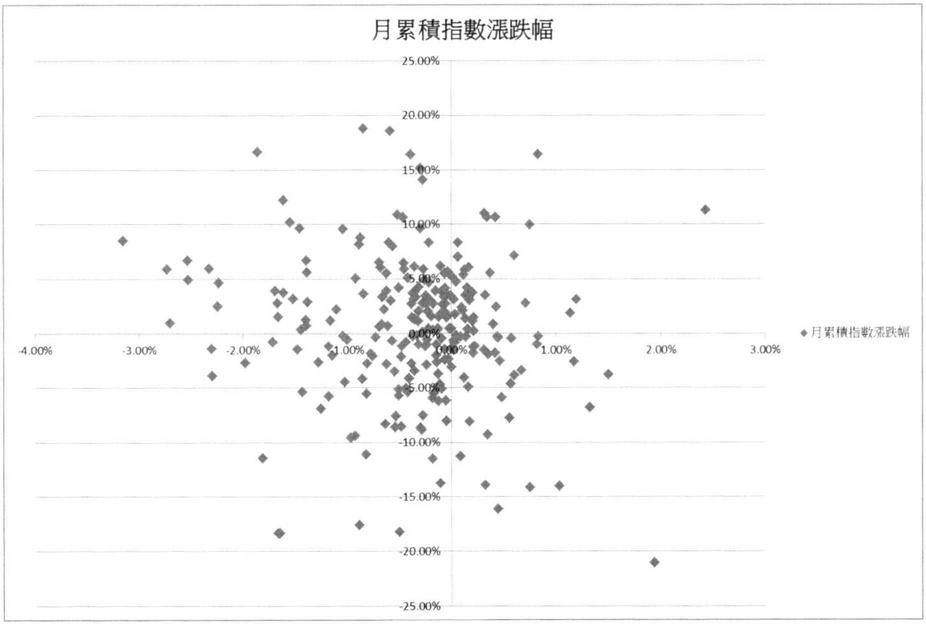

教科書沒有騙我們，期貨確實具有價格發現的功能，只不過它說的是商品期貨，而不是金融期貨。金融期貨是近 30 年才突然興起的商品，而且以極快的速度成長。學術界必須累積足夠的資料才能推引出結論，顯然它還沒有跟上時代的變化。

市場接受新觀念需要時間

一個觀念的形成與改變並不是那麼容易。

法國人巴舍利耶在 20 世紀初就提出了股價是隨機波動的概念，但一直沒有人注意到這篇論文，直到 50 年後大經濟學家薩繆遜才發現它，並把它改成非股價而是報酬率隨機波動，奠立了數理經濟學的基礎—無套利空間的效率市場原理。

再過 10 年，索普（Edward O. Thorp）摸索出選擇權的定價原理，但是他沒有公開，而是自己拿來操作。再 10 年後，布萊克—休斯—莫頓的選擇權定價模型才成為如今市場的主流。索普賺到了錢，莫頓與休斯則賺到了名聲。布萊克不幸早逝，不然也是名利雙收。

有一個趣聞我沒有求證過：1970 年代某銀行在為新發行的選擇權定價時，不知道該怎麼做，於是某個職員就把它們全定為 5 美元，不管履約價的高或低，全都是 5 美元，而這個時候選擇權定價模型已經出現了，可是市場卻還沒有學到。按照現在的眼光來看，真是一個大笑話。可是想想現在還是有那麼多人相信星座占卜、八字流年，想發大財做大官的人，依然比想做大事的人多得多。

錯誤的觀念真的沒有那麼容易改變，新發現的事實也沒那麼容易被接受。

工業革命是從蒸汽機出現開始，工廠因此而興起林立。由於蒸汽機能夠提供大量的動力，工廠裡所有的機械都會圍繞著蒸汽機，透過連桿與齒輪來驅動。可是後來特斯拉發明了交流電，在發電廠產生的電力可以透過變壓來傳輸，是更有效率的能源，大多數的機械也都改成由電力來驅動。

一個由電力驅動的機械所組成的工廠，再也不需要圍繞著中央的動力來源—蒸汽機，只要拉電線就可以了。此時生產效率的瓶頸不是動力，而是物流，所以應該從原料進來的地方開始，一步一步把加工機械排列到成品出口，中間用輸送帶傳遞半成品，這就是我們今日所看到的工廠配置。

那麼讓大家猜一猜，從有電力開始，工廠花了多少時間才把機械圍繞在中間，改為排成一列有利於輸送的方式？

答案是 50 年。改變一項舊有的觀念就是那麼困難。想想看，所有的工廠設計圖都是圍繞在中央的機械，所有的工人都習慣走到中間的位置去工作，他們的休息區在外圍，工頭只會在中間發號施令，輸送帶可能根本都還沒發明出來，哪有那麼容易改過來。

就像教授自己在學校學的是商品期貨，寫的教科書的用是 10 年前的資料，後面的教科書搞不好還是抄前面的。沒有在實務上挺槍作戰過的人，如何知道槍枝的性能呢？

H 指標

火雞：鵝頭！我只是個女人！你要唬我就唬吧！不過當年昆叔的手下喪標當頭劈了我一刀，之後我拿了兩把菜刀把他從西貢街追到公眾四方街，有誰不認識我"雙刀火雞"呀！我從十二歲起就在廟街裡混，什麼大風大浪沒見呀！你帶這幫小鬼想砸我場！你想嚇唬誰呀？

鵝頭：火雞，你講啥呀？我要砸你場的話，肯定不止帶這麼少人！我跟你說清楚，以後"量指標"就歸我！

火雞：你說歸你就歸你呀！你以為你是天王老子呀？"價差"那筆帳我都還沒跟你算呀！

鵝頭：你去吃屎吧！總之價差呢，就各做各的，量指標我包起來做！

火雞：那就是不講規矩囉！

鵝頭：我就跟你講規矩，總之四分量指標，六分價差！

史提芬周：爭什麼爭，把兩樣摻在一起做 H 指標不就得了，笨蛋！

鵝頭：H 指標？

史提芬周：沒錯！

鵝頭：為什麼這麼會賺？

史提芬周：因為這 H 指標中間是空的，原理就好似鞋底有氣墊的球鞋一樣！有價差的時候看價差，沒價差的時候就看量指標。

鵝頭：從來未試過如此清新、脫俗的感覺，價差先算準、沒價差再用量指標估計，摻在一起的力道，居然比老鼠斑有過之而無不及，甚至比我的初戀更加詩情畫意，所謂「舉頭望明月，低頭思故鄉」，好詩！好詩！

摻在一起做 H 指標

到目前為止的討論，是把量指標和價差指標當做兩個獨立的指標來處理，要決定的是用多少比重操作量指標，用多少比重操作價差指標。就好像食神裡的火雞（莫文蔚飾）和鵝頭（李兆基飾）在談判，看是誰做瀨尿蝦，誰做牛丸。可是有沒有想過，把它們摻在一起做瀨尿牛丸呢？

我們回來看下面這個圖：

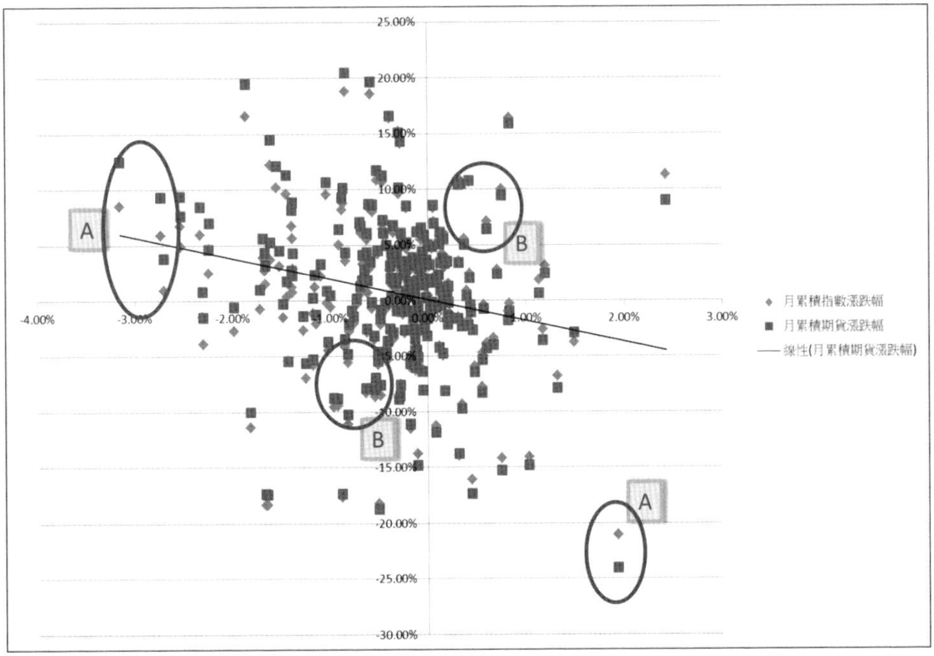

這是分析價差指標時，做出來用價差判斷期貨未來方向的圖，在逆價差的時候，期貨偏向有正報酬率，正價差的時候，期貨偏向有負報酬率。

每個價差位置同時標出期貨報酬率和指數方向，而在正價差的時候期貨漲跌幅會比指數的漲跌幅還要低，偏向負方；在逆價差的時候期貨漲跌幅會比指數漲跌幅要高，偏向正方。原因很簡單：因為在結算日時，要用加權指數的值來結算期貨，所以一定要收斂，月初為正價差的時候，結算時期貨漲跌幅一定比指數漲跌幅還要低，逆價差則反之。這不是統計歸納得出的，這是恆等式，是被交易契約所綁死的，一定要這樣才可以。

我同時標示出了正逆價差比較大的 A 區，和正逆價差比較小的 B 區。很明顯可以看出在 A 區的期貨漲跌幅比較偏離 X 軸，也就是 Y 軸數值較大（不論正負）；在 B 區的數值就比較接近 X 軸，也就是 Y 軸數值較小。事實上有一大堆難以分辨的點集中在原點附近，這些點就很難根據價差來判斷未來的方向，所幸我們還有一個有效指標—那就是量指標。

現在這個圖裡，我們可以畫出一條呈現左上右下斜率的趨勢線，寫成方程式就是：

$$\Delta F_t = \beta D_{t-1}\text{，}\beta<0$$

其中 ΔF_t 是 t 期的期貨漲跌幅，D_{t-1} 是 t−1 期時的價差，因為斜率是負的，所以 $\beta<0$。當 D_{t-1} 的絕對值大的時候，預期的 ΔF_t 的絕對值也會比較大，意思是說：正價差大的時候，期貨會跌得比較多，逆價差大的時候，期貨會漲得比較多，可是如果價差不大，以價差估算的期貨漲跌幅度也不會太大，這個時候就可以看成交量指標來操作，因為指數的漲跌幅在這個時候就會牽動期貨的漲跌，而成交量對指數的漲跌幅具有較大的預測能力。

價差大的時候看價差指標，價差小的時候看量指標。這個定性的敘述很容易，但什麼叫做大，什麼時候又算小？很多投顧老師都會用類似的敘述：「不要去接下跌的刀子，等它落地再去撿，彈起來就是落地了。」OK，什麼叫下跌的刀子？跌 1% 算嗎？跌 5% 算嗎？還是跌 10% ？什麼時候叫彈起來？彈 1% 算嗎？彈 5% 算嗎？

我強調：不能用科學方法檢驗的敘述都是嘴砲，嘴砲是無法反駁的，但也沒有幫助。一個朋友到某間小廟，廟祝跟他說：「你要捐獻，誠心信神，才會得到保祐。…捐其它廟是沒有用的，這裡的才是真神。…你現在是經理，其實可以更好，當總經理。…就算現在沒事，但以後大災小災會接踵而來，如果沒有神的保祐，不只會出事，可能連命都沒了。」因為沒有量化的敘述，所以他的話無法反駁，但也沒有幫助。

真正科學的方法是相當違反人性的，因為那是一個證偽的過程，而不是證實的過程。所謂證偽的過程就是說：在沒有辦法說它錯以前，姑且假設它是對的，但始終要抱持懷疑的態度，而人性是需要有東西可以相信的。

從古代到現在，不知道有多少理論被推翻了：地球是平的、中國在中間、宇宙繞著地球轉、F=m．a（被相對論推翻了）、三角形內角和為 180°（非歐式幾何的三角形內角和可能大於或小於 180°），可是人們卻始終在尋找可以相信的東西：信神得永生、來世有輪迴、酵素治百病、養小鬼發大財…，時至今日，到書店一逛，講星座命理的永遠比天文學還要多，講減肥美容的一定比醫療保健還要多、講如何發大財的一定比數理經濟還要多。

那麼 H 模型要如何證偽呢？如何說它是錯的？

你沒有發現我一直在證偽嗎？我一直在推翻原始的論點：

- 量指標估計了指數方向，卻抓不到期貨方向；
- 就算找對了方法，用錯槓桿還是枉然；
- 一個比較好的指標不見得就真得比較好，做成投資組合會更好。

現在我又要推翻投資組合理論了。投資組合的理論假設不同商品之間的相關性是獨立的，可是價差指標和量指標不是獨立的：價差指標的效果在價差大的時候很明顯，此時不應該看量指標，價差小的時候效果不明顯，此時要看量指標。也就是把兩個指標合而為一，我們要來驗證這樣效果是不是比較好，往後我還會不斷地提出各種問題來挑戰 H 模型。

$L$1 指標再進化

回到我們的 H 模型 .xlsx 工作表 1，現在的目標是要讓 L 欄的指標，在價差（F 欄）絕對值夠大的時候，採用價差指標，在價差絕對值小的時候採用量指標。這個夠不夠大的問題就先做個假設即可，和投資組合的權重一樣，往後再用歷史資料去確認它的有效性。

先把 Z 欄之後的運算列表給清除掉了，因為它很佔計算資源，不清掉就會一直卡卡的。

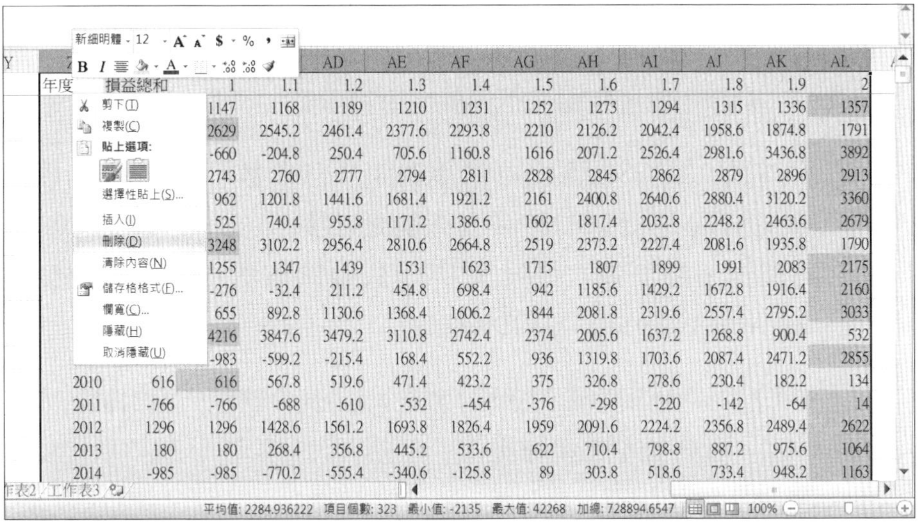

接著改 L 欄的公式。把 L2 的公式修正為「=CHOOSE($L$1,I2*(2-$L$1)+J2*($L$1-1),IF(ABS(F2)>($L$1-2)/100,J2,I2))」。

1. CHOOSE 函數依照 $L$1 的整數值，選擇後面的參數。

2. $L$1 的小數部份，被我用來當作指標的參數。

3. 先前將量指標與價差指標做成投資組合的公式為「I2*(INT($L$1)+1-$L$1)+J2*($L$1-INT($L$1))」，這個投資組合的方式就稱為 1.x 版的 H 模型好了，因為整數部份為 1 是採用投資組合的方式，所以原來公式中的 INT($L$1) 可以用 1 取代掉，就精簡為「I2*(2-$L$1)+J2*($L$1-1)」了。

4. 當 $L$1 的整數部份為 2 時，本來是取用 J2 的價差指標，現在把它升級為 2.x 版。小數值 0.x 用來代表價差絕對值的門檻，機器學習領域裡稱它為閾值。

5. 這裡的 0.x 單位是百分比，也就是 $\frac{0.x}{100}$，當價差的絕對值大於 $\frac{0.x}{100}$ 時採用價差指標，否則就採用量指標。

6. 因為是 CHOOSE 函式中選用的第 2 個參數，所以 $L$1 的整數部份為 2，將 $L$1 減去 2 就是小數部份，再除以 100 即為門檻（閾）值。最後用 IF 函式做閾值的檢測，完成公式「IF(ABS(F2)>($L$1-2)/100,J2,I2)」。

7. 把 L2 公式向下填滿，將 L1 改成 2.5，代表價差的絕對值若大於 0.5%，就根據價差指標操作，如果不大於 0.5%，就照量指標操作，Q1 的槓桿還是設為 1，結果如下圖：

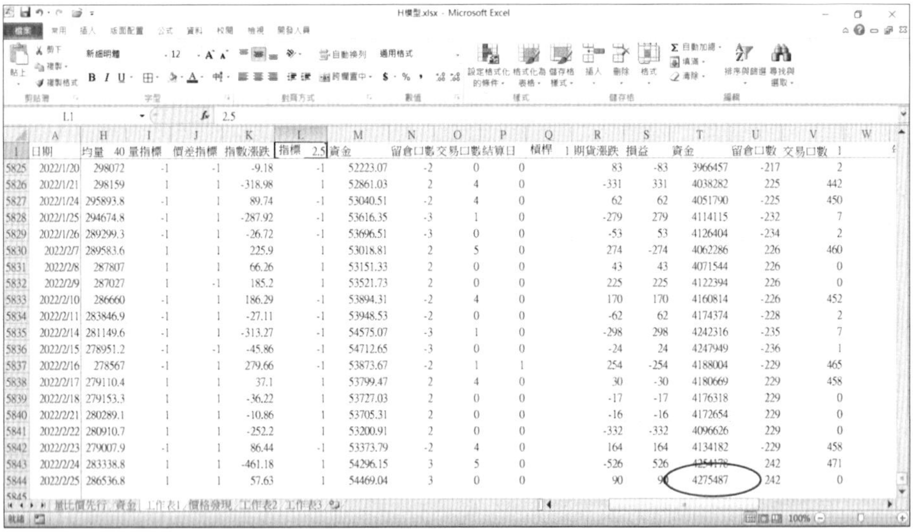

	A	H	I	J	K	L	M	N	O	P	Q	R	S	T	U	V
1	日期	均量 40	量指標	價差指標	指數漲跌	指標 2.5	資金	留倉口數	交易口數	結算日	槓桿	1 期貨漲跌	損益	資金	留倉口數	交易口數 1
5825	2022/1/20	298072	-1	-1	-9.18	-1	52223.07	-2	0	0		83	-83	3966457	-217	2
5826	2022/1/21	298159	1	1	-318.98	1	52861.03	2	4	0		-331	331	4038282	225	442
5827	2022/1/24	295893.8	-1	1	89.74	-1	53040.51	-2	4	0		62	62	4051790	-225	450
5828	2022/1/25	294674.8	-1	1	-287.92	-1	53616.35	-3	1	0		-279	279	4114115	-232	7
5829	2022/1/26	289299.3	-1	1	-26.72	-1	53696.51	-3	0	0		-53	53	4126404	-234	2
5830	2022/2/7	289583.6	1	1	225.9	1	53018.81	2	5	0		274	-274	4062286	226	460
5831	2022/2/8	287807	1	1	66.26	1	53151.33	2	0	0		43	43	4071544	226	0
5832	2022/2/9	287027	1	-1	185.2	1	53521.73	2	0	0		225	225	4122394	226	0
5833	2022/2/10	286660	-1	1	186.29	-1	53894.31	-2	4	0		170	170	4160814	-226	452
5834	2022/2/11	283846.9	-1	1	-27.11	-1	53948.53	-2	0	0		-62	62	4174374	-228	2
5835	2022/2/14	281149.6	-1	1	-313.27	-1	54575.07	-3	1	0		-298	298	4242316	-235	7
5836	2022/2/15	278951.2	-1	-1	-45.86	-1	54712.65	-3	0	0		-24	24	4247949	-236	1
5837	2022/2/16	278567	-1	1	279.66	-1	53873.67	-2	1	1		254	-254	4188004	-229	465
5838	2022/2/17	279110.4	1	1	37.1	1	53799.47	2	4	0		30	-30	4180669	229	458
5839	2022/2/18	279153.3	1	1	-36.22	1	53727.03	2	0	0		-17	-17	4176318	229	0
5840	2022/2/21	280289.1	1	1	-10.86	1	53705.31	2	0	0		-16	-16	4172654	229	0
5841	2022/2/22	280910.7	1	1	-252.2	1	53200.91	2	0	0		-332	-332	4096626	229	0
5842	2022/2/23	279007.9	-1	1	86.44	-1	53373.79	-2	4	0		164	164	4134182	-229	458
5843	2022/2/24	283338.8	1	1	-461.18	1	54296.15	3	5	0		-526	526	4254178	242	471
5844	2022/2/25	286536.8	1	1	57.63	1	54469.04	3	0	0		90	90	4275487	242	0

有看到嗎？T 欄最後的資金又翻了一倍，僅用一倍槓桿 1 點（200 元），從 1998 年 9 月 8 日到 2022 年 2 月 25 日，資金會從 10,000 點變成 4,275,487 點，超過 400 倍的報酬率。

在 Z1 輸入公式「=(T5844/T2)^(365.25/(A5844-A2))-1」，可計算出年複合報酬率為 29.45%。下一節我們再做進一步的分析，這裡先說個題外話。

科學與藝術

別看我現在做的公式很精簡，早年也是從一堆亂七八糟的設計中走出來的。這是我常看程式教學書的心得：怎麼有這麼多怪胎，各自都有一套令人嘆為觀止的絕招。久了以後逐漸明白，大家都是在七拼八湊中，不斷修正進步，才有今天的成果。而我除了函式設計，還必須積累許許多多的機率統計、線性代數、微積分、投資、經濟…方方面面的知識，甚至是人生經驗都派上用場了。

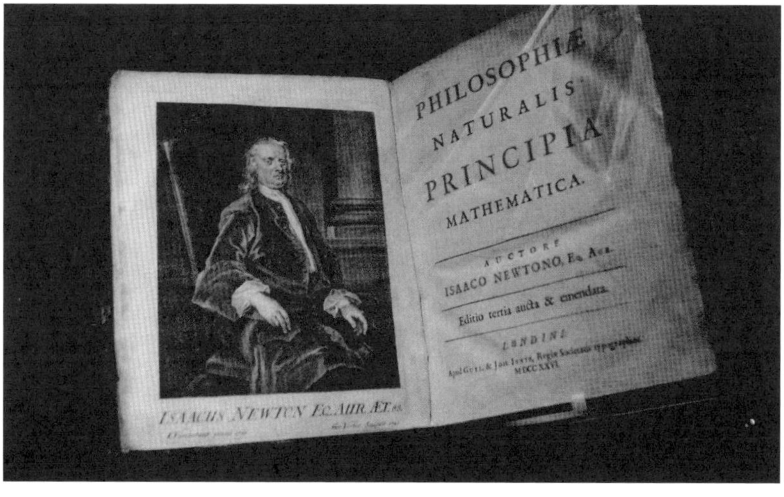

▲ 圖片來源：Paul Hermans

牛頓的曠世之作「自然哲學的數學原理」共有三卷，裡面全是密密麻麻的文字敘述，用詞隱晦不明，推導出了三大運動定律和萬有引力定律。而現在大家耳熟能詳的三大運動定律事實上只有一條，就是：

$$F = m \cdot a$$

第一運動定律（慣性定律）是 F=0 的特例，第三運動定律（反作用力定律）是解系統聯立方程式的結果。萬有引力定律也只有一條：

$$F = \frac{GMm}{R^2}$$

這兩條公式居然就總結了牛頓寫了 3 年的巨著，國中大約花 1 個學期就教完了。可是那得花 250 年才辦得到，因為數學符號系統是到 20 世紀才完成，在那之前，所有的物理和數學公式幾乎都靠文字敘述，每個作者有各自不同的符號註記，真是佩服從前的科學家，在這麼不友善的環境中還能茁壯成長。

我曾聽過人家這樣舉例：數學家歸納出精簡的公式，就好像大廚在廚房裡忙個不停，一堆亂七八糟過後，端出來的卻是引人垂涎的佳餚。從這個角度看，科學與藝術也相去不遠。

微調 H 指標

接著我們來看看「瀨尿牛丸中間的洞要做多大，效果最好」？

瀨尿牛丸中間的洞

1 ≦ $L$1 ＜ 2 時，表示將量指標和價差指標依不同權重做成投資組合，小數的部份是量指標的權重。2 ≦ $L$1 ＜ 3 時，就表示要選用 H 指標，小數的部份是價差絕對值的門檻（閾值），單位是百分比，若價差的絕對值大於閾值，正價差就做空，逆價差就做多，價差的絕對值小於等於閾值時，就依量指標操作，量大做多，量小做空。2 ≦ $L$1 ＜ 3 的小數部份，就是「瀨尿牛丸中間的洞」。

1. 上一節在 Z1 中輸入了計算年複合報酬率的公式，請在 Z2 到 Z21 輸入 1 到 2.9，間隔 0.1 的數字，準備做為 $L$1 值的變數。

2. 在 AA1 到 AJ1 輸人 1~10 的整數，準備替代 $Q$1，做為槓桿倍數。

3. 選取 Z1 到 AJ21 的範圍，並從工具列「資料→模擬分析→運算列表」，欄變數儲存格填 $L$1，列變數儲存格填 $Q$1。

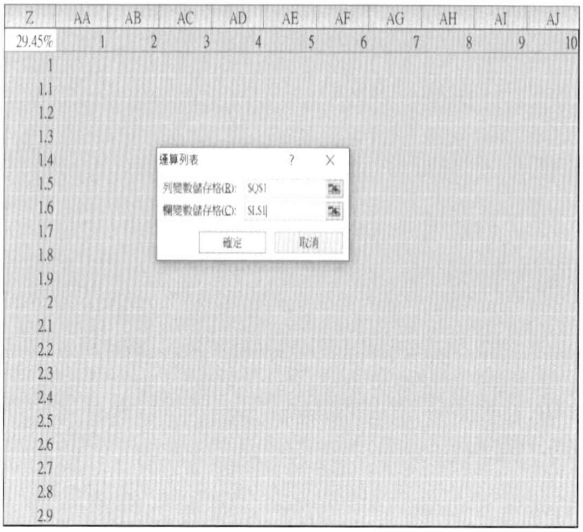

按下「確定」之後就會算出不同的 $L$1 指標設定與 $Q$1 槓桿倍數，所得到的年複合報酬率。調整格式為百分比，並設定成兩位小數位數，結果如下：

29.45%	1	2	3	4	5	6	7	8	9	10
1	6.19%	7.79%	4.32%	-5.71%	-8.25%	-11.55%	-13.08%	-13.41%	-14.11%	-13.81%
1.1	8.03%	14.61%	15.68%	10.64%	0.66%	-9.04%	-11.75%	-13.44%	-13.97%	-13.84%
1.2	10.81%	21.37%	26.67%	27.05%	23.12%	15.13%	1.42%	-8.87%	-10.76%	-14.18%
1.3	13.66%	27.60%	37.49%	44.01%	46.23%	43.73%	36.32%	22.47%	12.03%	-13.49%
1.4	15.45%	33.06%	47.61%	60.26%	67.98%	71.15%	68.90%	59.87%	45.72%	-13.12%
1.5	17.63%	38.29%	57.84%	74.41%	87.26%	95.46%	97.45%	94.30%	83.59%	65.62%
1.6	19.75%	42.72%	64.94%	83.94%	101.85%	111.91%	116.99%	114.87%	99.92%	83.28%
1.7	21.75%	47.06%	71.57%	92.42%	110.00%	121.95%	123.12%	119.00%	103.56%	-13.41%
1.8	23.79%	50.68%	75.61%	96.20%	112.00%	119.39%	119.04%	106.76%	87.23%	-13.51%
1.9	25.45%	53.29%	78.55%	97.05%	109.18%	111.16%	102.00%	75.54%	-13.91%	41.17%
2	26.88%	55.70%	78.69%	94.85%	99.04%	93.37%	71.88%	47.63%	-10.85%	-13.52%
2.1	33.34%	73.62%	111.26%	142.26%	163.34%	169.11%	155.90%	125.22%	94.52%	-14.32%
2.2	29.10%	60.36%	60.36%	108.02%	117.54%	114.39%	95.26%	-13.95%	-13.95%	-13.95%
2.3	27.51%	57.39%	82.58%	100.99%	107.00%	100.86%	82.93%	53.25%	-13.38%	-14.42%
2.4	25.05%	52.03%	72.59%	86.32%	89.32%	80.65%	62.16%	34.55%	-14.15%	-16.02%
2.5	29.45%	63.25%	93.33%	116.65%	128.27%	125.22%	109.89%	83.13%	43.95%	-13.50%
2.6	29.58%	61.18%	89.65%	109.81%	120.27%	117.08%	101.91%	69.09%	-14.06%	-14.17%
2.7	25.41%	54.01%	76.17%	91.92%	96.74%	89.61%	71.47%	45.65%	14.33%	-10.45%
2.8	23.47%	49.76%	69.64%	81.46%	84.07%	74.47%	56.33%	30.79%	-7.61%	-13.19%
2.9	22.16%	47.20%	64.34%	74.45%	73.35%	64.32%	45.87%	21.32%	-10.59%	-12.51%

又一次看到令人頭昏的密密麻麻數字。

多重格式化條件

我們前面教過如何設定格式化的條件，來幫助視覺化分析，這裡我要設定三個格式化條件。請注意如果設定的格式同樣是「字型」、或「框線」、或「填滿」，後面設定的格式化條件會壓過前面的設定，也就是說若某個儲存格同時滿足三個條件，只會顯示出最後一個設定條件的格式，但如果分別設定不一樣的格式類型，就可以同時顯示，所以我會分別設定不同類型的格式。

1. 選取 AA2 到 AJ21，並讓反白停留在 AA2。

2. 從工具列「常用→設定格式化的條件→頂端／底端項目規則→前 10%」，格式選「淺紅色填滿」。這樣會把全域前 10% 的項目以底色「淺紅色」顯示。

繼續從工具列「常用→設定格式化的條件→新增規則」，選取規則類型「使用公式來決定要格式化哪些儲存格」，公式輸入「=AA2=MAX($AA2:$AJ2)」，格式選框線，設定為紅色實線。這樣會把每一橫列最大的數字儲存格，加上紅色實線外框。

3. 繼續從工具列「常用→設定格式化的條件→新增規則」，選取規則類型「使用公式來決定要格式化哪些儲存格」，公式輸入「=AA2=MAX(AA$2:AA$21)」，格式選字型，設定為紅色粗體字。這樣會把每一直欄裡最大的數值儲存格，以紅色粗體字顯示。

結果就像下面這樣：

29.45%	1	2	3	4	5	6	7	8	9	10
1	6.19%	7.79%	4.32%	-5.71%	-8.25%	-11.55%	-13.08%	-13.41%	-14.11%	-13.81%
1.1	8.03%	14.61%	15.68%	10.64%	0.66%	-9.04%	-11.75%	-13.44%	-13.97%	-13.84%
1.2	10.81%	21.37%	26.67%	27.05%	23.12%	15.13%	1.42%	-8.87%	-10.76%	-14.18%
1.3	13.66%	27.60%	37.49%	44.01%	46.23%	43.73%	36.32%	22.47%	12.03%	-13.49%
1.4	15.45%	33.06%	47.61%	60.26%	67.98%	71.15%	68.90%	59.87%	45.72%	-13.12%
1.5	17.63%	38.29%	57.84%	74.41%	87.26%	95.46%	97.45%	94.30%	83.59%	65.62%
1.6	19.75%	42.72%	64.94%	83.94%	101.85%	111.91%	116.99%	114.87%	99.92%	83.28%
1.7	21.75%	47.06%	71.57%	92.42%	110.00%	121.95%	123.12%	119.00%	103.56%	-13.41%
1.8	23.79%	50.68%	75.61%	96.20%	112.00%	119.39%	119.04%	106.76%	87.23%	-13.51%
1.9	25.45%	53.29%	78.55%	97.05%	109.18%	111.16%	102.00%	75.54%	-13.91%	41.17%
2	26.88%	55.70%	78.69%	94.85%	99.04%	93.37%	71.88%	47.63%	-10.85%	-13.52%
2.1	33.34%	73.62%	111.26%	142.26%	163.34%	169.11%	155.90%	125.22%	94.52%	-14.32%
2.2	29.10%	60.36%	88.48%	108.02%	117.54%	114.39%	95.26%	-13.95%	-13.95%	-13.72%
2.3	27.51%	57.39%	82.58%	100.99%	107.00%	100.86%	82.93%	53.25%	-13.38%	-14.42%
2.4	25.05%	52.03%	72.59%	86.32%	89.32%	80.65%	62.16%	34.55%	-14.15%	-16.02%
2.5	29.45%	63.25%	93.33%	116.65%	128.27%	125.22%	109.89%	83.13%	43.95%	-13.50%
2.6	29.58%	61.18%	89.65%	109.81%	120.27%	117.08%	101.91%	69.09%	-14.06%	-14.17%
2.7	25.41%	54.01%	76.17%	91.92%	96.74%	89.61%	71.47%	45.65%	14.33%	-10.45%
2.8	23.47%	49.76%	69.64%	81.46%	84.07%	74.47%	56.33%	30.79%	-7.61%	-13.19%
2.9	22.16%	47.20%	64.34%	74.45%	73.35%	64.32%	45.87%	21.32%	-10.59%	-12.51%

這樣就比較容易看出端倪了。幾個重點整理如下：

- 最大報酬率（底色為淺紅色）的區域有 3 個：

  1. $L$1 為 1.6~1.8，這是用投資組合的方式做成的，使用的槓桿倍數較高，績效也比不上 H 指標。

  2. $L$1 為 2.1，這是牛丸中間洞比較小的 H 指標，大部份時間會照價差指標操作，只有價差真的很小的時候照量指標操作。最高的報酬率落在這個區域。

  3. $L$1 為 2.5~2.6，這是牛丸中間洞比較大的 H 指標，相較起來，照量指標操作的時間會多一些。

- 在 $L$1 大於 2 的狀況裡，最佳槓桿倍數多半落在 5 倍。但是實務上，會建議取一半的值就好，也就是 2.5 倍。原因之前說過了：用歷史資料的研究成果，不能完全保證未來，留下安全邊際是比較穩健的做法。

- 槓桿倍數為 7 以下時，最好的報酬率都出現在 $L$1 為 2.1 時，我想沒有什麼理由不用這組參數。

- 採用投資組合的方式（1 ≦ $L$1 ＜ 2），最佳報酬率是三比七（$L$1=1.7）的量指標和價差指標，槓桿倍數為 7，年複合報酬率 123%。可是用 H 指標只要 4 倍槓桿倍數就可以超越它（$L$1=2.1），很明顯綜合指標比投資組合的方法好。火雞和鵝頭應該合起來做「瀨尿牛丸」，而不是拆分開做瀨尿蝦與牛丸。

過度配適

妖是妖他媽生的，人是人他媽生的，所以呢，作妖跟作人一樣要有顆仁慈的心，有了仁慈的心，就不再是妖，而是人妖。

量指標是看量的，價差指標是看價差的，如果先看價差再看量，就不再是量指標或價差指標，而是 H 指標。

哈哈哈，我真的很喜歡看周星馳的電影。妖是妖，人是人，妖和人合作，是協同作戰，妖還是妖，人還是人，可是如果妖有了仁慈之心，就變成人妖，既是妖，也是人，可以取兩者之長，棄兩者之短，戰鬥力和防禦力因此都提升了。

就好比古墓派的「玉女素心劍法」，一人使全真劍法，另一人使玉女劍法，相互呼應配合，所有破綻全被旁邊一人補去。合使的兩人若是朋友，則相互間心靈不能溝通而太過客氣，是一半一半的投資組合；是尊長小輩又不免照拂仰賴，是一邊大一邊小的投資組合；只有相互眷戀的情侶，才能領會這套「玉女素心劍」心息相通之意。

H 指標為什麼會比量指標還有價差指標好？ H 指標是由量指標和價差指標構成的，可是卻比量指標和價差做成的投資組合好，完全發揮了 1+1>2 的效果。因為 H 指標既不是量指標，也不是價差指標。

量指標只有一個參數，就是它取均量的日數為 40。價差指標也有一個參數，就是價差大於 0 時要做空，價差小於 0 時要做多，這個 0 就是它的參數。而 H 指標有兩個參數，一個是量指標的參數 40，另一個價差指標的參數，以 $L$1 的小數部份呈現出來。

上節講最佳參數 $L$1=2.1，就是價差大於正 0.1% 要做空，小於負 0.1% 要做多，另一個群聚區域 $L$1=2.5，就是價差大於正 0.5% 要做空，小於負 0.5% 要做多。0.1% 和 0.5% 都是價差指標的參數，事實上可以把量指標的參數放進來一起分析，但是要再考慮槓桿倍數，就變成三維了，不過是有數理公式可以分析的，這比較進階，我們放到講完「夏普指標」再做。

變數太多，效果不會更好

這一節我想討論一個很重要、很嚴肅、卻常被忽略的問題：「是不是指標愈多？參數愈多？模型的效果愈好？」如果要吻合歷史資料的表現，是的，沒錯。但如果要預期未來的表現，那可就不一定了。不一定的意思就是不一定，可能更好，也可能更不好，但由於人的心理障礙，常常只看到他想看到的，就會加進太多指標，結果是往壞的方向走居多。

其實也不用加太多指標，只要把一個指標平方、立方、或是兩個指標再相乘、相除、取對數…就可以變出好多指標來。這樣說很容易就被看穿是在變把戲，但我只要說：KD 指標（含三個：RSV、K 值、D 值），拋物線指標（二次方），MACD（含有：DIF、DEM、OSC 柱狀值），布林通道（兩個：平均值和標準差，還衍伸出發散與收斂，趨勢與反轉），是不是耳熟能詳？單講 KD 好了，操作法就可以分成：

1. 短線看 K 值，長線看 D 值，50 以上偏多，50 以下偏空。
2. K 值上穿 D 值為黃金交叉，K 值跌破 D 值為死亡交叉。
3. 80 以上稱超買區，20 以下稱超賣區。
4. KD 持續在 80 以上是多頭鈍化，持續在 20 以下是空頭鈍化。

………………

就算是最簡單的均線，即有週均、月均、季均、年均，有的還加上十年均，彼此更激發出交叉、同向或反向、發散或收斂，這就變出好多花樣了。用這麼多參數去擬合歷史資料，一定可以擬合的很好，但對未來全無預測能力。

接下來要做的東西跟 H 模型無關，我想用高中數學裡的多項式函數來解釋「過度配適」為什麼可以擬合歷史，對未來卻沒有預測能力。請先把「H 模型 .xlsx」儲存關閉，再另外開一個新的工作簿，才不會拖慢 Excel 執行的速度。

1. 在 A1 輸入「=RANDBETWEEN(0,100)」，這樣會隨機產生一個 0 到 100 的數字。
2. 在 B1 輸入「=A1+RANDBETWEEN(-50,50)」，這就是把 A1 的值，再加上一個 -50 到 +50 之間的隨機數字。
3. 在左上角輸入儲存格位址 A1000，按 Enter 之後就會跳到 A1000 儲存格。

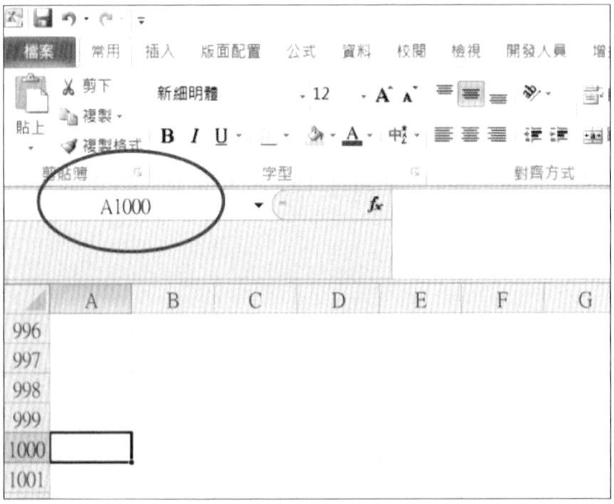

4. 按住 Ctrl + Shift + ↑，然後 Shift + →，選取了 A1:B1000 的範圍，接著按下 Ctrl + D，就會把 A1 和 B1 的公式往下複製。

到這裡就在 B 欄做出了以 A 欄的數字為自變數，再加上一個隨機數字的應變數，這個加上去的隨機數字有個專有名詞，叫做白色雜訊 (White Noise)，表示它是無法消除與預測的訊號。對 B 欄數字最佳的預測值，就是 A 欄的數字，寫成方程式如下：

$$B = A + \varepsilon$$

ε 就是 white noise 誤差項。

因為是隨機產生的數字，所以等一下各位做出來的數字和圖形不一定會和我一樣，事實上只要按一下 F9，Excel 就會重新計算每個儲存格公式，因此又會給不一樣的隨機值。

接著要做圖。

1. 選取 A1:B10，從工具列「插入→散佈圖→帶有資料標記的 XY 散佈圖」，這樣就顯出前 10 個資料點。

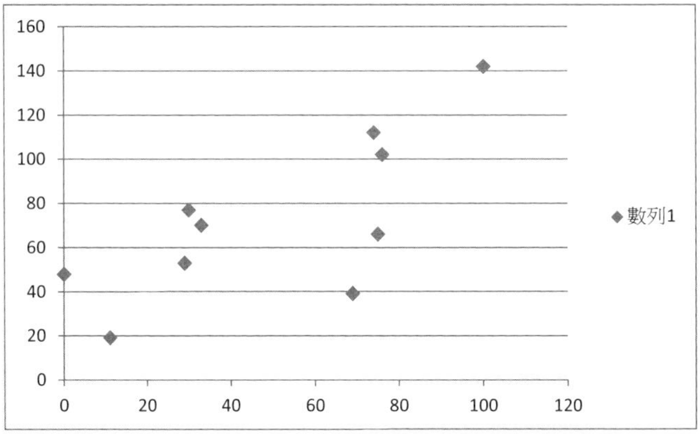

2. 選取 A1:A10，按下 Ctrl + C 複製，然後點一下圖表，再按 Ctrl + V 貼上，會出現第二個數列。這個數列的 Y 值和 X 值是一樣的，也就是：

$$Y = X$$

3. 在數列二的任一個資料標記上按右鍵，選擇資料數列格式。

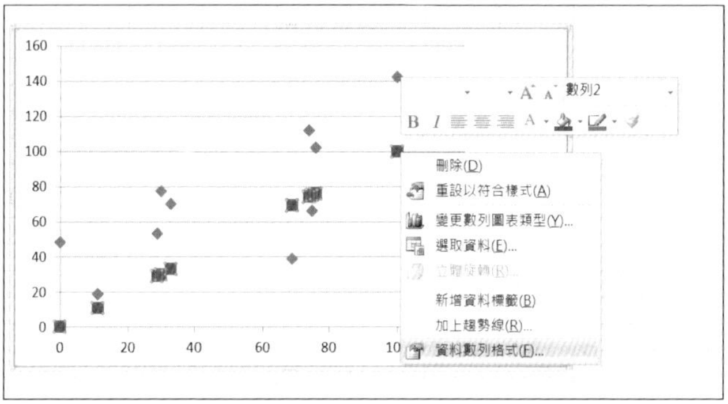

4.「標記選項」設定為「無」，線條色彩設定為「實心線條」，色彩選紅色。

完成後如下圖：

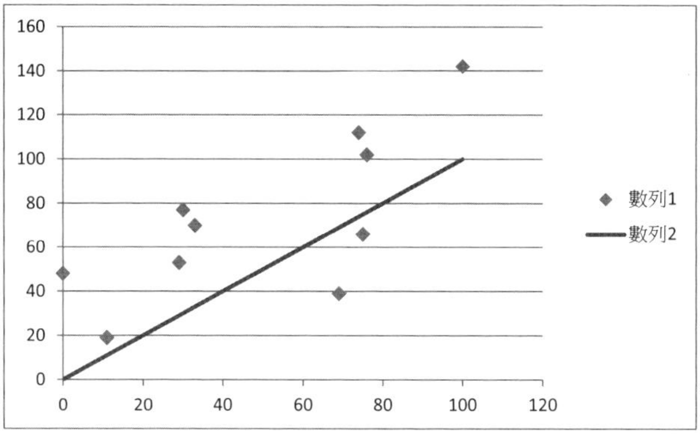

這個紅色線才是產生資料點的正確模型，藍色點是加上白色雜訊之後的結果。

一次函數趨勢線

現在要加上趨勢線，來看看對資料預測的結果。先用最簡單的線性估計，就是下面的預估方程式：

$$Y = \alpha \cdot X + \varepsilon$$

1. 在任一藍色資料點上按右鍵，選「加上趨勢線」。

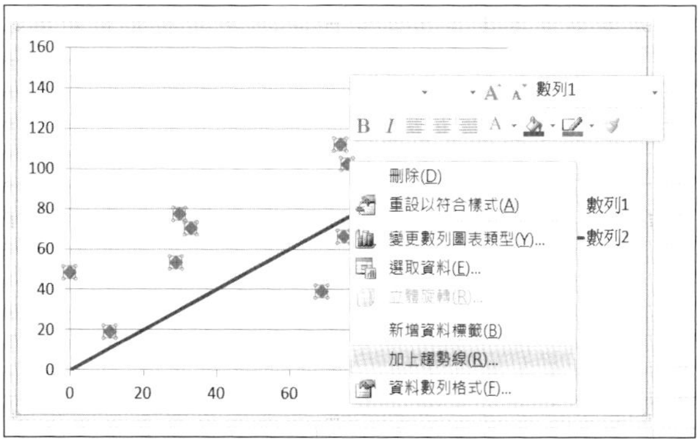

2. 趨勢線格式設定如下：

i. 「趨勢線選項」選「線性」。

ii. 「線條色彩」選「實心線點」。

iii.「線條樣式」的寬度設為「2pt」，虛線類型選第二個「方點」。

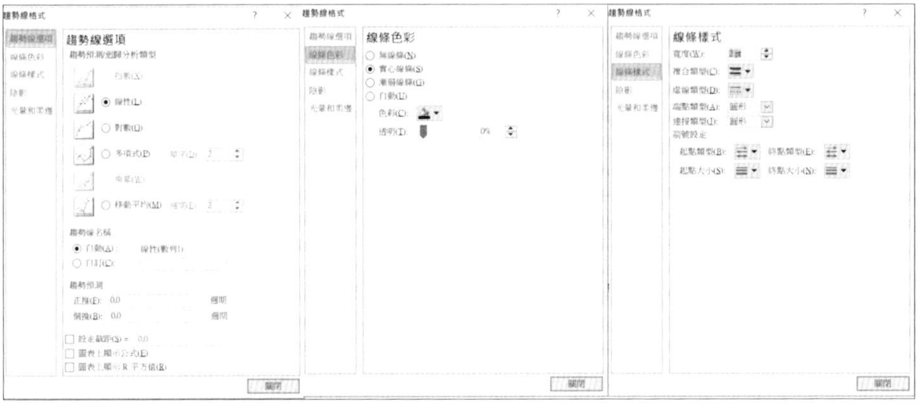

就畫出了如下圖的線性趨勢線：

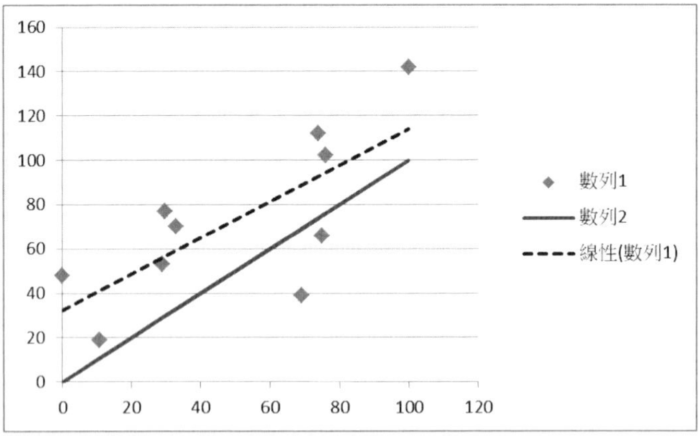

跟各資料點不是很貼近，跟紅色模型真值也有點距離，但至少方向是對的，X 愈大，Y 的預估值也愈大。

多項式函數趨勢線

接著來試二次多項式，就是以下面的方程式來預估：

$$Y = \alpha + \beta_1 \cdot X + \beta_2 \cdot X^2 + \varepsilon$$

1. 在任一藍色資料點上按右鍵，選「加上趨勢線」。

2. 趨勢線格式設定如下：

i. 「趨勢線選項」選「多項式」，「順序」設為 2。這裡的「順序」應該是英文 Order 的翻譯錯誤，其實是「階數」才對。這是二階多項式。

ii.「線條色彩」選「實心線點」。

iii.「線條樣式」的寬度設為「2pt」，虛線類型選第一個「圓點」。

結果如下圖：

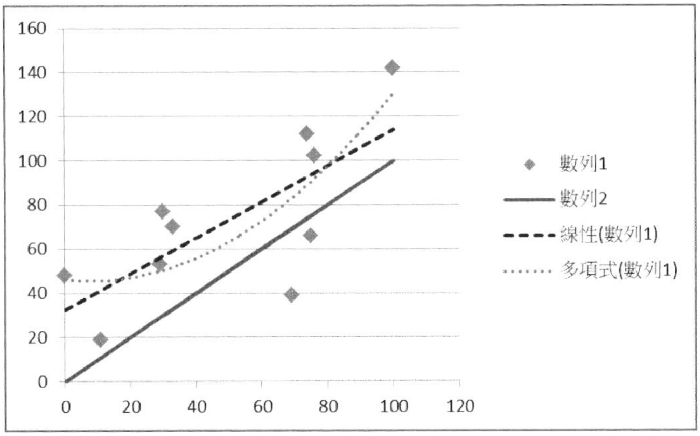

看起來跟線性預估值好像差不多，但這是因為 X 的範圍設定在 0~100，稍具數學知識的人應該明白：當 X 小於 0 時，這個二次多項式

會翹起來，Y 值反而往上，X 大於 100 時也是飛奔向上，離紅色的實際值會愈來愈遠。

喜歡不斷加指標進去，調參數以吻合歷史資料的人，將會把多項式的 Order 提高，Excel 在此最高可以設定為六階多項式：

$$Y = \alpha+\beta_1 \cdot X+\beta_2 \cdot X^2+\beta_3 \cdot X^3+\beta_4 \cdot X^4+\beta_5 \cdot X^5+\beta_6 \cdot X^6+\varepsilon$$

這樣就有 7 個參數可以調整：α、β_1、β_2、β_3、β_4、β_5、β_6，這比拿一堆指標來操作要少得多。

1. 在趨勢線上按滑鼠右鍵，選「趨勢線格式」。

2.「趨勢線選項」中的「順序」設為 6。

就變成如下圖了：

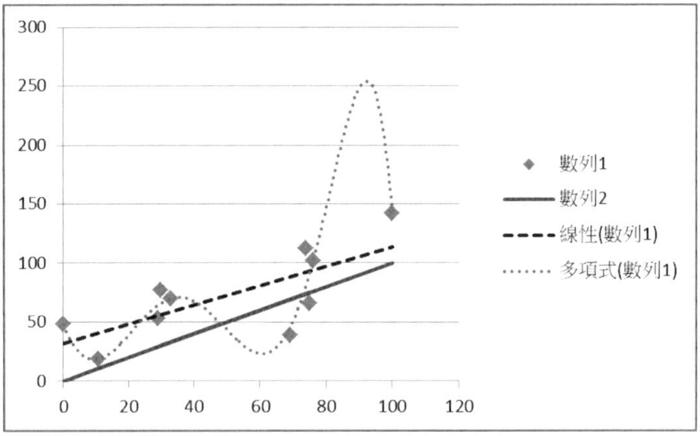

趨勢線幾乎完全通過了所有的資料點，可是卻有好幾個離譜的峰值。如果 X 範圍擴大，預估值更是會跑到不可思議的位置：X 小於 0 時往上飛奔，X 大於 100 時往下飛奔，方向完全錯誤。這種情形就叫做

「過度配適」(Overfitting)，提供了太多的自由度來擬合有限的歷史資料，可以讓模擬績效絕佳，但卻毫無預測能力，實際操作一定慘不忍睹。

資料量夠才能增加變數

那麼增加參數一定是不對的嗎？也未必。想要增加參數有兩個條件：

- 資料量要大。
- 白色雜訊要小。

在多數的科學研究當中，實驗可以一直重複，產生龐大的研究資料，而且隨著儀器的進步，誤差可以控制在很小的範圍，這時就可以加入參數來提高預測的準確度。最近突飛猛進的「機器學習」領域就得力於資料量的擴增。早期的影像和語言資料多半是書面或類比的形式，沒有數位化，不能以電腦分析。但隨著網際網路興起，幾十億人合力創造出以指數成長的資料量，下圖是 IDC 估計到 2020 年的數位資料量，單位是 Exabytes，也就是 10 的 18 次方，非常驚人。

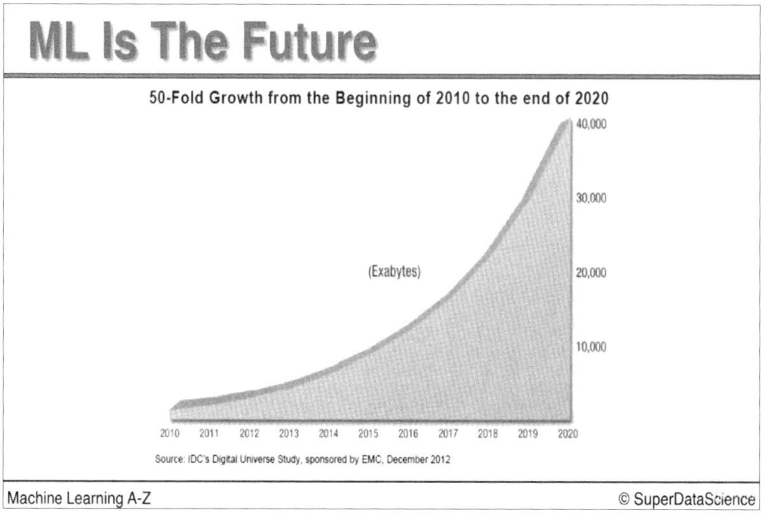

所以現在的神經網路學習動輒有幾萬甚至上億個參數，即使上億，也不過才 10 的 8 次方，相對於資料量仍然很少，所以可以擬合的很好。

可是股市的資料量沒那麼多，以日資料來說，一天才有一筆，就算是分鐘資料，一天交易 5 小時，也才 300 筆，配上兩、三個技術指標就見頂了（每個技術指標有好幾個參數，記得嗎？），再多即會有過度配適的問題。

最後我示範一下如果資料量增加會有什麼不一樣：

1. 點選任一資料點，在上方公式輸入區會出現資料數列的公式「=SERIES(, 工作表 1!$A$1:$A$10, 工作表 1!$B$1:$B$10,1)」。

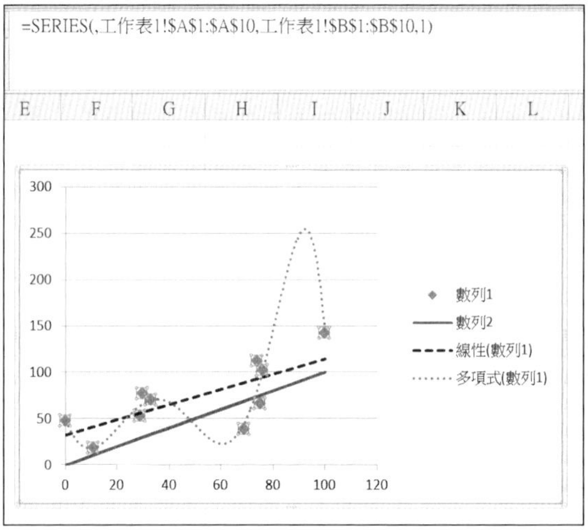

2. 把其中的 10 後面加一個 0，變成「=SERIES(, 工作表 1!$A$1:$A$100, 工作表 1!$B$1:$B$100,1)」。

3. 在資料點上按滑鼠右鍵，選「資料數列格式」,「標記選項」選「內建」，類型設為短橫線，大小為 2。完成如下：

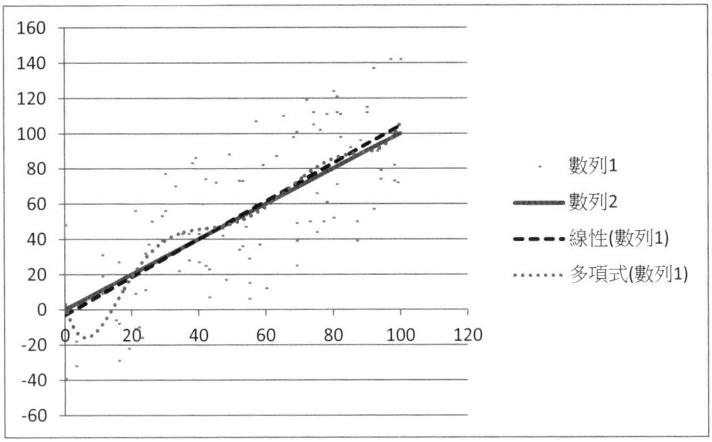

現在多項式趨勢線看起來沒那麼誇張了，不過還是有幾個離群的峰值。

4. 再進一步加個 0，變成「=SERIES(, 工作表 1!$A$1:$A$1000, 工作表 1!$B$1:$B$1000,1)」，結果如下：

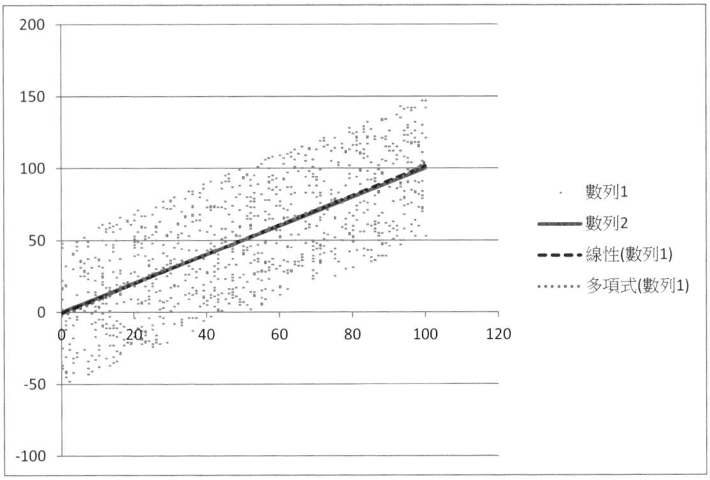

六階多項式趨勢線看起來就跟線性與真值差不多了。

如果資料量夠大，就可以篩選出有效的指標，當做操作的依據。但是千萬不要亂加技術指標，或是妄想多給幾個參數會比較好。有名的葛蘭碧八大法則就有這個錯誤。

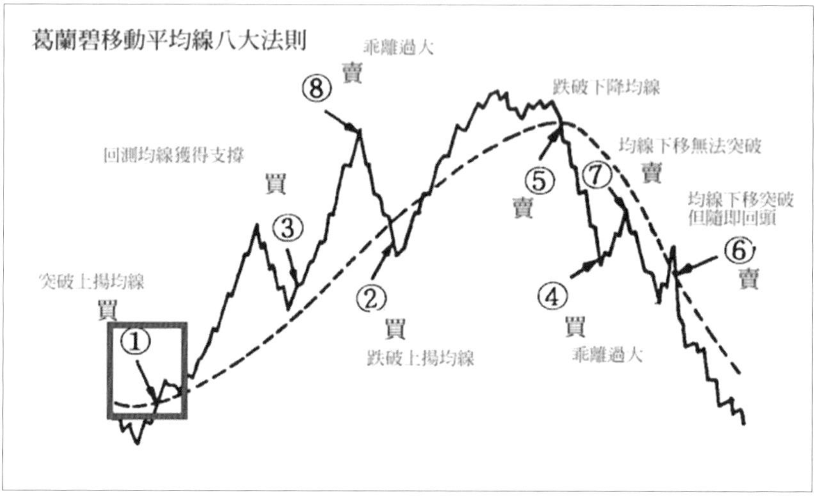

▲ 圖片來源：玩股網

莫看它只用了一條移動平均線，可是它的參數有「突破、回測、乖離、騙線」，事實上「突破」和「騙線」是互補的，兩者統包了穿越均線的所有後果，事後怎麼說都會是對的，就像酒鬼說：「我只在兩種日子喝酒，有下雨的日子，跟沒下雨的日子」。有些人會再衍伸說：大趨勢中的小回檔，回檔中的反彈波，反彈波的拉回整理⋯怎樣他都有理由，這就是我說的「不科學」：根本無法證偽。沒辦法說它錯的東西，就是不科學，和老婆說的話一樣。

H 指標無過度配適問題

明白過度配適的危害之後，我們要來檢驗 H 指標是否有過度配適的問題。通常檢驗這個問題的方法是把歷史資料分成兩個部份：一個是訓練集，另一個是測試集，用訓練集的資料來建構模型，然後用測試集的資料來檢驗建構好的模型。可是我之前告訴過大家了：我是在 2003 年開始建構 H 模型，到 2004 年完成，之後一直到現在 (2022 年) 都是測試，而且不是紙上談兵的測試，是真的提槍上戰場的測試，結果證明它是有效的。

另一個檢驗的方式是看資料是否有結構性的變化，就是說資料是否在各分區都分佈均勻。如果在某段時期特別有用，其它時間表現平平，就要小心有過度配適的問題。

現在請回到「H 模型 .xlsx」，之前有提醒過，如果留著運算列表，會拖慢整個 Excel 運作的速度。不過有個方法可以解決，在工具列設定「公式→重算選項→除運算列表外，自動重算」。

往後如果需要重新計算「運算列表」，按一下 F9 就行了，這是立即重算的快速鍵。這麼做的缺點是：有時會忘記運算列表不會自動重算，導致內容不正確，Debug 老半天卻看不出問題。

歲歲月月年年

之前有做過按照年度評比歷史績效，這裡將更進一步，同時按照年度和月份來分析計算。此時我的設定是 $L$1 為 2.1，$Q$1 為 1，也就是價差區間為 0.1%，槓桿倍數為 1 的 H 指標操作法。

1. 在 Y1 輸入標題「月份」。
2. 在 Y2 輸入公式「=MONTH(A2)」，MONTH 函式就是用來取得日期資料的月份。
3. 將公式向下填滿。
4. 在 AA23 到 AL23 輸入 1~12 的數字，就是在上一個運算列表的下方，輸入要用來彙總的月份值。
5. 在 Z24 到 Z48 輸入 1998~2022 的數字，這是要彙總的年度。
6. 在 AA24 輸入公式「=SUMIFS($S$2:$S$5844,$X$2:$X$5844,$Z24,$Y$2:$Y$5844,AA$23)」，說明如下：
    i. SUMIFS 是多條件加總的公式，不同於 SUMIF 的單條件加總，前者的第一個參數是加總範圍，後者的加總範圍則是最後一個（第三個）參數。S 欄是損益，欄列號前方都要加 $，不隨儲存格相對位置而改變參數。
    ii. SUMIFS 第二個以後的參數，每兩個為一組，前面是條件範圍，後面則是條件式。
    iii. X 欄是年度，前後都加 $，表示要檢查的範圍固定；$Z24 為年度條件，只固定欄號，左右移動時不改變參數值，上下移動時則隨之調整。

iv. Y 欄是月份，一樣前後都加 $，固定範圍；AA$23 則固定列號，左右移動時改變參數值，上下移動時不改變。

7. 把 AA24 的公式向下向右填滿到 AL48。

8. 從工具列「常用→設定格式化的條件→醒目提示儲存格規則→大於」，值填為 0，格式用預設的「淺紅色填滿與深紅色文字」即可。

結果如下：

	1	2	3	4	5	6	7	8	9	10	11	12
1998	0	0	0	0	0	0	0	0	-13	810	-341	981
1999	755	-357	-92	4	164	125	1429	268	928	4	215	-758
2000	-616	303	1683	649	-132	789	-624	514	1821	482	-553	1316
2001	14	481	-299	677	159	-200	132	711	-768	447	846	1187
2002	697	-304	-88	304	616	319	649	770	358	558	459	-236
2003	842	424	394	489	513	536	-401	-239	-127	-190	411	-23
2004	-570	-135	584	956	-32	214	193	332	214	784	739	159
2005	501	81	-88	64	-123	322	189	109	-138	488	401	341
2006	-542	219	-97	262	-491	639	-146	173	480	-201	417	171
2007	346	-157	463	1051	13	272	538	-78	-93	554	1348	-28
2008	-210	1294	69	357	511	-786	443	940	1187	-536	-272	677
2009	-314	469	266	4	-66	-147	763	-123	399	-150	-154	836
2010	125	-172	-87	86	-520	-452	521	-110	240	-28	92	57
2011	-78	-44	64	765	422	-113	-153	-1122	-387	-412	1691	519
2012	186	417	332	99	-109	-45	216	277	469	-192	279	15
2013	320	84	254	63	-142	203	322	-123	55	404	94	184
2014	123	130	-99	-67	164	211	70	-233	349	-213	-115	211
2015	496	6	-129	323	491	245	96	23	344	281	1058	124
2016	328	326	562	249	37	138	496	192	208	304	973	-292
2017	86	357	368	729	347	470	217	336	-296	-5	-231	52
2018	-19	507	-513	-456	-326	8	159	369	-530	-1124	470	-26
2019	-147	446	265	201	726	441	324	-120	57	510	441	-563
2020	749	-407	-1331	914	-315	720	1247	-104	-492	-280	133	611
2021	225	-295	871	1242	215	555	487	366	1459	-459	914	148
2022	150	643	0	0	0	0	0	0	0	0	0	0

這樣可以一目瞭然地看出在各個年度裡不同月份的損益和。感覺上分佈蠻均均的，沒有什麼側重與偏廢。

分成年度與月份加總

如果怕用看的不準，我們可以計算一下不同年度與月份的損益加總，也可以統計有獲利的個數。

1. 在 AA49 輸入公式「=SUM(AA24:AA48)」，SUM 是一看就明白的加總公式。
2. 在 AA50 輸入公式「=COUNTIF(AA24:AA48,">0")」，COUNTIF 是條件計數，用來判斷的條件式須以字串的形式表達，Excel 會一個一個取出範圍中的數字與條件式比對，若為 True 就增加一個計數。
3. 把 AA49:AA50 公式向右填滿到 AL 欄。
4. 在 AM24 輸入公式「=SUM(AA24:AL24)」
5. 在 AN24 輸入公式「=COUNTIF(AA24:AL24,">0")」
6. 把 AM24:AN24 公式向下填滿到 48 列。

完成下圖：

	1	2	3	4	5	6	7	8	9	10	11	12		
1998	0	0	0	0	0	0	0	0	-13	810	-341	981	1437	2
1999	755	-357	-92	4	164	125	1429	268	928	4	215	-758	2685	9
2000	-616	303	1683	649	-132	789	-624	514	1821	482	-553	1316	5632	8
2001	14	481	-299	677	159	-200	132	711	-768	447	846	1187	3387	9
2002	697	-304	-88	304	616	319	649	770	358	558	459	-236	4102	9
2003	842	424	394	489	513	536	-401	-239	-127	-190	411	-23	2629	7
2004	-570	-135	584	956	-32	214	193	332	214	784	739	159	3438	9
2005	501	81	-88	64	-123	322	189	109	-138	488	401	341	2147	9
2006	-542	219	-97	262	-491	639	-146	173	480	-201	417	171	884	7
2007	346	-157	463	1051	13	272	538	-78	-93	554	1348	-28	4229	8
2008	-210	1294	69	357	511	-786	443	940	1187	-536	-272	677	3674	8
2009	-314	469	266	4	-66	-147	763	-123	399	-150	-154	836	1783	6
2010	125	-172	-87	86	-520	-452	521	-110	240	-28	92	57	-248	6
2011	-78	-44	64	765	422	-113	-153	-1122	-387	-412	1691	519	1152	5
2012	186	417	332	99	-109	-45	216	277	469	-192	279	15	1944	9
2013	320	84	254	63	-142	203	322	-123	55	404	94	184	1718	10
2014	123	130	-99	-67	164	211	70	-233	349	-213	-115	211	531	7
2015	496	6	-129	323	491	245	96	23	344	281	1058	124	3358	11
2016	328	326	562	249	37	138	496	192	208	304	973	-292	3521	11
2017	86	357	368	729	347	470	217	336	-296	-5	-231	52	2430	9
2018	-19	507	-513	-456	-326	8	159	369	-530	-1124	470	-26	-1481	5
2019	-147	446	265	201	726	441	324	-120	57	510	441	-563	2581	9
2020	749	-407	-1331	914	-315	720	1247	-104	-492	-280	133	611	1445	6
2021	225	-295	871	1242	215	555	487	366	1459	-459	914	148	5728	10
2022	150	643	0	0	0	0	0	0	0	0	0	0	793	2
	3447	4316	3352	8965	2122	4464	7167	3128	5724	1836	9315	5663		
	16	16	13	21	13	17	19	14	15	12	18	17		

按年度來看，只有 2010 年和 2018 年發生過虧損，除了 1998 年和 2022 年的交易月份不到 12 個月，剩下的 23 個年度裡，只有 2011 年和 2018 年的獲利月數僅 5 個，不到一半。

若按月份來看，所有的月份加總都是獲利，而且項目個數都超過一半，最少也有 12 個年度該月份為獲利（10 月）。

所以 H 指標並沒有發生過度配適的問題。從前一節的分析我們得出結論：想增加參數，必須有相對應較大的資料量，而且是成數量級增加的資料量。H 指標只用了兩個參數，但是有將近六千筆資料量，因此沒有過度配適的問題。這不只是理論上如此，實際上我的操作經驗也是如此。

關於除權息

比較有期貨經驗的朋友常常問我這個問題：「因為 7~9 月為除息旺季，依照加權指數編製的方式，會造成期貨的逆價差，在這些時候不就被迫要一直做多，不用調整嗎？」

早期我也思考過這個問題，也拿了除權息資料還原加權指數，來調整價差，重新驗證 H 模型，可是總沒有明確的答案，看起來好像除權息的逆價差對 H 模型沒有影響。可是明明就是有逆價差，為什麼會不受影響呢？這個問題困擾我很久，我也硬著頭皮一路操作下來。但是你看，H 模型沒有辜負我，在 7~9 月間的除息季裡，表現毫不遜色。

後來我終於想通了：如果 H 模型因為除息逆價差會一直做多，可是又一直獲利，那不就表示除權息的行情確實存在嗎？有很多理論試圖解釋除權息行情：股價變低具有吸引力、投資人有額外現金可投入股市、大戶為了避稅先行賣出，除權息以後再買進…，我沒有辦法檢驗哪個原因才是正確的，也或許都有部份影響，但總之台股確實存在著除權息的多頭行情。

06

H 模型

- 模型與漲跌的關係
- 混淆矩陣（Confusion Matrix）
- H 模型的資訊熵
- 凱利方程式
- 夏普指標
- 停損是錯的
- 用槓桿倍數才能控制風險

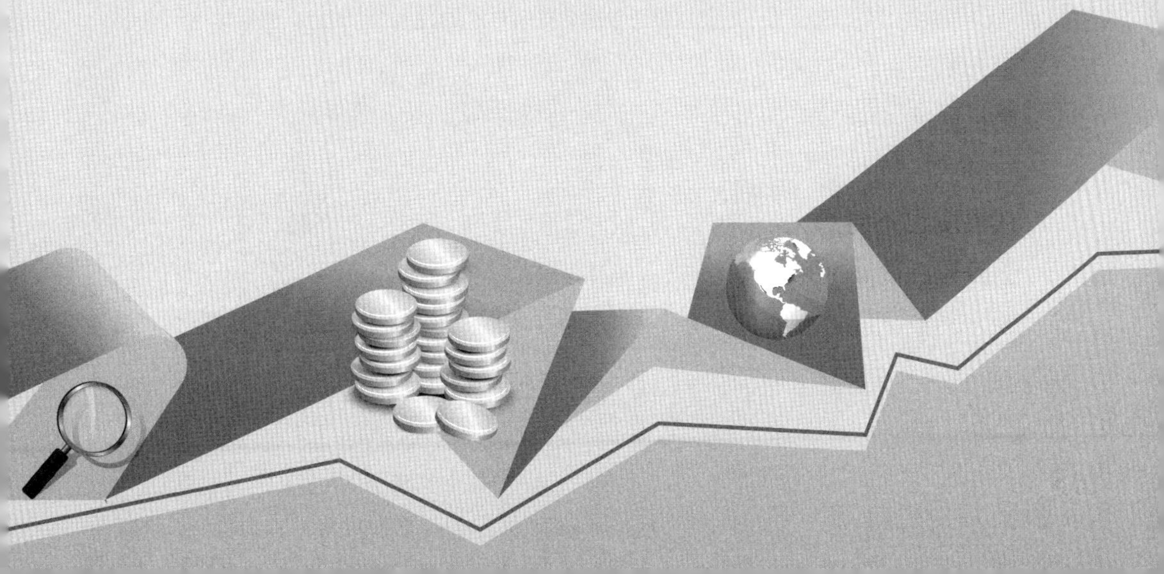

H 模型與漲跌的關係

不過看到上一章最後的成果，2018 年虧損了 1,481 點，還是很令人在意吧！是不是 H 模型要失效了呢？仔細看一下，單單是 10 月份就虧損了 1,124 點，是所有月份最大的虧損，為什麼虧損創紀錄呢？我們回去看看發生了什麼事。

少數特例扭轉統計值

我也就不故弄玄虛了，原因很簡單，2018 年 10 月 11 日加權指數大跌了 660 點，從 10,466 直接摜破萬點，收在 9,806 點，期貨就更是誇張了，大跌了約 800 點，除了加權指數的跌點之外，逆價差還擴大了 140 點，而 H 模型留的是多單，狠狠被打了一個大巴掌。

為什麼會大跌呢？事後當然有很多解釋，號稱為十月股災，其實就是跟著美股大跌，而且是趁著 10 月 10 日國慶日休假，台股沒有交易，道瓊指數跌了 831 點，大約 3.1%：

▲ 圖片來源：鉅亨網

那斯達克指數跌了 316 點，大約 4.1%：

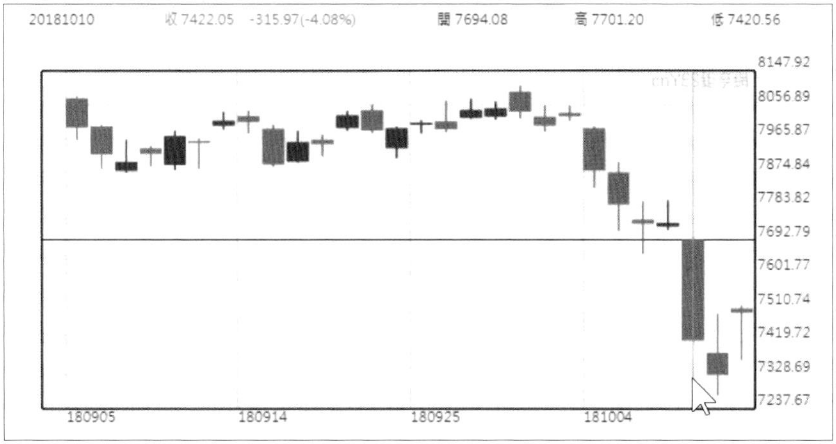

▲ 圖片來源：鉅亨網

突如其來的跌勢，台股根本來不及反應，10 月 11 日一開盤就大跌 400 點，最後收跌 660 點，此時若是槓桿倍數用太高，不用去想什麼停損了，一開盤就會被斷頭，沒有任何逃命機會。所以我一再強調，只有用低槓桿控制風險才是王道。

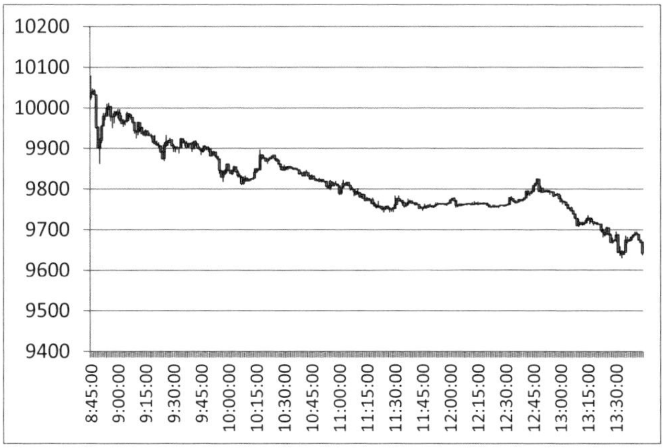

除了這一天，2018 年 2 月 6 日台股大跌 542 點 H 模型也做多，那天號稱 18 年來最大跌點，不過 8 個月後就被上面所提的 10 月 11 日股災突破了。最特殊的是這一天後來被稱為「選擇權大屠殺」，因為大跌造成隱含波動率飆高，不管是買權或賣權的價格都上揚，賣方因此蒙受極大損失，如果保證金不足被券商斷頭，此時市場流動性消失，居然股市大跌而買權價格也能漲停。

所以我要再一次提醒：一定要用低槓桿來控制風險，不能靠停損。停損需要流動性，而市場的流動性往往在最需要的時候消失。

小樣本分析

在 2018 年，單單是 2 月 6 日與 10 月 11 日這兩天，H 模型就損失了 1300 多點，現在問題來了：這是意外還是必然？我們前面用時間區分樣本，統計出在各個年度不同月份裡 H 模型的表現，具有均勻分佈的性質，所以市場結構沒有因為時間不同而改變。那麼有因為市場漲跌幅的大小而改變嗎？這一節我們就來研究這個問題。

現在我要檢查 H 模型的正確率是否因為漲跌的幅度不同而有改變，因為股市大部份時間都小漲小跌，所以我在靠近 0 的地方用比較小的範圍切割點，大漲大跌的樣本數少，取較大的切割點。每個期貨漲跌的範圍內再分別算出賺和賠的個數，就可以比較一下了。

1. 在 AA53 到 AA63 輸入 800, 400, 200, 100, 50, 0, -50, -100, -200, -400, -800 等數字，沒什麼比較快的方法，因為沒幾個數字，設計公式去處理不如乾脆直接 key 進去。

2. AB53 打標題「賺」，AC53 打標題「賠」，如下：

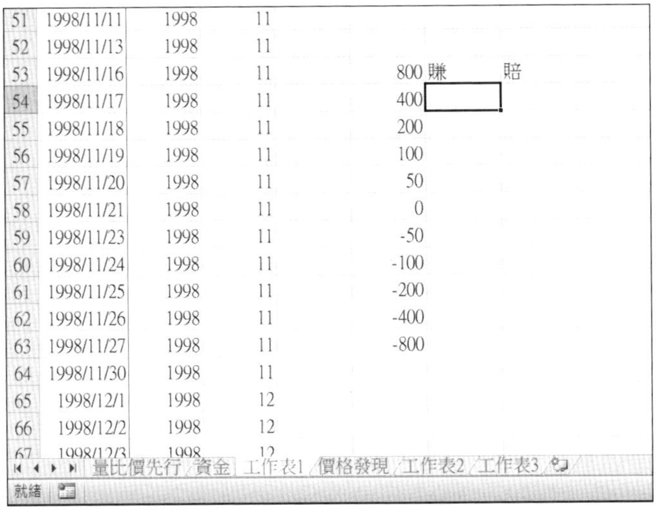

3. 在 AB54 輸入公式「=COUNTIFS($R$3:$R$5844,"<"&$AA53,$R$3:$R$5844,">="&$AA54,$S$3:$S$5844,">0")」

- COUNTIFS 是多條件計數函式，裡面的參數每兩個為一組，前面是要判斷的範圍，後面則是條件式。
- 條件的輸入有兩種方式，第一種是直接輸入值，就會判斷與範圍內的值是否相等；第二種則是輸入公式，形式是字串。
- 第 1 和第 3 個參數都代入 $R$3:$R$844，這是期貨損益，欄列都加 $，表示不隨向下或向右填滿改變參照位址。
- 第 2 和第 4 個參數用「&」符號組合兩個字串。第一個字串是判斷大小的不等號「<」與「>=」，後面則是範圍上下限，我在欄號前加了 $，這樣方便往右填公式。
- 第 5 個參數是 S 欄的損益，第 6 個參數直接判斷是否「>0」

4. 到 AC54 按 Ctrl + R，會把 AB54 的公式填過來，然後再進公式把第 6 個參數改成「<0」。

5. 把 AB54 和 AC54 的公式往下填滿。

6. 我發現這樣視覺上不太容易分辨每個項目是哪個範圍，在 AD53 輸入標題「範圍」，AD54 輸入「=AA54&" ~ "&AA53」，然後向下填滿。這只是用兩個「&」符號連結起字串。

7. AE53 輸入標題「勝率」，AE54 輸入公式「=AB54/(AB54+AC54)」，向下填滿，然後把格式改成兩位小數的百分比。

完成後如下：

800	賺	賠	範圍	勝率
400	8	5	400 ~ 800	61.54%
200	128	55	200 ~ 400	69.95%
100	421	190	100 ~ 200	68.90%
50	582	263	50 ~ 100	68.88%
0	956	485	0 ~ 50	66.34%
-50	554	756	-50 ~ 0	42.29%
-100	280	399	-100 ~ -50	41.24%
-200	202	288	-200 ~ -100	41.22%
-400	93	100	-400 ~ -200	48.19%
-800	11	16	-800 ~ -400	40.74%

很明顯 H 模型在小漲的時候（漲 0~400 點）表現特別好，賺錢的機會是賠錢的 2 倍，跌的時候就比較差，賠的機會比賺的還要高。

那可不可以得出一個結論：漲的時候才用 H 模型，跌的時候不要用呢？且看下回分曉。

反價差操作可擴大獲利，並降低損失

H 模型的獲利能力除了來自於它的勝率較高，還來自於它的獲利期望值高於虧損的期望值。怎麼辦到的？還記得價差指標得利於期貨會靠向現貨嗎？如果現貨方向不受價差的影響，那麼期貨就會往反方向移動。所以反著價差操作，如果指數方向也反過來，價差變化會擴大獲利，如果指數順著價差方向，則價差方向會減少損失。

舉幾個實例會比較容易理解，最後我們再來看統計分析。

上一節講到 2018 年 10 月 11 日股災，指數大跌 660 點，期貨更是跌了 800 點，造成逆價差擴大為 1.48%，隨後幾個交易日的狀況如下表：

日期	指數	當月	次月	價差	H指標	指數漲跌	期貨漲跌	損益
2018/10/11	9806.11	9661	9650	-1.48%	1	-660.72	-799	-799
2018/10/12	10045.81	9970	9948	-0.75%	1	239.7	309	309
2018/10/15	9901.12	9865	9848	-0.36%	1	-144.69	-105	-105
2018/10/16	9981.1	9949	9908	-0.32%	1	79.98	84	84
2018/10/17	9979.14	9993	9976	-0.03%	-1	-1.96	44	44
2018/10/18	9953.73	9884	9870	-0.70%	1	-25.41	-92	92
2018/10/19	9919.26	9900	9886	-0.19%	1	-34.47	16	16

- 10/11 逆價差太大做多，隔天（10/12）指數反彈 239.7 點，期貨彈更大 309 點。逆價差收斂到 0.75%，仍大於門檻 0.1%，H 指標做多。
- 10/15 指數下跌 144.69 點，H 模型做錯方向，但虧損只有 105 點，逆價差再收斂至 0.36%，依然做多。

- 10/16 又反彈，指數漲 79.98 點，期貨漲更多，84 點，獲利擴大，逆價差仍有 0.32%，再做多。

- 10/17 這天是結算日，指數拉高結算後，尾盤收小跌 1.96 點，當月期貨不跌反漲 44 點，做多不僅沒虧還賺。留倉要看次月期貨價差，剩下逆價差 0.03%，低於門檻值，因此依成交量不足（未標註）做空。

- 10/18 指數下跌 25.41 點，期貨的跌幅擴大為 92 點（因為結算，要用前一天的次月期貨，減今天的當月期貨），做空獲利的戰果也變大。逆價差放大到 0.7%，又回頭做多。

- 10/19 指數下跌 34.47 點，期貨又是不跌反漲 16 點，做多又是不賠反賺。

從這段敘述很明顯可以看出反著價差方向的好處：賺的時候賺更多，賠的時候賠更少，甚至有的時候不賠反賺。這個例子是為了讓大家了解才舉出來的，接著我們看統計資料是否也是如此，要不然難免令人懷疑：是否拿對自己論點有利的個案來說。

H 模型的每日獲利期望值約 10 點

整體的狀況又是如何呢？我們接下來就看統計數字。

1. 選取 AB54:AC63 的範圍。按下 Alt + =，看到神奇的事了嗎？Excel 自動把總和加在下面了，甚至 AE64 也自動填滿了計算勝率的公式。

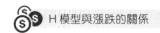

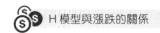

800	賺	賠	範圍	勝率
400	8	5	400 ~ 800	61.54%
200	128	55	200 ~ 400	69.95%
100	421	190	100 ~ 200	68.90%
50	582	263	50 ~ 100	68.88%
0	956	485	0 ~ 50	66.34%
-50	554	756	-50 ~ 0	42.29%
-100	280	399	-100 ~ -50	41.24%
-200	202	288	-200 ~ -100	41.22%
-400	93	100	-400 ~ -200	48.19%
-800	11	16	-800 ~ -400	40.74%
	3235	2557		55.85%

H 模型整體的勝率是 55.85%，看起來很接近一半一半，但這可是將近 6,000 個樣本數的平均。

如果把一個銅板擲 10 次，出現 6 次正面 4 次反面，也很難說它有問題，甚至是 7:3 或 8:2 都有可能；但擲 100 次有 56 個正面跟 44 個反面，就覺得怪怪的；若是 1,000 次有 558 次正面和 442 次反面，那機率就相當小，這銅板很可能有問題。而我擲 5,843 次，結果是 3235:2557，這就不能否定掉它出現正面的機率比較高了（其中也有賺賠為 0 的天數，也就是期貨那天的漲跌是 0，日數為 5843 － 3235 － 2557 ＝ 51）。

2. 在 AA64 填上橫標題「次數」，AA65 填「總和」，AA66 填「平均」。

3. AB65 輸入公式「=SUMIF($S$3:$S$5844,">0")」，就是把大於 0 的損益加總。

4. 把 AB65 往右複製到 AC65，再把 ">0" 改成 "<0"，就是把小於 0 的損益加總。

5. 選取 AB64 到 AD65（AD 欄此時是空的），按下 Alt + =，就會自動往右加總。

6. AB66 輸入公式「=AB65/AB64」並往右填滿到 AD66，這樣就會算獲利的每筆平均、虧損的每筆平均與合起來的每筆平均。

800	賺	賠	範圍	勝率
400	8	5	400 ~ 800	61.54%
200	128	55	200 ~ 400	69.95%
100	421	190	100 ~ 200	68.90%
50	582	263	50 ~ 100	68.88%
0	956	485	0 ~ 50	66.34%
-50	554	756	-50 ~ 0	42.29%
-100	280	399	-100 ~ -50	41.24%
-200	202	288	-200 ~ -100	41.22%
-400	93	100	-400 ~ -200	48.19%
-800	11	16	-800 ~ -400	40.74%
次數	3235	2557	5792	55.85%
總和	255729	-196230	59499	
平均	79.0507	-76.7423	10.2726174	

平均每次賺的點數會比賠的點數多 2.31 點（79.05-76.74），這就是價差操作的效果，同時獲利的機率也比較高（55.85% v.s. 44.15%），因此平均每天的操作期望值是 10.27 點，按大台一點是 200 元計算，單口每天期望值是 2,054 元。

混淆矩陣（Confusion Matrix）

如果 H 模型在漲的時候正確率比較高，是不是漲的時候才用呢？

這就犯了後見之明的錯了。如果我可以知道什麼時候是漲的，我才不用 H 模型咧，我會直接做多，管你 H 指標說多還是空，都已經知道會是漲的，當然做多就好啦！我就是不知道漲或跌，所以才要看指標。好比和哆啦 A 夢猜拳，你會出剪刀嗎？都知道它會出石頭了，我一定出布，才不會出別的咧！

這和前面講年度與月份的分析不同，如果真的可以找出來 H 模型在哪些月份特別有效，我就可以只在那個月份操作，為什麼？因為我事先就知道未來某個日期是幾月，但我就是不知道那天是漲或跌。

所以根據漲跌來操作根本就是妄言，那是不可能的。我們能做到的是什麼？我雖然看不到明天的漲跌，但可以看到 H 模型叫我做多還是做空。如果 H 模型說多比較會對，說空則常常錯，或許可以考慮只照它說多的時候做多，說空的時候就不要做。

什麼是混淆矩陣？

接下來我要做 H 模型的「混淆矩陣」分析。

「混淆矩陣」（Confusion Matrix）在機器學習分類裡是很重要的工具，藉由交叉比對預測值與實際值的關係，以瞭解目前模型的有效性。

預測值是事前的預測，H 指標的做多和做空就是事前的預測，我們按照機器學習領域的定義，把做多稱為 Positive，做空稱為為

Negative。實際值就是事後的結果，漲和跌都是要事後才知道，我們把漲視為 Positive，跌視為 Negative。

機器學習的慣例裡是只看預測為 Positive（做多）的部份，實際值 Positive（漲）的樣本中被預測為 Positive（做多對了）的比例，叫做真陽性率 TPR（True Positive Ratio），實際值 Negative 樣本（跌）中被預測為 Positive（做多錯了）的比例是偽陽性率 FPR（False Positive Ratio）。

這是條件機率裡貝氏定理的要義：考慮真陽性率的同時，一定也要把偽陽性率給考慮進去。真陽性率（True positive Ratio, TPR）是對的部份被選中的比例。陽萎率，呃，更正，偽陽性率（False positive Ratio, FPR）是錯的部份被選中的比例。

這個觀念常被用在醫療篩檢中。譬如我幾年前體檢照超音波，醫生說我肝有個陰影，要去進一步檢查，看是不是不好的東西，我就去照電腦斷層，後來醫生說是血管瘤，是良性的，可以不用追蹤。

現在假設有肝癌的人，95% 可以被超音波檢查出來，那麼我真的被照出來，須要緊張嗎？有多少可能是我有 cancer ？

直覺上一定認為：那不就是 95% 嗎？不，我們必須同時考慮偽陽性率，偽陽性率是指本來沒有，卻被檢查為陽性，這個數字當然是愈低愈好，假設也很棒，是 5%。這樣還少一個重要的變數，就是全體人口中，真正罹患肝癌的比例有多少，我查了一下，台灣是每 10 萬人中有 73 人。

接下來就是條件機率派上用場的時候了。

被檢查出陽性反應的人當中，來自於那 73 人的有其中 95%，大約有 69.35 人，來自於那 100,000-73 = 99,927 的有 5%，大約有 4,996.35 人。所以就算檢查為陽性，真正是有肝癌的人也只佔

$$\frac{69.35}{69.35+4996.35} = 1.37\%$$

1.37% ？這麼低？比原先認為的 95% 要低多了。這樣有跌破你的眼鏡嗎？

接著下一步是要再做別的檢查，此例中是電腦斷層，因為做電腦斷層的成本要高得多，如果不是超音波檢查為陽性，健保是不會給付的。

此時母體的樣本空間已經改變了，有 1.37% 的先驗機率可能性是真的。（先驗機率：事件發生前的預判機率。可以是基於歷史數據的統計，可以由背景常識得出，也可以是人的主觀觀點給出），比原本的 0.073% 高出很多，若再次檢查出陽性就要緊張了。

假設電腦斷層檢查的真陽性率有 99%，偽陽性率有 1%，因為樣本母體已經變成 98.63% 對 1.37%，也就是說已經做完第一項檢查而結果為陽性的 10,000 個人裡，平均有 9,863 個人沒有肝癌，有 137 個人有，所以出現陽性的結果的後驗樣本裡，來自真的有肝癌的人數目為

$$137 \times 99\% = 135.63 \text{ 人}$$

來自真的沒有肝癌的人數目為

$$9863 \times 1\% = 98.63 \text{ 人}$$

所以第二次檢查出陽性的人當中，真正有肝癌的人就佔了

$$\frac{135.63}{135.63+98.63} = 57.90\%$$

那就真的很該注意了。這時候健保將給付所有住院、檢查、醫療與藥品的費用，但如果只做了第一項檢查，可能還不會給付，這就是按照條件機率運作的原理。

幸好我的電腦斷層檢查是陰性的。那有沒有可能出槌？還是有的，這就是人生。

我們算一下出槌的機率好了。做完超音波為陽性，但電腦斷層為陰性的每萬人中，真的有肝癌而驗不出來的是

$$137-135.63 = 1.37 \text{ 人}$$

沒有肝癌也驗出不是的有

$$9863-98.63 = 9764.37 \text{ 人}$$

所以我屬於真有 cancer 卻沒被驗出來的可能性為：

$$\frac{1.37}{1.37+9764.37} = 0.014\%$$

十萬分之十四，比我什麼檢查都沒做之前的可能性（0.073%）還要低了八成。

條件機率

關於條件機率，還有一個很有名的例子是美國的辛普森案。

辛普森是當年著名的橄欖球明星，因為涉嫌殺害自己的妻子被起訴，引起軒然大波，本來警方在案件現場收集到了很多證據，包括帶血的手套、血跡、現場 DNA 檢驗，似乎辛普森難逃被定罪伏法的命運。但是在經歷了長達 9 個月的審判後，辛普森被宣判無罪。

辛普森的律師辯述：「美國 400 萬被虐待的妻子中只有 1,432 名被其丈夫殺死。所以得出，辛普森殺死妻子的機率只有

$$\frac{1432}{400\text{萬}} = 0.035\%$$

0.035%，即萬分之三點五，大約是二千八百分之一。因此辛普森幾乎不可能殺死她的妻子。」檢察官一時反應不過來，提不出好的理由進行反駁。

其實這就是條件機率的問題。要考慮的是所有已知的條件，而不是部份的條件。辛普森的妻子不但被虐待，而且已經死亡。據統計，在美國 400 萬被虐待的妻子中，死亡的人數是 1,600 人，其中被丈夫殺害的是 1,432 人，只有 168 人是其它原因致死的。所以，條件機率的計算應該是：被先生虐待且非自然死亡的女性，其中有

$$\frac{1432}{1600} = 90\%$$

90%，有九成的機率是被先生殺害的。律師辯詞中的 400 萬完全就是一個用來混淆視聽的煙霧彈，跟說「全美國女性有 1 億人，被先生殺害的不到 2000 人，機率只有 1/50000」是一樣的意思。只是律師很會掌

握講話的技巧，不像我後面的表述很容易就被打槍。把焦點放在「被虐待」，很多人不見得會想到要再縮小成「已死亡」的樣本空間。事實上如果把警方蒐集到的證據再全部納入考量，樣本空間更小，根本 99% 就是辛普森犯案。

以上談的是依據條件來逐步縮小樣本空間的過程，我們已經試過按照年度、月份、漲跌幅、漲跌方向來縮小樣本空間，除了漲跌方向確實有影響之外，其它都不是關鍵因素，所分割出來的樣本空間，H 模型都有類似的績效表現。但我們不能根據漲跌方向來決定是否要照 H 指標操作，因為知道漲跌的時候已經來不及了。

H 模型的混淆矩陣

現在回到「H 模型 .xlsx」：

1. 在 AB68 輸入「>0」，AC69 輸入「<0」，這是用來判斷期貨漲跌的。

2. 在 AA69 輸入「1」，AA70 輸入「-1」，這是用來判斷 H 指標為多（1）或空（-1）。

3. 在 AB69 輸入公式「=COUNTIFS($L$2:$L$5843,$AA69,$R$3:$R$5844,AB$68)」。

    - COUNTIFS 是多條件計數函式，每兩個參數為一組，前一個是要判斷的範圍，後一個則是判斷條件。

    - $L$2:$L$5843 是指標，$AA69 是「1」，就是指標做多。在欄號前面加 $，往右填滿時不會移動參照，往下填滿時會。

- $R$3:$R$5844 是期貨漲跌，AB$68 是「>0」，就是期貨為漲。在列號前面加 $，往下填滿時不會移動參照，但往右填滿時會。

- 這裡要注意的是第一組條件的列號是從 2 到 5843，第二組條件的列號卻是從 3 到 5844，數目一樣，但錯開了一列，因為前一天的多空，要看後一天的漲跌來評斷對錯。

4. 選取 AB69 到 AC70 的範圍，再按下 Ctrl + R 向右填滿，再按 Ctrl + D 向下填滿，把公式填滿整個選取範圍。

這就是 H 模型的「混淆矩陣」了，在對角線上是預測正確的樣本數（2,096 和 1,140），其餘是預測錯誤的樣本數（1,560 和 998）。

	>0	<0
1	2096	1560
-1	998	1140

5. 在上面的選取狀態之下，按住 Shift，按一下方向鍵「→」，再按一下「↓」，就會把選取範圍往右擴大一欄，再往下擴大一列。

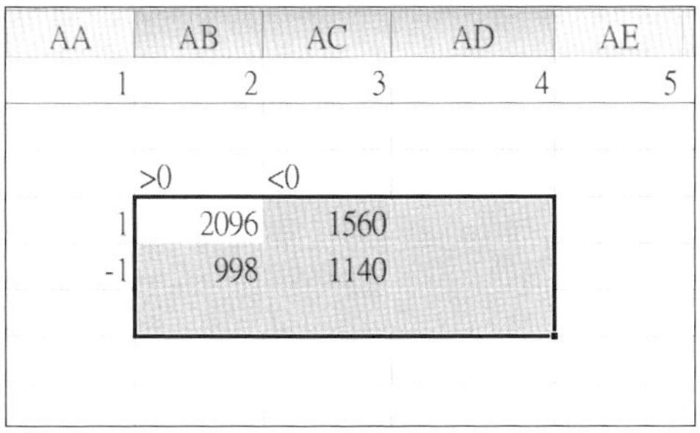

6. 按 [Alt] + [=]，Excel 就自動完成欄與列加總的動作了。用熟了快速鍵以後，整個過程一秒之內就可以完成。

AA	AB	AC	AD	AE
1	2	3	4	
	>0	<0		
1	2096	1560	3656	
-1	998	1140	2138	
	3094	2700	5794	

7. 在 AA72 打標題「陽性率」，AB72 輸入公式「=AB69/AB71」，這樣就是真陽性率，把公式向右填滿一格，就是偽陽性率。調整格式為 2 位小數百分比，結果如下圖：

	>0	<0	
1	2096	1560	3656
-1	998	1140	2138
	3094	2700	5794
陽性率	67.74%	57.78%	

雖然真陽性率為 67.74%，但偽陽性率也有 57.78%，超過一半，但前面已經論述過：這是沒有辦法反過來操作的，不能說下跌的時候就不要照 H 指標，因為知道下跌已經來不及了。真能預知下跌，直接做空就好了，什麼指標都不需要了。

8. 在 AE68 打上標題「勝率」。

9. AE69 輸入公式「=AB69/AD69」，這就是 H 指標做多時的勝率 57.33%。

10. AE70 輸入公式「=AC70/AD70」，這是 H 指標做空時的勝率 53.32%。

11. AE71 輸入公式「=(AB69+AC70)/AD71」，這是 H 指標全部的勝率 55.85%，和我們前一節做出來是一樣的。

結果如下：

	>0	<0		勝率
1	2096	1560	3656	57.33%
-1	998	1140	2138	53.32%
	3094	2700	5794	55.85%
陽性率	67.74%	57.78%		

勝率指的是獲勝的比例，也就是做對邊的比例，在左上右下對角線上是做對的次數。陽性率指的則是做多的比例，上漲的時候做多就是真陽性率 (True Positive Rate, TPR)，下跌的時候做多卻是偽陽性率（False Positive Rate, FPR），所以在提高真陽性率的時候，還要能夠維持偽陽性率不要上升，才是一個好的策略。

真陽性率與偽陽性率

如果說我有一個方法，能夠一滴不漏地掌握到每一個上漲的日子，你覺得這方法值多少錢？是不是價值連城？

希望你沒有點頭。我們來調整一下指標公式：

1. 把 L2 指標公式改成「=CHOOSE($L$1,I2*(2-$L$1)+J2*($L$1-1),IF(ABS(F2)>($L$1-2)/100,J2,I2),1,-1)」，它就是在原來的量指標和價差指標投資組合、H 指標，後面再加上一個單純做多（1）和單純做空（-1）的指標。

2. 向下填滿 L 欄。

3. 把 L1 指標選擇器改成 3，這樣就會全部做多。

回頭看看我們的混淆矩陣變成這樣了：

	>0	<0		勝率
1	3094	2702	5796	53.38%
-1	0	0	0	#DIV/0!
	3094	2702	5796	53.38%
陽性率	100.00%	100.00%		

真陽性率是 100%，每一個上漲的日子都沒有漏掉，但偽陽性率也是 100%，所有下跌的日子也沒有漏掉…的做錯。本書一開始的時候就有提到這個單純做多的策略是會賺錢的，勝率有 53.38%，不過因為從來不做空，因此算不出做空的勝率（分母為 0）。

同樣的道理，如果我有一個策略，從來不會在下跌的時候做多，你還覺得它有價值嗎？把 L1 改成 4 你就知道結果了。

	>0	<0		勝率
1	0	0	0	#DIV/0!
-1	3094	2702	5796	46.62%
	3094	2702	5796	46.62%
陽性率	0.00%	0.00%		

偽陽性率是 0，表示從來不在下跌的時候做多，但真陽性率也是 0，它也從來不在上漲的時候做多。聽到這種說法，你應該覺得我很廢話，那沒錯，我就是故意讓你知道這是廢話。但是你知不知道股市中人人耳熟能詳的「停損」觀念，其實就是這樣的廢話？

停損的偽陽率是 0，但真陽性率也是 0

「停損」的意思是說：做任何投資，當發生虧損大到某個程度，就應該立刻平掉，以避免虧損繼續擴大。是的，停損掉虧損就不會繼續擴大了，可是也就失去彈回來，甚至是獲利的機會了。不會在下跌的時候持倉，偽陽性率就是 0，但回升時的真陽性率也是 0，就再也別想獲利了。

我所反對的停損，是莫明其妙的「30 點停損，5% 停損，連輸 2 次停損」，統計上它們都沒有意義，被停止的交易就失去了該次交易的期望值，唯一合理的解釋就是：該次交易的期望值根本是負值，那麼從一開始就不應該做，何必等到停損？

換一個角度來解釋。如果進場做多之後，設定在下跌 30 點之後停損，就相當於要在跌 30 點的時候賣出，那就是等同於有一個做空的策略，會在下跌 30 點之後被觸發，這是一個好的策略嗎？如果有一個策略，設定連續 2 次進場都發生停損，當天就不再交易，那就是說認為「第 3 次以後的進場，再發生虧損的可能性很高」，那不就可以反過來操作：「第 3 次以後的進場機會，都反過來做空」，這是一個好的策略嗎？如果是的話，幹嘛不單獨出來操作，乾脆不只停損，直接再反手做空。

當然了，還可以繼續爭辯：「停損的目的不是為了獲利，而是要減少虧損，降低風險，所以沒有做多的時候，就沒有風險需要規避，所以不應視為獨立策略來操作。」好吧，那就視為組合策略如何？每次出現進場機會時都不進場，等待破停損點才進場做空，這樣會賺錢嗎？如果不會，那有做多時也不應停損。我是沒辦法把所有的可能性都做過測試，可是我還真的沒碰過把兩個不會賺錢的策略，組合在一起卻可以賺錢。再說了，這樣組合要小心有「過度配適」的問題，考慮的愈多，失敗的機會愈大。

還記得我們講到投資組合理論時曾經提到過，如果有一個策略的預期報酬率是 0 或是負數，那麼它的最佳槓桿倍數就是 0，即使它有降低風險的效果，也不應該納入投資組合裡。要降低風險，直接把主要策略的槓桿倍數降低就行了，根本不需要額外加上一個停損策略。

反對者又會說：如果不停損，難道要放任它虧損到 0 嗎？這已經是抬槓了。請問有多少股票會歸零的？一定有，但是很少。如果做好投資組合分散風險，不太可能組合中的股票都歸零，若是你的選股策略老是選到會歸零的股票，我倒是願意跟你買這個策略，因為我可以反過來操作，我也鼓勵你這麼做，但可千萬不要只憑印象，請你把對帳單拿出來，數數看到底有多少比例的股票是跌的。考慮偽陽性率的時候，一樣也要考慮真陽性率，單看任何一邊都是不對。

會感覺到停損需要的人，通常都是槓桿用太高，在講槓桿理論時就提到：一檔股票合適的槓桿倍數通常不會超過 0.1，也就是持股比例 1 成，如果嚴守這個原則，就算歸零又如何，不過一成而已，腰斬就更不放在心上了，因為只有 5%。而無法遵守這個原則的人，最有可能就是資本不足，例如只有 20 萬就進股市，那持股 1 成即為 2 萬，只能買 20 元以下的股票，肯定捉襟見肘。這個時候或許只有小型台指期貨是最佳的選擇，而且只能操作 1 口。

尼采說：「痛苦的人沒有悲觀的權利」，錢少的人也沒有投資的權利，只有努力工作累積資本，才能玩資本家的遊戲。Sorry, 這就是現實。

H 模型的資訊熵

我是台大機械系畢業的，大二時有一門很硬的課：「熱力學」。如果拚一拚，我應該還是可以給大家說說它的數學原理，但我不想為此倒了大家的胃口。

熱力熵

熱力學有三大定律：

- 能量守恆。
- 熵只會增加不會減少。
- 永遠達不到絕對溫度零度。

和牛頓的運動定律不同，它成為定律並不是經過數學證明，而是從經驗上總結出來，後來才得到了證明。故事必須從早期科學家原始的夢想—「永動機」開始說起。

科學家夢想著能製造出一種機器，它可以不用任何外部能源，就自己不停運轉，而且還能產生用來做功的能量。如果用金融家的角度來看，這不啻是一台「自動印鈔機」，好像中央銀行印鈔票一樣。

可是歷史經驗證明，亂印鈔票只會造成通貨膨脹，讓貨幣的購買力下降，傷害總體經濟，其實得不償失。永動機也是一樣，不可能憑空產生能源，1843 年焦耳提出熱力學第一定律，也就是能量守恆定律。總結出這種能夠憑空製造能量的永動機（被稱為第一類永動機）是不能實現的。

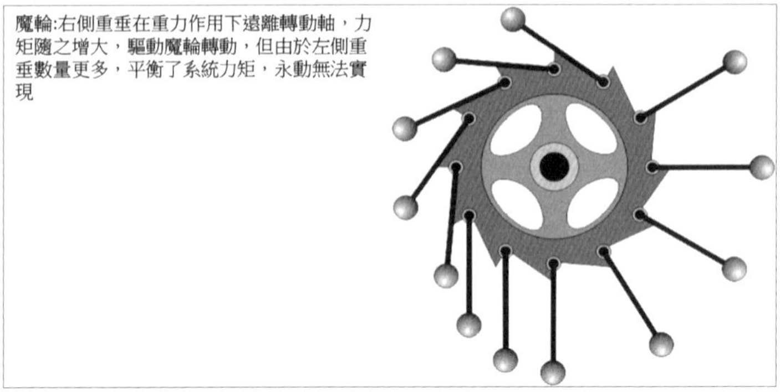
魔輪:右側重垂在重力作用下遠離轉動軸，力矩隨之增大，驅動魔輪轉動，但由於左側重垂數量更多，平衡了系統力矩，永動無法實現

▲ 圖片來源：維基百科

在熱力學第一定律問世後，人們認識到能量不能被憑空製造出來，於是有人提出，設計一類裝置，從海洋、大氣乃至宇宙中吸取熱能，並將這些熱能作為驅動永動機轉動和功輸出的源頭，這就是第二類永動機。

歷史上首個成型的第二類永動機裝置是美國人約翰·加姆吉為美國海軍設計的零發動機（Zeromoter），這一裝置利用海水的熱量將液態氨汽化，推動機械運轉。但是這一裝置無法持續運轉，因為汽化後的液態氨在沒有低溫熱源存在的條件下無法重新液化，因而不能完成循環。

最後德國人克勞修斯在 1850 年提出了熱力學第二定律，英國人凱爾文（絕對溫度裡的° K 就是他）在 1851 年也獨立提出等價的表述。這一定律指出：不可能從單一熱源吸取熱量，使之完全變為有用功而不產生其他影響。熱力學第二定律的提出宣判第二類永動機的無效。

克勞修斯提出了一個重要的觀念叫做「熵（Entropy）」，代表在一個恆溫過程中熱的總數，比如說國中理化學到水的汽化過程是恆溫的：在水未完全蒸發以前，整個系統吸收能量卻不會提高溫度，就表示熵增加了，反過來在凝結的過程熵就減少了。

克勞修斯證明了在一個封閉系統當中，也就是沒有任何物質與能量傳輸的系統裡，熵不會減少，理論上的極限是維持不變，可是實際上是一定會增加。只有在絕對溫度為 0 的狀態下才能讓熵不再增加，而第三定律阻止了這種情況的發生。

有人開玩笑說：「第一定律說明在賭場裡沒人能贏，第二定律說明一定會輸，第三定律說明不能不玩。」某種程度上可說是相當貼切。

1877 年波茲曼通過統計力學證明了熱力學第二定律。他提出粒子的概念，計算出系統的熵與其微觀狀態數存在對數正比函數關係。

一樣用水來說明好了。

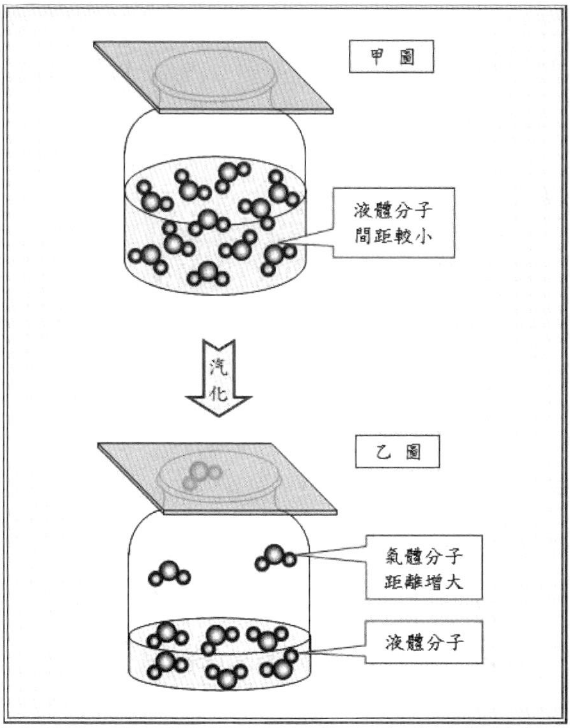

▲ 圖片來源：教育部國民中學一學習資源網

水在汽化的過程中，吸收熱量但卻不提高溫度，此時水不斷由液態轉化為氣態，當它是液態時，水分子彼此凝聚在一起，我們比較容易指出水分子的位置，但是汽化之後，水蒸氣就逸散了，就不容易指出水分子的位置，這是因為氣態的水分子可能的狀態數比液態多，好比說把書架推倒，我們就比較不容易找到特定的書，就是因為它變「亂」了，這個情形就說是「熵增加了」，所以熵也有個代名詞叫「亂度」。

這是一項很了不起的成就。因為當時物理學家尚未承認分子與原子實際存在，因此波茲曼的解釋並未被學界採納，直到 1905 年愛因斯坦提出布朗運動的論文，並在三年後經實驗證實才確認分子運動，波茲曼的學說才逐漸被普遍接受。

可惜的是波茲曼為了捍衛自己的理論一直與同業交惡，晚年為躁鬱症所苦，1906 年上吊身亡，並沒有看到自己的理論成為真理。用來描述熵的波茲曼方程式，就是他的墓誌銘：

$$S=k\cdot\log W$$

S 就是熵，W 是可能的狀態數，k 為波茲曼常數，其值為 1.38×10^{-23} J/K。J/K 是熱力熵的單位（焦耳 / 絕對溫度）。

馬克士威的精靈

其實波茲曼大可不必鑽牛角尖，他的理論其實奠基於馬克士威的分子運動論，也就是電磁學裡那優雅的馬克士威方程式的開創人。可是大家都很喜歡馬克士威，他曾經說過一個栩栩如生的比喻：

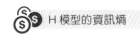

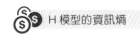

馬克士威在 1871 年時描述在一個絕熱容器被分成相等的兩格，中間是由「精靈」控制的一扇小「門」，容器中的空氣分子作無規則熱運

動時會向門上撞擊，這個「精靈」可以選擇性的放過速度較快的分子，速度較慢的分子則放入另一格，這樣，其中的一格就會比另外一格溫度高，利用此溫差就可驅動熱機作功，這是一種第二類的永動機。

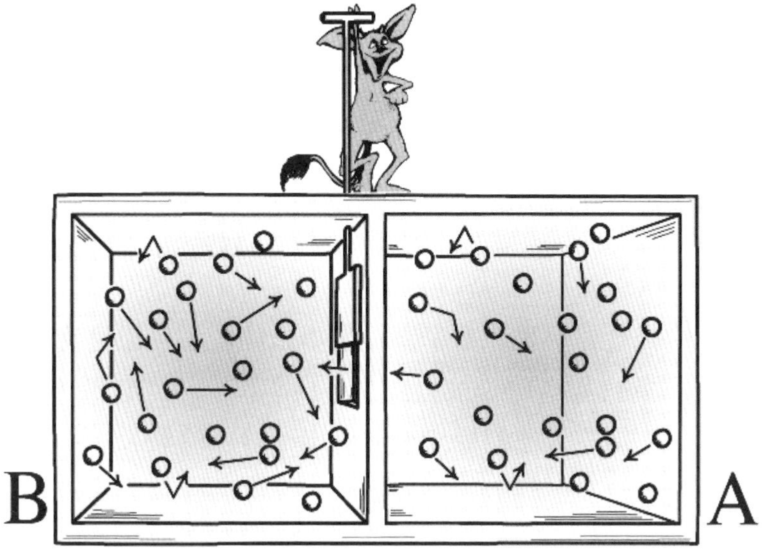

▲ 圖片來源：University of Pittsburgh

這當然是錯的，憑什麼這個精靈可以不耗能量地選擇性放過空氣分子？這就像冷氣機可以讓室內溫度降低，也就降低了室內的熵，可是熱量其實被排到了室外，把室內外視為封閉系統來看，整體的熵一定增加了。這個精靈雖然降低了絕熱容器的熵，但是它開關活門就需要能量，在它的腦中判讀空氣分子的運動速度也要能量，事實上處理資訊所需的能量非常大，人的大腦只佔體重的 2%，卻消耗掉了 20% 的能量，電腦中最耗電的就是 CPU，如何能假設這個精靈不消耗能量呢？

可是這故事太生動了，以致當時各報刊都推出了自己描繪的「精靈」版本，群眾也被迷惑了，覺得他說得很對，畢竟多數的群眾都是理盲，時至今日仍是如此。直到現在都還有人在研發永動機，幾年前還有新聞說中國大陸有人發明了加水就會跑的「水氫車」，需要「秘密的奈米催化劑」，並且取得了河南省南陽市政府的投資，網友群嘲「世界欠它一個諾貝爾獎」。

世人還是喜歡會說空話的大表演家，而波茲曼在1877年推導出的波茲曼理論雖然正確，卻好像捅了馬蜂窩似地飽受批評，我大概也可以預期大家讀到我說：「停損是錯的」，可能很想揍我一拳吧。

資訊熵

波茲曼的統計力學是以分子為最小單位的粒子，但是到了20世紀以後，許許多多的基本粒子被發現了，根本沒有人可以說得準什麼才是最小的粒子。這些天才科學家終於做出了終極的假設：「一切都是資訊」。如同老子道德經說的：「無，名天地之始；有，名萬物之母」。有無之間，就是最基本的粒子，再也無法分割了。

每一組「有」和「無」，就是一個資訊位元。

1948年，夏農（Claude Elwood Shannon，1916年4月30日－2001年2月26日）發表了石破天驚的劃時代論文——通訊的數學原理，奠定了現代資訊理論的基礎。他獨自發明了一門重要的新科學，不但提出所有正確的問題，同時又能全部解答。他的成就堪比愛因斯坦的廣義相對論，完全是憑空而生，沒有他，整個時代都無法往前。若要比喻的話，就像是倉頡對中國文化的影響。

早期對「資訊」這個詞的定義主要在於它的「涵義」，「清路借牧」沒有意義，就沒有資訊，「清明時節雨紛紛，路上行人欲斷魂，借問酒家何處有？牧童遙指杏花村。」這樣有了意義，才叫資訊。那「.... --- .-- .- .-. . -.-- --- ..-」有意義嗎？是亂敲鍵盤嗎？不，它是「How are you」的摩斯密碼。樹上的小鳥吱吱喳喳對我們來說沒有意義，但其實對小鳥來說是很重要的資訊，可能是老鷹來了，或是哪邊的稻穀熟了。

夏農把資訊量定義為和它的不確定性有關係。一條信息資訊含量的多寡，在於它消除了多少不確定性。比如說若今天是 2019/6/6，明天是端午節，當我說明天股市不會漲，你覺得我有消除任何不確定性嗎？沒有。因為明天不開盤，所以股市不會漲也不會跌，這條信息完全沒有任何幫助。但如果能確定下週一不會漲，那這條訊息就很寶貴了。即使不能完全消除不確定性，只是確定 8 成會漲，那也是非常寶貴的訊息。

而 H 模型能夠提供的訊息是：照著 H 指標操作，有 55.85% 的正確性，它也非常有價值。

不確定性是用機率來顯示的，而機率又取決於有多少種發生的可能性。投一個骰子的不確定性就比丟一個銅板的不確定性還要高，因為骰子有 6 種可能性，銅板就只有 2 種。這個定義和波茲曼定義熵和分子狀態數呈正相關，是不是非常相似？

事實上資訊熵和熱力熵是一樣的，只不過熱力熵是資訊熵的一個特例而已。就好像愛因斯坦的相對論和牛頓的運動定律是一樣的，只不過相對論擴及到速度極快（接近光速）與重力極大狀態下的應用而已。

夏農定義並推導出資訊熵為：

$$H = -\sum_{i} p_i \cdot \log_2 p_i$$

其中 P_i 是單一狀態的發生機率，以 2 為底求取對數值，所得出的資訊熵單位是位元（bit）。例如說投擲一個銅板，有兩種可能（正，反），每一種的機率是 1/2，資訊熵為：

$$-\left(\frac{1}{2}\cdot\log_2\frac{1}{2}+\frac{1}{2}\cdot\log_2\frac{1}{2}\right)=1\text{ bit}$$

投擲完銅板以後，就確定結果是正面或反面了，所以投完知道結果以後的資訊熵為：

$$-(1\cdot\log_2 1+0\cdot\log_2 0)=0\text{ bit}$$

因此降低了 1 個位元的熵，我們就得到了 1 個位元的資訊量，所以資訊量也稱為負熵。

如果投擲兩個銅板，有四種可能（正正，正反，反正，反反），每一種的機率是 1/4，資訊熵為：

$$-\left(\frac{1}{4}\cdot\log_2\frac{1}{4}+\frac{1}{4}\cdot\log_2\frac{1}{4}+\frac{1}{4}\cdot\log_2\frac{1}{4}+\frac{1}{4}\cdot\log_2\frac{1}{4}\right)=2\text{ bit}$$

如果先投完第 1 個銅板是正面（反面亦然），結果機率分配變成（正正 1/2，正反 1/2，反正 0，反反 0），此時資訊熵剩下：

$$-\left(\frac{1}{2}\cdot\log_2\frac{1}{2}+\frac{1}{2}\cdot\log_2\frac{1}{2}+0\cdot\log_2 0+0\cdot\log_2 0\right)=1\text{ bit}$$

因此一樣是得到了 (2−1)=1 個位元的資訊，等投完第 2 個銅板就會得到另一個位元的資訊。

H 模型的資訊熵

我們現在可以來算算 H 模型給了我們多少位元的資訊。沒有使用 H 模型以前，股市漲跌的樣本分佈是（漲 3094，跌 2702），一個單純做多的策略就可以得到（勝 53.38%，負 46.62%）的機率分佈，此時資訊熵為：

$$-(53.38\% \cdot \log_2 53.38\% + 46.62\% \cdot \log_2 46.62\%)=0.9967\text{bit}$$

H 模型的勝率為 55.8%，使用 H 模型以後的勝負就變成（勝 55.8%，負 44.2%），資訊熵為：

$$-(55.85\% \cdot \log_2 55.85\% + 44.15\% \cdot \log_2 44.15\%)=0.9901\text{ bit}$$

因此使用 H 模型得到了：

$$0.9967 - 0.9901 = 0.0066\text{ bit}$$

的資訊量，千萬不要小看這個微不足道 0.0066 bit 的資訊量，因為 1 bit 就代表可以百分之百確定某一天的漲跌。在公平賭局當中，每一個 bit 的資訊量就代表加倍的獲利。比如說投擲一個銅板，若猜對正反面就加倍奉還，猜錯則沒收賭注，若我有一個 bit 的資訊優勢，就表示我確定將出現的是正面或反面，就確定有加倍的獲利。若不能完全確定，得不到 1 bit 的資訊量，可以用「凱利方程式」來讓獲利極大化。

凱利方程式

我們的 H 模型之旅已經接近尾聲了。最後我還是要繼續跟大家強調槓桿倍數的重要性。要用來同時進行量指標參數、價差參數和槓桿倍數分析的關鍵，也在本節裡面。而凱利方程式是用來計算最佳槓桿倍數的方法。

夏農的劃時代論文「通訊的數學原理」發表在 1948 年的「貝爾系統技術期刊」。貝爾實驗室大概是 20 世紀科學家最嚮往的工作單位，它挾著 AT&T 從電信業獲得的巨大壟斷利潤，在很長時間裡，總是用「無須為經費發愁」這一條理由來吸引優秀的科學家。那個時代能到貝爾實驗室工作是非常幸運的，有才華的人可能成為業界的領袖，甚至得到諾貝爾獎，普通的研究員和工程師也有很好的收入及受人尊重的社會地位。

凱利（John Larry Kelly, Jr.）在 1953 年進入貝爾實驗室，成為夏農的同事。夏農的理論源於編碼，用來計算在通訊的過程中，多大的頻寬可以保障資訊傳輸不受雜訊干擾，凱利則發現夏農的理論可以應用在沒有編碼的情形當中，並發表在 1957 年的「貝爾系統技術期刊」。

凱利方程式一開始是瞄準在「擁有私人內線的賭徒，應該如何利用資訊，讓線報的作用發揮到最大」。它原本投稿的標題是「資訊理論與賭博」，但 AT&T 的高官們擔心會讓外界誤會，因此建議凱利把標題改成「資訊率的新詮釋」。一般人會在具有資訊優勢時下重注，比如說若是你聽到某公司董事長的樂觀預估，會投注多少比重的資金在這家公司上面？

2013 年基亞的肝癌用藥送三期試驗，基亞董事長張世忠主動公告：「如試驗結果符合預期，最快將於明年（指 2014 年）申請藥證。目前全球尚無任何一個藥物用於早期肝癌治療，基亞的 PI-88 有絕佳機會在早期肝癌術後預防復發的領域，成為全球第一個上市的新藥。」

這些訊息立刻被渲染擴大，直指目前肝癌末期用藥，只有德國藥廠拜耳開發的 Nexavar，若以 Nexavar 每顆健保藥價是 1092 元估算，每位病患一年治療費用高達百萬元，全球 70 萬名肝癌病人，只要其中一成採用基亞的 PI-88，營收就高達 350 億元，想像空間無限大。

結果一家從來沒有獲利的公司，股價拉高到了 479 元，三期試驗解盲失敗以後，股價開始連續 19 天的跌停，我的權證套利程式在第三天認為權證超跌了，就進場做多權證，理論上另一邊要放空現股，可是每天都跌停鎖住，根本就放空不了，於是我就曝露了單邊的做多風險，並且眼睜睜地看著它繼續跌停。幸好我有設定單一持股不得超過總資金的 10%，所以即使最後權證全部變成壁紙，我也只有損失 10%。

廿世紀末的 LTCM 就犯了這個不應該犯的錯，它也用套利操作的方法，認為萬無一失，槓桿倍數提高到了 30 倍，結果遇上假設中不應該存在的俄羅斯政府倒債，一家由諾貝爾獎得主（莫頓與休斯）坐鎮的績優公司，居然在短短一個月內走到了倒閉邊緣，雖然後來美國政府出手救助，還是免不了被結算的命運。

我在 2016 年初開始分享 H 模型，該年度的表現非常好，尤其是在川普當選總統的後 3 天，每口獲利就累積到 800 點，有幾位操作 H 模型的朋友因此拉高了槓桿倍數，隔年春天有一個小回檔，就有人告訴我說「把去年賺的都賠回去了」，我心想不太可能，仔細追問之下，原來他見獵心喜，自己增加了一倍的持倉量，卻沒想到遇上反撲，結果多等半年的時間才能回到獲利狀態。

凱利方程式的假設

凱利方程式是計算槓桿的數學公式。如果講到數學，那就表示它一定沒有錯，若有錯就是用法不對，或是假設不對，因此我們要從頭開始說起。

- 凱利方程式的目的是讓獲利極大化。
- 過程是一個連續過程。
- 允許的投注金額沒有最大值和最小值的限制。

關於第一點「凱利方程式的目的是讓獲利極大化」，和一般經濟學的假設不同。經濟學的假設是投資人會讓自己的效用極大化，而非獲利。大部份的人都符合經濟學中的假設，即使有時不太清楚自己的效用函數為何，但大部份的人都抱著一種「爽就好」的生活哲學。

一般人在賺了錢以後，通常會犒賞自己一下：吃頓大餐、買部好車、換間豪宅、安排一次奢華之旅…等等，這個「讓效用極大化」的假設是很合理的，畢竟擁有 10 億跟擁有 100 億，在生活上差不了多少，一般就都歸類為「財富自由」。一邊賺錢，一邊花錢，才是正常的人生，很少有人賺到 10 億還會拚命節省，不到百億千億不罷休。

可是凱利方程式中的目標是讓「獲利極大化」，生活不會因為財富的多寡而改變。60 歲以前的巴菲特就過著這樣的生活，自己的食衣住行一成不變，老婆要裝璜房子捨不得，兒女要零用錢也得自己賺。他認為今天花出去的每一塊錢，在未來都會有十倍百倍的價值，所以不肯輕易亂花一毛錢。另一個類似的人是比爾蓋茲，難怪他們可以成為忘年之交。

第二點「過程是一個連續過程」。凱利方程式的推導是利用大數法則，所以相同的假設要能夠重覆，如果只是單一次的投資機會，就不適用凱利方程式。

我們在講投資組合時就說到：最佳的投資選擇不是期望報酬率最高的選擇，而是單位風險報酬率最高的選擇，這是因為利用槓桿倍數調整後，進行連續投資，可以達到最大的長期總報酬率。

可是如果只有一次投資機會，那就要選期望值最高的選擇，因為沒有下一次，所以能夠求取最到的最大報酬率就是這一次的期望值。比如說在選老婆的時候，一定要選你最愛的那個人，最讓你有幸福感覺的人，就是唯一的選擇。個性陰晴不定「讓我歡喜讓我憂」的林黛玉最能觸動賈寶玉的心，換了知書答禮進退得體的薛寶釵，他就沒有幸福的感覺。但是在婚前賈寶玉倒是把投資組合應用到淋漓盡致。

成語故事「東食西宿」就說明了投資組合的觀念。戰國時候，齊國有位女子，生得十分美麗，父母愛如掌上明珠。她家附近住兩家人，東家住有一個大財主，家纏萬貫，可是這財主生得相貌十分醜；西家住一個讀書人，他很有才學，相貌也很英俊，但家徒四壁，十分貧苦。有一天，東西兩家同時喚人來說媒，她的父母一時踟躕不前，難以決定。於是便和她商量說：「現在東西兩家都來求婚，為父母的一時拿不定主意，你自己喜歡哪一家，不妨說一說。」那女子嬌羞萬分，一言不答。她父母以為她害羞，難于啟齒，於是又說：「這樣吧，你既然是怕羞不開口，那麼你若是喜歡東家，就舉起左手；若是歡喜西家，就舉起右手。」怎知那女子把兩只手都舉起來。她的父母大為驚異問道：「這是什麼意思？」她答說：「我願日到東家食，夜到西家宿。」如果讓這女的來理財，肯定不輸王雪紅。

投資學裡的「淨現值法（Net Present Value, NPV）」和「內部報酬率法（Internal Rate of Return, IRR）」的差別就在這個地方，許多投資學的書都會講如何計算，並解釋兩者之間的衝突，卻說不清楚適用性。

所謂淨現值係指一個投資項目的全部現金流量（流出與流入）的折現值。如果淨現值大於 0，說明該投資的現金流入現值大於現金流出現值，其結果可以增加淨利。淨現值法要求比較各個可行投資方案的淨現值，並選擇可達成淨利最大化的投資項目。這個方法適用於各投資項目彼此衝突，且只有一次選擇機會，比如說台積電的 18 吋要蓋在台南還是新竹，選了台南就不能再改成新竹，選新竹就不能再選台南，所以要找一個投資效益最大的方案。

內部報酬率法則是計算出內部報酬率，使某一方案之預期現金流入量現值，等於該方案之預期現金流出量現值。當內部報酬率大於必要報酬率時，方案才會被接受，有許多投資方案時則可依內部報酬率的大小排序，選擇內部報酬率較大的投資方案。它適用於這些投資方案未來可以彼此替換的情況之下，譬如說要決定把資金投資在股市、債券、外匯市場、商品期貨，或是房地產，就適用這種方法來做決策。

因此台積電要在哪裡蓋 18 吋廠，就不能使用凱利方程式，但要決定投資金融商品時就可以。

第三點「允許的投注金額沒有最大值和最小值的限制」。請看我們的「H 模型 .xlsx」，如果 L1 指標設定為 2.1，Q1 的槓桿為 2，從 1998 年就開始以 10,000 點（相當於 200 萬元）操作，到 2022 年時資金會成長快 42 萬倍，來到 41.91 億點，每天的留倉口數高達 47.6 萬口，而目前台指期的市場規模，每天僅成交十幾萬口，更別說只在收盤前幾分鐘要調整方向，市場根本沒那個胃納量，所以按照槓桿倍數操作的方法只是紙上談兵，在沒有達到最大化報酬以前，就被迫要停頓下來了。

「聖彼得堡賭注」就是一個很好的例子。出版重要著作「流體力學」的丹尼爾．白努利，1724 年遠赴聖彼得保為努力西化的俄國朝廷工作，在 1738 年寫了一篇文章，描述道：

「假設彼得一直丟銅板，直到落地時出現「人頭」才停止，他同意如果第一次投擲出現人頭，就給保羅一個銀元，第二次才出現就給兩個，第三次給四個，第四次給八個，以此類推，每多丟一次，必須付出的金額就加倍，試推算保羅獲利的預期值。」

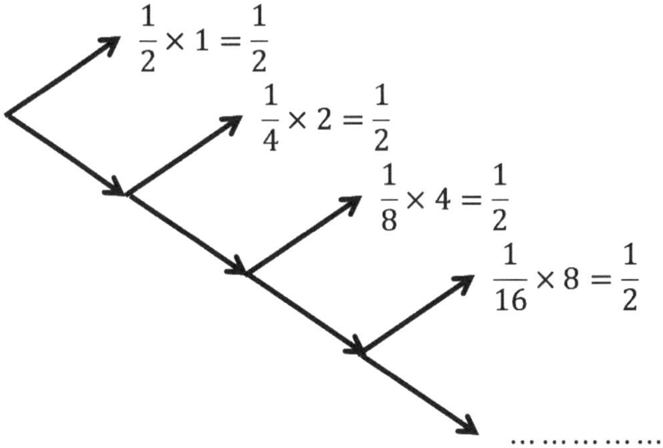

如上圖，把每種獲利可能性的機率乘上獲利金額，再加總起來就是最後保羅獲利的期望值：無限個 1/2 銀元相加，預期值是無限大。但是丹尼爾知道這太荒謬了，他寫道：

「雖然標準計算顯示保羅的預期值是無限大，但是我們必須承認，任何夠理性的人都會很樂意以 20 銀元賣掉參與這種賭戲的機會。可接受的計算方法確實證明了保羅的錢途無量，只是沒人會願意花高價買下他的機會。」

試想如果擲到第 11 次出現人頭，彼得要給保羅 1,024 個銀元，擲到第 21 次就要給 1,048,576 個銀元，真的發生奇蹟擲到第 31 次才出現人頭的話，彼得就要給保羅 1,073,741,824 個銀元，超過 10 億元。無論如何，彼得能給的銀元數目總是有限，假設他就是有 10 億元，並信守承諾在保羅擲出 30 次都是字以後，不管第 31 次的結果如何，就是給保羅 10 億個銀元，那麼保羅獲利的期望值就是前 30 個期望值 1/2，再加上最後一個 10 億分之一的機會得到 10 億元，期望值是 1，一共 16 銀元，比起無限大根本是微不足道了。這還是在假設彼得願意給出 10 億元的情況下才能達成，事實上投到 10 次都是字的時候，彼得可能轉身就跑了吧！

假設歸假設，現實歸現實，經濟學家與數學家最容易犯的錯就是太過於相信假設，事實上所有的假設在現實中都有極限，這一點切不可忘記。

證明凱利方程式

理解凱利方程式的假設與適用性之後，我們可以來看看凱利方程式在說什麼了。

假設在一個賭局當中，玩家贏的機會是 p，輸的機會是 q，那應該有

$$p + q = 1$$

的關係。每下注 1 元，贏的時候莊家賠出 b 元，輸的話則沒收賭注，這個 b 值就稱為賠率。

以抽撲克牌來舉例好了，如果抽到紅色牌就算贏，抽到黑色牌算輸，理論上贏和輸的機會是一半一半，p 和 q 都是 50%，莊家應該會調整 b 值，讓它小於 1，這樣莊家才能贏錢。

然而精明的玩家並不是全無機會，他可以計算被抽出來的牌當中紅和黑的比例，如果多數是黑牌，那麼剩下的牌裡就多半是紅的，p 值將高於 50%，這就是玩家的資訊優勢，他可以在期望值有利時才加入賭局，凱利方程式就是用來計算在已知 p, q 和 b 值的狀況下，玩家應該投入多少注碼，才能讓自己的總報酬率極大化。

凱利證明出最佳的下注方式，是以固定的槓桿倍數下注，這個最佳的槓桿倍數 f 會等於（預期收益率 ÷ 賠率），也就是每次押注 1 元的期望值，除以莊家給的賠率 b，如果期望值不為正數，槓桿倍數將小於 0，那就根本不應該下注，呼應我們在講投資組合時已得出的結論。

每次下注 1 元有 p 的機會獲得 b，有 q 的機會輸掉 1 元，因此期望值為

$$pb-q$$

最佳槓桿倍數就是

$$f=\frac{pb-q}{b}$$

證明如下：

以固定槓桿倍數 f 下注，每次贏的時候獲得彩金 fb，本益和為 $(1+fb)$，輸的時候則賠掉下注金額 f，本益和為 $(1-f)$，如果連續下注 N 次，其中有 x 次贏，y 次輸，每次的複合報酬率是 R（幾何平均數），即

$$(1+R)^N=(1+fb)^x\,(1-f)^y$$

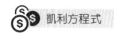

將上式兩邊取自然對數，就會得到

$$N \cdot \log(1+R) = x \cdot \log(1+fb) + y \cdot \log(1-f)$$

再同除以 N：

$$\log(1+R) = \frac{x}{N} \cdot \log(1+fb) + \frac{y}{N} \cdot \log(1-f)$$

因為贏的機率是 p，輸的機率是 q，所以在大數法則之下，

$$\frac{x}{N} = p \text{，} \frac{y}{N} = q$$

代入上式即為：

$$\log(1+R) = p \cdot \log(1+fb) + q \cdot \log(1-f)$$

因為 log 函數是單調遞增函數，所以只要求取 log 函數的最大值，就相當於取得自變數的最大值，求取極值的方法是令一階微分等於 0。

$$\frac{\mathrm{d}}{\mathrm{df}}(\log(1+R)) = \frac{bp}{(1+fb)} + \frac{-q}{(1-f)} = 0$$

通分再去分母之後得到：

$$bp \cdot (1-f) - q \cdot (1+fb) = 0$$

乘開後移項，把有 f 的放在左邊，沒有 f 的放在右邊：

$$(p+q) \cdot b \cdot f = bp - q$$

因為

$$p + q = 1$$

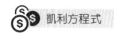

最後得出

$$f = \frac{bp\text{-}q}{b}$$

證明完畢。

股市凱利方程式

凱利方程式最早是應用在連續賭局當中，後來索普（Edward Oakley Thorp）將它應用在股市當中，最大的差別是股市當中沒有固定的勝率與賠率，只能從歷史的報酬率去推導出最佳的槓桿倍數，推導出的結果是：

$$f = \frac{\mu\text{-}r}{\sigma^2}$$

其中 μ 是報酬率的平均值，σ 是標準差，證明的過程需要用到泰勒近似展開式，我就不詳述了。值得一提的是這當中還假設了一個無風險利率 r，也就是資金如果不做投資，可以得到多少報酬率。我對這件事一向很有意見。

財務管理學的慣例上，假設無風險利率就是國庫券的利率，當然這是以美國為例，如果你人在其它國家，應該以當地的政府公債利率為無風險利率。這個「應該」是學理上的「應該」喔，不是我的意見，我的意見是無風險利率就是 0，如果俄羅斯政府倒過債、冰島政府倒過債，憑什麼認為政府公債是無風險的，其它國家都可能只是還沒倒債而已，所以若把無風險利率為 0 代進去，就得到更為簡潔的凱利公式型式了。

$$f = \frac{\mu}{\sigma^2}$$

那麼根據凱利公式的最佳報酬率是什麼呢？把上式的 f 代入總報酬率公式，會得到：

$$
\begin{aligned}
\text{總報酬率 } R &= (1+fr_1)(1+fr_2)(1+fr_3)\ldots(1+fr_n)-1 \\
&= f(r_1+r_2+r_3+\cdots+r_n)+f^2(r_1 r_2 + r_1 r_3+\cdots)+\cdots \\
&\cong f(r_1+r_2+r_3+\cdots+r_n) \\
&= n\mu f \\
&= n\mu \frac{\mu}{\sigma^2} \\
&= n\left(\frac{\mu}{\sigma}\right)^2
\end{aligned}
$$

這邊把 $f^2(\cdots)$ 以後的高次項視為太小給省略掉了。

請注意最後括號裡的東西是什麼？

$$\text{Sharpe Ratio}=\frac{\mu}{\sigma}$$

夏普指標，單位風險的平均報酬率，也是我們在講投資組合與槓桿倍數的重點。

利用凱利方程式求取最大的總報酬率，就要把夏普指標給極大化，標準差才是衡量風險的最佳方法。具備這些知識以後，就可以來評比不同參數的優劣了。

夏普指標

夏普指標是「報酬率」的平均值，除以「報酬率」的標準差，所以第一步要先算出報酬率。

計算單日報酬率

請打開「H 模型 .xlsx」，在 S 欄的地方我們計算了期貨損益，現在要把它改成計算報酬率。我們在計算 T 欄資金時，用的是 R 欄的期貨漲跌，乘上 U 欄的留倉口數，做為每天資金的增減，而 U 欄的留倉口數已經內建 L 欄的指標多空，所以更改 S 欄不會影響到最後資金的計算，可以放心去更改它。

如果不確定更改 S 欄會不會造成計算上的錯誤，可以先點選 S3 儲存格，然後在工具列「公式→追蹤從屬參照」，找出 S3 儲存格會影響到哪些地方。(**作者註**：本圖沿用第一版的圖片，資料只到 2019 年 4 月，所以數字有些不同，但要講解的只是 Excel 的功能，不影響說明)

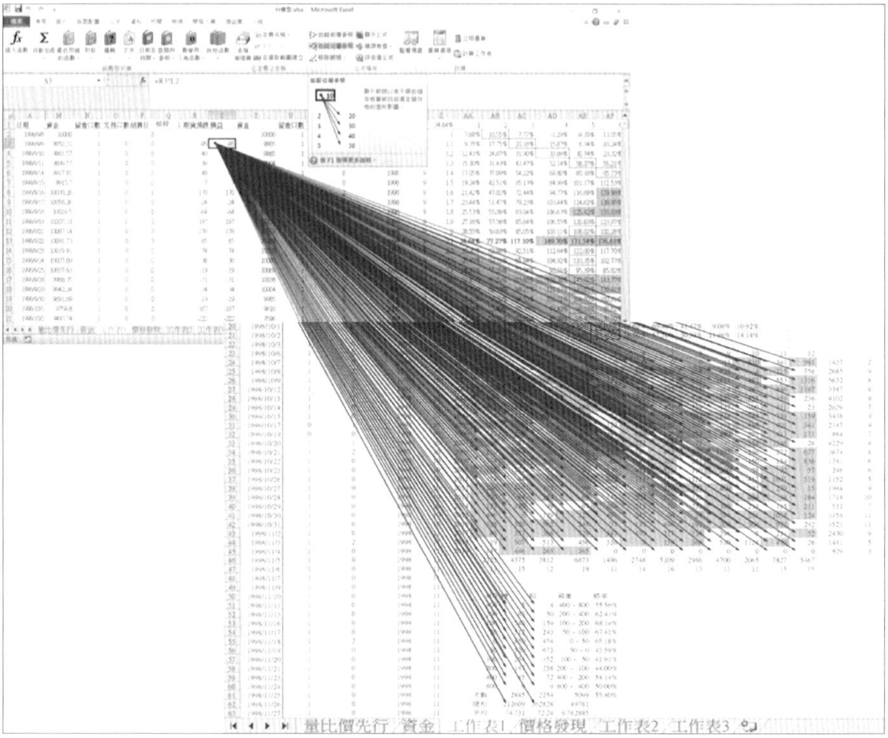

可以看到 S 欄所影響的是按年月統計損益的區域，以及按漲跌點數統計勝率的區域。把 S 欄的損益變更為報酬率之後，損益的數字將由點數變為百分比，勝率的地方則不影響，因為勝率看的是正負號，用點數和用報酬率來看並無差別。

現在可以放手去更改 S 欄的公式了。

1. 把 S1 的標題改成「報酬率」。
2. 把 S3 的公式改成「=R3*L2/IF(P2=1,E2,D2)」，如果前一天是結算日，要用次月期貨的價格做為基數，否則都是用當月期貨。
3. 將公式往下填滿到資料末端。
4. 調整格式為兩位小數的百分比。

結果如下圖：

S3	=R3*L2/IF(P2=1,E2,D2)											
	A	L	M	N	O	P	Q	R	S	T	U	V
1	日期	指標 2.1	資金	留倉口數	交易口數	結算日	槓桿 1	期貨漲跌	報酬率	資金	留倉口數	交易口數 1
5825	2022/1/20	-1	13102.66	0	0	0		83	0.46%	8247972	-452	904
5826	2022/1/21	1	13102.66	0	0	0		-331	1.82%	8396680	469	921
5827	2022/1/24	1	13102.66	0	0	0		62	0.35%	8424837	469	0
5828	2022/1/25	1	13102.66	0	0	0		-279	-1.55%	8293986	469	0
5829	2022/1/26	1	13102.66	0	0	0		-53	-0.30%	8269129	469	0
5830	2022/2/7	1	13102.66	0	0	0		274	1.55%	8397635	469	0
5831	2022/2/8	1	13102.66	0	0	0		43	0.24%	8417802	469	0
5832	2022/2/9	1	13102.66	0	0	0		225	1.25%	8523327	469	0
5833	2022/2/10	-1	13102.66	0	0	0		170	0.94%	8603057	-469	938
5834	2022/2/11	1	13102.66	0	0	0		-62	0.34%	8631197	472	941
5835	2022/2/14	1	13102.66	0	0	0		-298	-1.63%	8489600	472	0
5836	2022/2/15	-1	13102.66	0	0	0		-24	-0.13%	8478272	-472	944
5837	2022/2/16	1	13102.66	0	0	1		254	-1.41%	8357440	458	930
5838	2022/2/17	1	13102.66	0	0	0		30	0.16%	8370250	458	0
5839	2022/2/18	1	13102.66	0	0	0		-17	-0.09%	8362464	458	0
5840	2022/2/21	1	13102.66	0	0	0		-16	-0.09%	8355136	458	0
5841	2022/2/22	1	13102.66	0	0	0		-332	-1.82%	8203080	458	0
5842	2022/2/23	-1	13102.66	0	0	0		164	0.92%	8278192	-458	916
5843	2022/2/24	1	13102.66	0	0	0		-526	2.92%	8518184	486	944
5844	2022/2/25	1	13102.66	0	0	0		90	0.51%	8560980	486	0
5845												

量比價先行 / 資金 / 工作表1 / 價格發現 / 工作表2 / 工作表3

這時我們按年月統計漲跌的表格，由原來的點數合計，變成報酬率合計了。其它部份都沒有更動。下圖是把格式也調整為兩位小數百分比的結果。

	1	2	3	4	5	6	7	8	9	10	11	12		
1998	0.00%	0.00%	0.00%	0.00%	0.00%	0.00%	0.00%	0.00%	-0.07%	12.09%	-4.98%	13.74%	20.79%	2
1999	11.43%	-6.36%	-1.43%	-0.38%	2.11%	1.76%	17.55%	4.17%	11.36%	0.10%	2.46%	-9.44%	33.31%	8
2000	-6.65%	2.95%	18.75%	6.83%	-1.91%	8.97%	-7.65%	6.23%	25.85%	7.12%	-9.63%	26.46%	77.33%	8
2001	0.30%	8.39%	-5.19%	12.10%	2.68%	-3.83%	2.16%	16.33%	-18.18%	12.29%	20.25%	24.43%	71.74%	9
2002	12.62%	-5.25%	-1.22%	4.97%	10.57%	5.96%	13.34%	16.00%	8.07%	14.00%	10.03%	-5.17%	83.91%	9
2003	17.75%	8.94%	9.35%	10.75%	12.00%	11.25%	-8.17%	-4.48%	-2.27%	-3.33%	6.80%	-0.48%	58.12%	7
2004	-9.30%	-2.02%	8.72%	14.57%	0.54%	4.16%	3.77%	6.00%	3.71%	13.36%	12.60%	2.76%	58.86%	10
2005	8.34%	1.34%	-1.44%	1.17%	-2.05%	5.35%	3.03%	1.73%	-2.33%	8.21%	6.66%	5.46%	35.46%	9
2006	-8.32%	3.34%	-1.44%	3.84%	-6.87%	9.98%	-1.94%	2.81%	7.15%	-2.78%	5.73%	2.29%	13.79%	7
2007	4.42%	-2.04%	6.09%	13.21%	0.15%	3.24%	6.22%	0.10%	-0.97%	5.72%	15.29%	-0.46%	50.96%	9
2008	-2.34%	16.77%	0.97%	4.09%	5.72%	-9.90%	7.09%	13.28%	18.40%	-8.57%	-4.44%	15.63%	56.70%	8
2009	-6.63%	11.11%	6.50%	0.26%	-1.58%	-1.97%	11.63%	-1.56%	5.88%	-1.92%	-1.86%	10.82%	30.68%	6
2010	1.63%	-2.11%	-0.98%	1.21%	-6.54%	-5.98%	7.13%	-1.32%	3.15%	-0.30%	1.08%	0.55%	-2.49%	6
2011	-0.82%	-0.40%	0.78%	8.78%	4.71%	-1.35%	-1.72%	-13.52%	-5.14%	-5.69%	22.81%	7.16%	15.61%	5
2012	2.53%	5.37%	4.13%	1.27%	-1.34%	-0.46%	3.20%	3.84%	6.23%	-2.54%	3.94%	0.23%	26.39%	9
2013	4.15%	1.05%	3.27%	0.88%	-1.70%	2.55%	4.14%	-1.48%	0.72%	4.91%	1.20%	2.18%	21.88%	10
2014	1.42%	1.58%	-1.15%	-0.73%	1.88%	2.30%	0.78%	-2.50%	3.77%	-2.40%	-1.30%	2.42%	6.06%	7
2015	5.39%	0.06%	-1.33%	3.29%	5.05%	2.65%	0.94%	0.68%	4.41%	3.50%	12.37%	1.40%	38.40%	11
2016	4.47%	4.00%	6.58%	2.94%	0.48%	1.76%	5.74%	2.19%	2.41%	3.32%	10.69%	-3.19%	41.39%	11
2017	0.93%	3.73%	3.77%	7.44%	3.50%	4.65%	2.13%	3.27%	-2.81%	-0.08%	-2.15%	0.49%	24.87%	9
2018	-0.20%	4.90%	-4.74%	-4.21%	-3.01%	0.13%	1.50%	3.45%	-4.88%	-10.81%	4.87%	-0.16%	-13.14%	5
2019	-1.51%	4.42%	2.57%	1.87%	6.74%	4.23%	3.06%	-1.04%	0.57%	4.65%	3.86%	-4.79%	24.64%	9
2020	6.26%	-3.49%	-11.01%	9.01%	-2.79%	6.52%	10.51%	-0.69%	-3.77%	-2.18%	1.39%	4.36%	14.12%	6
2021	1.66%	-1.60%	5.48%	7.35%	1.88%	3.21%	2.78%	2.27%	8.45%	-2.71%	5.25%	0.90%	34.93%	10
2022	0.80%	3.65%	0.00%	0.00%	0.00%	0.00%	0.00%	0.00%	0.00%	0.00%	0.00%	0.00%	4.46%	2
	48.32%	58.32%	47.04%	110.51%	30.21%	55.17%	87.22%	55.78%	69.71%	45.95%	122.90%	97.60%		
	16	16	13	20	14	17	19	15	15	12	18	17		

計算夏普指標

有了報酬率資料以後，就可以計算夏普指標了。

1. 在 AA74 打上標題「平均值」，AB74 輸入公式「=AVERAGE (S3:S5844)」。

2. 在 AA75 打上標題「標準差」，AB75 輸入公式「=STDEV (S3:S844)」。STDEV 就是用來求取樣本標準差的函式。

3. 在 AA76 打上標題「夏普指標」，AB76 輸入公式「=AB74/AB75」。

這就是 H 模型的夏普指標，此時 H1 均量參數為 40，L1 的指標選用值為 2.1，代表價差範圍在 ±0.1% 以內使用量指標，以外使用價差指標。結果如下：

平均值	0.14%
標準差	1.49%
夏普指標	0.095294

接著要來看看在不同均量參數（H1），以及指標選用參數（L1）之下的夏普指標大小。

1. 在 AB77 到 AB97 輸入 1~3 的數字，間隔 0.1。這是準備用來替換 L1 做運算列表的參數。

   1 是純粹量指標，2 是純粹價差指標，3 還記得嗎？那是全部都做多的指標，1~2 是採用量指標和價差指標的投資組合，小數的部份是量指標權重，2~3 是 H 指標，小數部份是價差的絕對值大小，超過就按照價差指標操作，沒超過就按照量指標。

2. 在 AC76 到 AL76 輸入 10~100 的數字，間隔 10。這是準備用來替換 H1 量指標參數的數字。

3. 選取 AB76 到 AL97 的範圍。

4. 從工具列「資料→模擬分析→運算列表」，列變數儲存格填 $H$1，欄變數儲存格填 $L$1。結果如下：

0.095294	10	20	30	40	50	60	70	80	90	100
1	0.095294	0.09529376	0.095294	0.09529	0.095294	0.095294	0.095294	0.095294	0.095294	0.095294
1.1	0.095294	0.09529376	0.095294	0.09529	0.095294	0.095294	0.095294	0.095294	0.095294	0.095294
1.2	0.095294	0.09529376	0.095294	0.09529	0.095294	0.095294	0.095294	0.095294	0.095294	0.095294
1.3	0.095294	0.09529376	0.095294	0.09529	0.095294	0.095294	0.095294	0.095294	0.095294	0.095294
1.4	0.095294	0.09529376	0.095294	0.09529	0.095294	0.095294	0.095294	0.095294	0.095294	0.095294
1.5	0.095294	0.09529376	0.095294	0.09529	0.095294	0.095294	0.095294	0.095294	0.095294	0.095294
1.6	0.095294	0.09529376	0.095294	0.09529	0.095294	0.095294	0.095294	0.095294	0.095294	0.095294
1.7	0.095294	0.09529376	0.095294	0.09529	0.095294	0.095294	0.095294	0.095294	0.095294	0.095294
1.8	0.095294	0.09529376	0.095294	0.09529	0.095294	0.095294	0.095294	0.095294	0.095294	0.095294
1.9	0.095294	0.09529376	0.095294	0.09529	0.095294	0.095294	0.095294	0.095294	0.095294	0.095294
2	0.095294	0.09529376	0.095294	0.09529	0.095294	0.095294	0.095294	0.095294	0.095294	0.095294
2.1	0.095294	0.09529376	0.095294	0.09529	0.095294	0.095294	0.095294	0.095294	0.095294	0.095294
2.2	0.095294	0.09529376	0.095294	0.09529	0.095294	0.095294	0.095294	0.095294	0.095294	0.095294
2.3	0.095294	0.09529376	0.095294	0.09529	0.095294	0.095294	0.095294	0.095294	0.095294	0.095294
2.4	0.095294	0.09529376	0.095294	0.09529	0.095294	0.095294	0.095294	0.095294	0.095294	0.095294
2.5	0.095294	0.09529376	0.095294	0.09529	0.095294	0.095294	0.095294	0.095294	0.095294	0.095294
2.6	0.095294	0.09529376	0.095294	0.09529	0.095294	0.095294	0.095294	0.095294	0.095294	0.095294
2.7	0.095294	0.09529376	0.095294	0.09529	0.095294	0.095294	0.095294	0.095294	0.095294	0.095294
2.8	0.095294	0.09529376	0.095294	0.09529	0.095294	0.095294	0.095294	0.095294	0.095294	0.095294
2.9	0.095294	0.09529376	0.095294	0.09529	0.095294	0.095294	0.095294	0.095294	0.095294	0.095294
3	0.095294	0.09529376	0.095294	0.09529	0.095294	0.095294	0.095294	0.095294	0.095294	0.095294

咦，怎麼數字全都一樣？哪裡出錯？

還記得我們為了防止 Excel 計算「運算列表」時拖慢速度，在「公式→重算選項」當中，設定「除運算列表外，自動重算」，所以不會更新「運算列表」的計算。現在請在工具列點選「公式→計算工作表」（或是按快速鍵 Shift + F9），就會開始計算「運算列表」了。

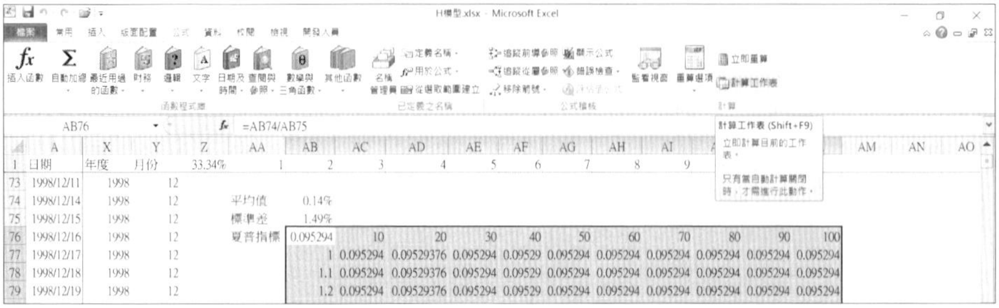

要有心理準備，這會花上一點時間，不然我們也不用多此一舉去設定成「除運算列表外，自動重算」。

H 指標的最佳參數

夏普指標的運算列表完成如下圖：

0.095294	10	20	30	40	50	60	70	80	90	100
1	0.017268	0.01890342	0.024926	0.03145	0.028779	0.0266	0.02422	0.028339	0.025548	0.026003
1.1	0.02627	0.02783555	0.033878	0.04035	0.0378	0.035714	0.033362	0.037503	0.034798	0.035221
1.2	0.037012	0.03839106	0.044344	0.05061	0.048309	0.046428	0.044176	0.048255	0.045748	0.046093
1.3	0.049184	0.05022241	0.055901	0.06173	0.059837	0.058304	0.056255	0.060127	0.057969	0.058172
1.4	0.061673	0.06224204	0.067388	0.07249	0.071147	0.070074	0.068343	0.071812	0.070135	0.070147
1.5	0.072552	0.07266054	0.077002	0.08115	0.080353	0.079738	0.078393	0.081269	0.080099	0.07994
1.6	0.079996	0.07981846	0.083175	0.08629	0.085884	0.085589	0.084622	0.086802	0.086039	0.085801
1.7	0.083477	0.08323319	0.085574	0.08771	0.087514	0.087376	0.086728	0.088224	0.087735	0.08752
1.8	0.08383	0.08365084	0.085068	0.08636	0.086253	0.086176	0.085787	0.086683	0.086384	0.086244
1.9	0.082321	0.08224045	0.082877	0.08346	0.083407	0.083367	0.083189	0.08359	0.083447	0.083386
2	0.080211	0.08021084	0.080211	0.08021	0.080211	0.080211	0.080211	0.080211	0.080211	0.080211
2.1	0.093539	0.09316697	0.095617	0.09529	0.094355	0.093103	0.09079	0.093632	0.09303	0.093068
2.2	0.081675	0.08750463	0.087584	0.08509	0.084474	0.084182	0.081238	0.085433	0.080845	0.082554
2.3	0.072608	0.08159573	0.084714	0.08265	0.07862	0.077829	0.072883	0.077909	0.07299	0.075033
2.4	0.070015	0.07345589	0.077593	0.07784	0.076423	0.075311	0.071605	0.079712	0.074735	0.07786
2.5	0.071352	0.0747807	0.083228	0.08784	0.084769	0.083048	0.080837	0.0889	0.08257	0.085649
2.6	0.070178	0.07368116	0.081222	0.08591	0.082626	0.080685	0.077905	0.08445	0.079256	0.082097
2.7	0.063425	0.0661223	0.075281	0.07954	0.076115	0.072838	0.069242	0.07688	0.071731	0.073165
2.8	0.060521	0.06420169	0.071029	0.07573	0.073433	0.070945	0.066712	0.073807	0.06964	0.070474
2.9	0.057959	0.06168758	0.067148	0.07299	0.071199	0.068725	0.064307	0.070963	0.06753	0.068955
3	0.030775	0.03077482	0.030775	0.03077	0.030775	0.030775	0.030775	0.030775	0.030775	0.030775

再一次，出現了密密麻麻難以解析的數字。沒關係，請選取 AC77 到 AL97 的資料範圍，從工具列「常用→設定格式化的條件→色階→紅－黃－綠色階」。

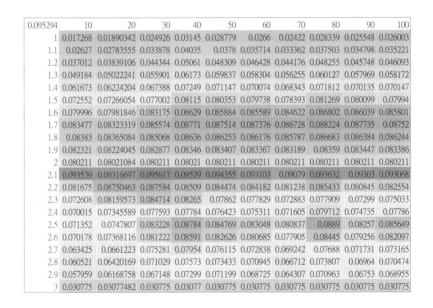

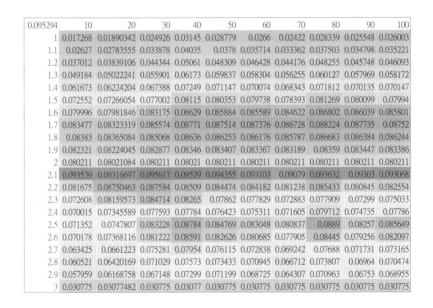

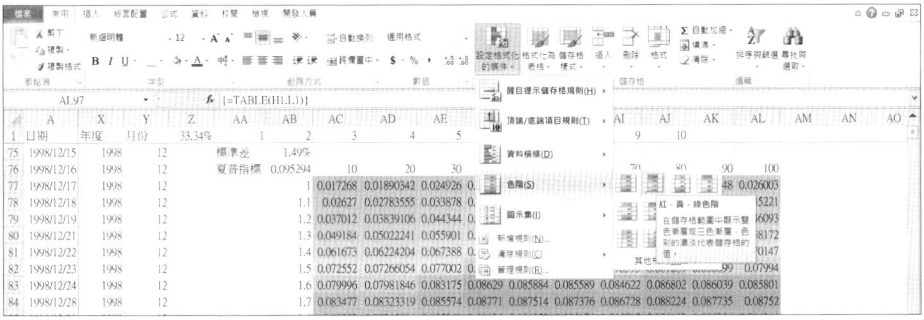

就可以很容易看出哪裡是高點，哪裡是低點了。

0.095294	10	20	30	40	50	60	70	80	90	100
1	0.017268	0.01890342	0.024926	0.03145	0.028779	0.0266	0.02422	0.028339	0.025548	0.026003
1.1	0.02627	0.02783555	0.033878	0.04035	0.0378	0.035714	0.033362	0.037503	0.034798	0.035221
1.2	0.037012	0.03839106	0.044344	0.05061	0.048309	0.046428	0.044176	0.048255	0.045748	0.046093
1.3	0.049184	0.05022241	0.055901	0.06173	0.059837	0.058304	0.056255	0.060127	0.057969	0.058172
1.4	0.061673	0.06224204	0.067388	0.07249	0.071147	0.070074	0.068343	0.071812	0.070135	0.070147
1.5	0.072552	0.07266054	0.077002	0.08115	0.080353	0.079738	0.078393	0.081269	0.080099	0.07994
1.6	0.079996	0.07981846	0.083175	0.08629	0.085884	0.085589	0.084622	0.086802	0.086039	0.085801
1.7	0.083477	0.08323319	0.085574	0.08771	0.087514	0.087376	0.086728	0.088224	0.087735	0.08752
1.8	0.08383	0.08365084	0.085068	0.08636	0.086253	0.086176	0.085787	0.086683	0.086384	0.086244
1.9	0.082321	0.08224045	0.082877	0.08346	0.083407	0.083367	0.083189	0.08359	0.083447	0.083386
2	0.080211	0.08021084	0.080211	0.08021	0.080211	0.080211	0.080211	0.080211	0.080211	0.080211
2.1	0.093539	0.09316697	0.095617	0.09529	0.094355	0.093103	0.09079	0.093632	0.09303	0.093068
2.2	0.081675	0.08750463	0.087584	0.08509	0.084474	0.084182	0.081238	0.085433	0.080845	0.082554
2.3	0.072608	0.08159573	0.084714	0.08265	0.07862	0.077829	0.072883	0.077909	0.07299	0.075033
2.4	0.070015	0.07345589	0.077593	0.07784	0.076423	0.075311	0.071605	0.079712	0.074735	0.07786
2.5	0.071352	0.0747807	0.083228	0.08784	0.084769	0.083048	0.080837	0.0889	0.08257	0.085649
2.6	0.070178	0.07368116	0.081222	0.08591	0.082626	0.080685	0.077905	0.08445	0.079256	0.082097
2.7	0.063425	0.0661223	0.075281	0.07954	0.076115	0.072838	0.069242	0.07688	0.071731	0.073165
2.8	0.060521	0.06420169	0.071029	0.07573	0.073433	0.070945	0.066712	0.073807	0.06964	0.070474
2.9	0.057959	0.06168758	0.067148	0.07299	0.071199	0.068725	0.064307	0.070963	0.06753	0.068955
3	0.030775	0.03077482	0.030775	0.03077	0.030775	0.030775	0.030775	0.030775	0.030775	0.030775

從這個圖可以看出大部份的時候，量指標參數設定為 40 是最好的，可是在 L1 為 2.1~2.3 時，量指標參數設定為 30 的夏普指標更高，

而且最好的夏普指標值出現在 L1 為 2.1，量指標參數為 30，我們根據這個結果來改一下，看看會怎樣。

1. 把 H1 修改為 30。
2. 從工具列「公式→計算工作表」，稍等一會兒讓它算完。
3. 在 Z77 打上標題「最佳槓桿」，AA77 輸入公式「=AB74/AB75^2」。這個公式就是計算凱利最佳槓桿：平均值除以變異數（標準差的平方）。

$$f=\frac{\mu}{\sigma^2}$$

得到 6.42。再回到指標與槓桿分析的運算列表。可以看到在 L1 為 2.1 時，設定槓桿倍數 6 倍，得到年複合報酬率 170.81%，比量指標參數設定為 40 時的 169.11% 還要高。

33.08%	1	2	3	4	5	6	7	8	9	10
1	3.58%	2.52%	-3.54%	-9.28%	-11.11%	-11.84%	-12.42%	-12.70%	-14.99%	-13.38%
1.1	6.13%	9.63%	6.82%	-0.54%	-5.86%	-11.96%	-12.96%	-12.62%	-15.13%	-14.14%
1.2	9.23%	16.36%	19.31%	18.11%	12.01%	0.46%	-6.33%	-12.29%	-13.26%	-13.87%
1.3	11.30%	22.53%	30.85%	35.22%	35.00%	30.26%	22.10%	9.10%	9.10%	-13.96%
1.4	13.67%	28.80%	42.04%	51.50%	56.94%	57.96%	53.67%	44.09%	32.81%	-13.53%
1.5	16.63%	35.24%	51.93%	66.18%	76.71%	83.19%	83.95%	77.79%	67.11%	48.99%
1.6	18.75%	40.35%	60.14%	78.35%	93.00%	101.49%	104.44%	101.32%	90.09%	74.41%
1.7	20.64%	44.72%	67.68%	87.40%	103.66%	112.64%	114.36%	109.49%	95.61%	-13.75%
1.8	23.04%	49.38%	72.37%	93.67%	108.47%	115.06%	112.55%	101.63%	-13.12%	-13.70%
1.9	25.21%	52.44%	77.41%	95.22%	107.13%	107.26%	99.47%	77.16%	-13.63%	-13.41%
2	26.88%	55.70%	78.69%	94.85%	99.04%	93.37%	71.88%	47.63%	-10.85%	-13.52%
2.1	33.08%	73.83%	112.05%	144.48%	165.97%	170.81%	159.22%	133.42%	86.93%	-14.87%
2.2	30.40%	63.19%	93.07%	117.22%	127.94%	126.03%	109.81%	85.39%	-14.23%	-15.92%
2.3	27.91%	59.27%	86.79%	108.06%	115.47%	112.26%	93.54%	66.28%	34.55%	-13.47%
2.4	24.71%	52.29%	73.02%	85.85%	88.37%	79.01%	59.81%	30.60%	6.06%	-14.03%
2.5	26.89%	57.72%	83.80%	101.65%	108.95%	103.07%	85.41%	58.47%	24.63%	-14.98%
2.6	27.20%	55.27%	79.92%	95.70%	101.02%	94.11%	76.14%	-12.63%	30.62%	-14.13%
2.7	23.13%	49.18%	68.02%	80.37%	80.58%	71.90%	53.52%	26.85%	-7.20%	-12.58%
2.8	21.16%	44.37%	60.51%	69.24%	67.17%	56.64%	37.62%	12.57%	-8.35%	-11.68%
2.9	20.22%	40.42%	53.37%	58.65%	56.47%	43.32%	24.97%	1.13%	-11.30%	-14.79%

回顧一下，我們原來只做量指標的時候，運用「運算列表」找出最佳參數是用 40 日均量，接著設計出價差指標，用二維的 L1 指標和槓桿倍數做運算列表，得出最佳的 L1 指標是 2.1，搭配的最佳槓桿倍數是 6。但事實上，加入價差指標以後，其實用 30 日均量價更佳。所以在三個變數的情況下，Excel 的「運算列表」就力有未逮了。

然而用夏普指標分析報酬率的平均值和標準差之關係後，最佳的夏普指標直接就納入了使用凱利最佳槓桿之下的總報酬率，所以可以只用量指標和價差指標參數，求得最佳夏普指標的位置，代回凱利槓桿公式，就得到了最大的總報酬率。

這就是為什麼投資界如此看重夏普指標：報酬率高好不好？不一定，因為風險也可能更高；風險低好不好？也不一定，因為報酬率可能更低。那一個高風險高報酬的策略，和一個低風險低報酬的策略，哪一個比較好？答案就是要看夏普指標，愈高的夏普指標，就代表在使用凱利最佳槓桿的情況下，可以得到最大的總報酬率。

停損是錯的

記不記得幾年前有一架復興航空的飛機墜落在基隆河裡，墜落之前撞到一台在高架橋上的計程車，請問以後在高架橋上開車，是不是見到飛機就要踩煞車呢？還是以後都不要上高架橋？根據報導，那個計程車司機在事故發生之後都無法開車，他說飛機撞來的畫面太過震撼，無法重新開車討生活，一直以來都沒有收入。

這就是停損的理論根據：寧願小損，不願大賠，結果就是不斷接受損失，失去獲利的機會。實證資料是每天打開新聞看到的都是車禍，可是再也沒有飛機撞上過汽車，這位司機大哥真的應該走出夢魘了。

如果你很想回我：「萬一真的又被撞上，沒能逃過一劫，要怎麼辦？」那麼我想說的話就是：「你不適合做投資」。這不是貶抑的話，我母親就沒辦法做投資，她在二十年前買過一檔金融股，然後好幾天睡不著覺，結果又把它賣掉了，這輩子就買過這麼一次股票。她勤儉持家，樂天知命，我覺得她是有福之人。

坊間相當流行看最大回檔率（Maximum Drawdown, MDD），也就是從資金的最高點回跌的幅度，甚至於會設定在回檔達到一定程度時，先停止操作，等指標操作績效回到常軌，再延續被中斷的策略。這個指標跟前面那個計程車被飛機撞上的例子一樣，把焦點關注在歷史最糟糕的狀況，事實上並沒有必要。

真正要關心的是即使再壞的事情發生，是否也能夠全身而退。停損根本達不到這個效果，因為當有需要停損的時候，很可能無法停損。例如說 2018 年 10 月 11 日期貨史無前例地下跌 8%，一開盤就已經虧損

4% 了，後面的跌幅很可能都是停損賣壓所造成的，畢竟隔日就又漲回了 4%。

再舉個例來說，我們不會縱身跳入池中去試水溫，等到發現不對才趕緊跳出來，那樣搞不好會滑倒，而且萬一有一堆人搶著出來，說不定還會彼此踩踏造成更嚴重的意外。正確做法應該是先用手腳試試，再一步一步滑入。也就是說，一口氣把資金押了上去再設定停損是很不安全的做法，應該嚴格遵守槓桿倍數的原則，控制在即使發生問題也能承受的範圍。

所以即使用歷史資料求出操作 H 模型的最佳槓桿倍數是 6 倍，我依然強烈建議大家不要使用超過 3 倍的槓桿倍數，按照目前 (2022 年 2 月) 的指數約在 17,500 點計算，一口大台的契約價值是 350 萬，務必要有 120 萬以上才可以進行操作，若是操作小台則除以 4，約為 30 萬，如果真的連這個錢都沒有，我就建議你好好工作累積資本，不用急於一時。

計算最大回檔率（MDD）

接下來我將示範如何計算 MDD，並直接說明這個方式錯在哪裡，不過對數理邏輯會有一些挑戰性，我會儘量用白話說明。

1. 選取 X 欄與 Y 欄，按滑鼠右鍵，點選「插入」，讓 W, X 與 Y 欄都是空白。

2. 在 W1 輸入標題「最大資金」，W2 輸入公式「=MAX(T2,W1)」。MAX 函式是取參數中的最大值，當今日資金 T2 大於前一天的最大資金 W1，今天的最大資金就是今日資金，否則就維持前一天的最大資金。

3. 在 X1 輸入標題「DD」，代表 Drawdown，X2 輸入公式「=T2/W2-1」，並調整格式為兩位數小數，這就是今天的資金，相較於最大資金的回檔幅度了。

4. 將 W, X 欄的公式填滿到資料末端。

結果如下：

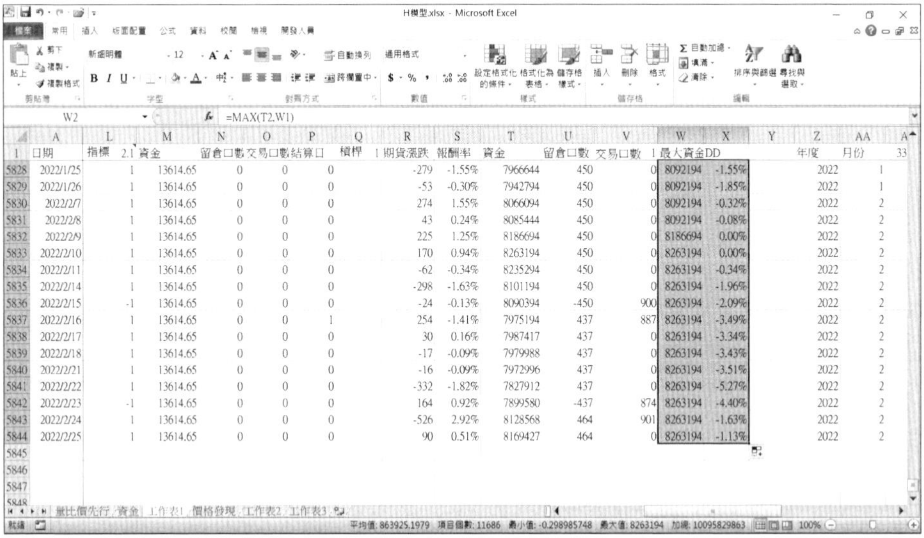

H模型.xlsx - Microsoft Excel

W2 =MAX(T2,W1)

	A	L	M	N	O	P	Q	R	S	T	U	V	W	X	Y	Z	AA	A
1	口期	指標 2.1	資金	留倉口數	交易口數	結算口	槓桿 1	期貨漲跌	報酬率	資金	留倉口數	交易口數 1	最大資金	DD		年度	月份	33
5828	2022/1/25	1	13614.65	0	0	0		-279	-1.55%	7966644	450	0	8092194	-1.55%		2022	1	
5829	2022/1/26	1	13614.65	0	0	0		-53	-0.30%	7942794	450	0	8092194	-1.85%		2022	1	
5830	2022/2/7	1	13614.65	0	0	0		274	1.55%	8066094	450	0	8092194	-0.32%		2022	2	
5831	2022/2/8	1	13614.65	0	0	0		43	0.24%	8085444	450	0	8092194	-0.08%		2022	2	
5832	2022/2/9	1	13614.65	0	0	0		225	1.25%	8186694	450	0	8186694	0.00%		2022	2	
5833	2022/2/10	1	13614.65	0	0	0		170	0.94%	8263194	450	0	8263194	0.00%		2022	2	
5834	2022/2/11	1	13614.65	0	0	0		-62	-0.34%	8235294	450	0	8263194	-0.34%		2022	2	
5835	2022/2/14	1	13614.65	0	0	0		-298	-1.63%	8101194	450	0	8263194	-1.96%		2022	2	
5836	2022/2/15	-1	13614.65	0	0	0		-24	-0.13%	8090394	-450	900	8263194	-2.09%		2022	2	
5837	2022/2/16	1	13614.65	0	0	1		254	-1.41%	7975194	437	887	8263194	-3.49%		2022	2	
5838	2022/2/17	1	13614.65	0	0	0		30	0.16%	7987417	437	0	8263194	-3.34%		2022	2	
5839	2022/2/18	1	13614.65	0	0	0		-17	-0.09%	7979988	437	0	8263194	-3.43%		2022	2	
5840	2022/2/21	1	13614.65	0	0	0		-16	-0.09%	7972996	437	0	8263194	-3.51%		2022	2	
5841	2022/2/22	1	13614.65	0	0	0		-332	-1.82%	7827912	437	0	8263194	-5.27%		2022	2	
5842	2022/2/23	-1	13614.65	0	0	0		164	0.92%	7899580	-437	874	8263194	-4.40%		2022	2	
5843	2022/2/24	1	13614.65	0	0	0		-526	2.92%	8128568	464	901	8263194	-1.63%		2022	2	
5844	2022/2/25	1	13614.65	0	0	0		90	0.51%	8169427	464	0	8263194	-1.13%		2022	2	
5845																		
5846																		
5847																		

平均值: 863925.1979 項目個數: 11686 最小值: -0.298985748 最大值: 8263194 加總: 10095829863

MDD 圖形

上表不容易看出趨勢，也不易分析，我們做圖來看。

1. 在維持上圖的選取狀態下，按下 Ctrl + C，複製這兩行資料，然後跳到「資金」工作表，按下 Ctrl + V 做貼上的動作。此時可能出現警告視窗：

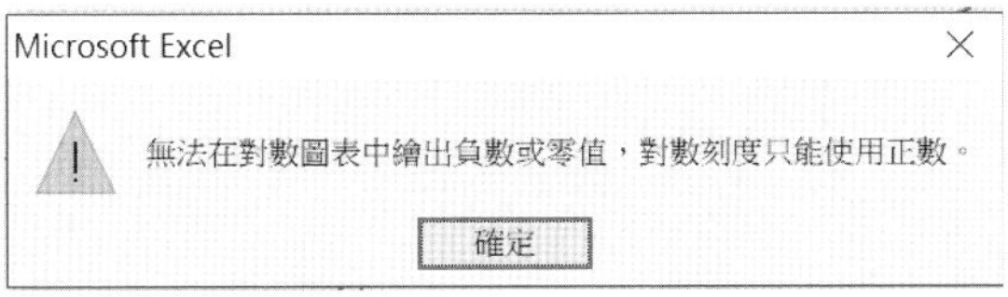

先按「確定」不用管它，這是因為 DD 值為負值，我們現在的主座標軸採用對數座標，無法顯示，待會兒把它移到副座標軸即可。

2. 在上方「圖表工具列」中→「設計」標籤→「選取資料」。會出現「選取資料來源」視窗，點選「數列 2」，再按下「編輯」。

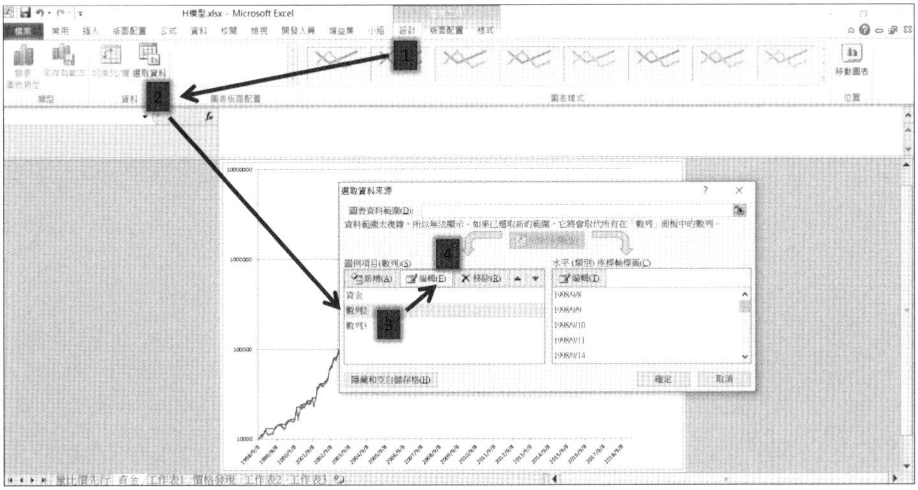

3. 在「編輯數列」視窗中，填上數列的名稱「最大資金」。

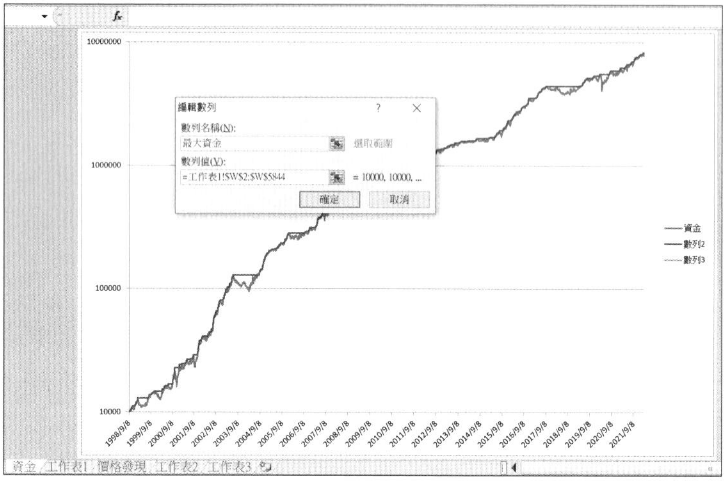

4. 同樣把「數列 3」的名稱改為「DD」。

5. 在「圖表工具→版面配置」左上方的下拉選單，點選數列」DD」。

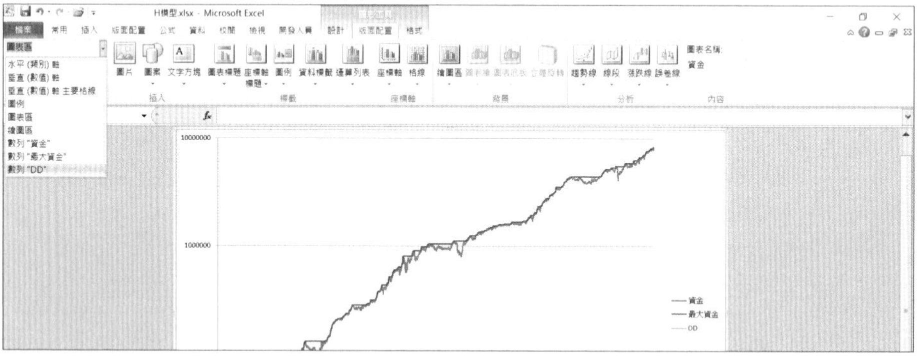

6. 按下「格式化選取範圍」，出現「資料數列格式」視窗，在「數列選項」標籤下選取「副座標軸」。

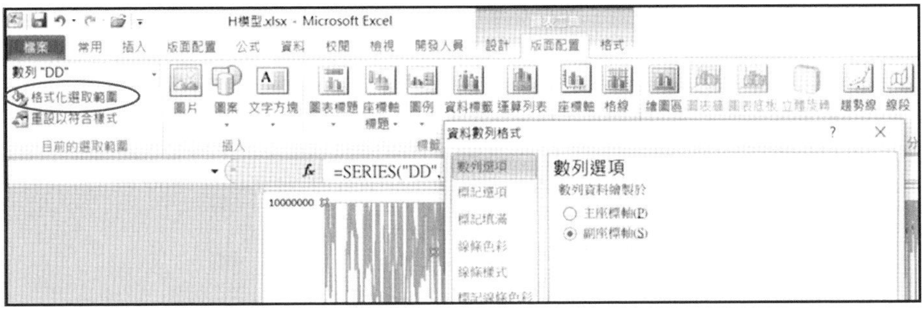

完成之後的圖表如下：

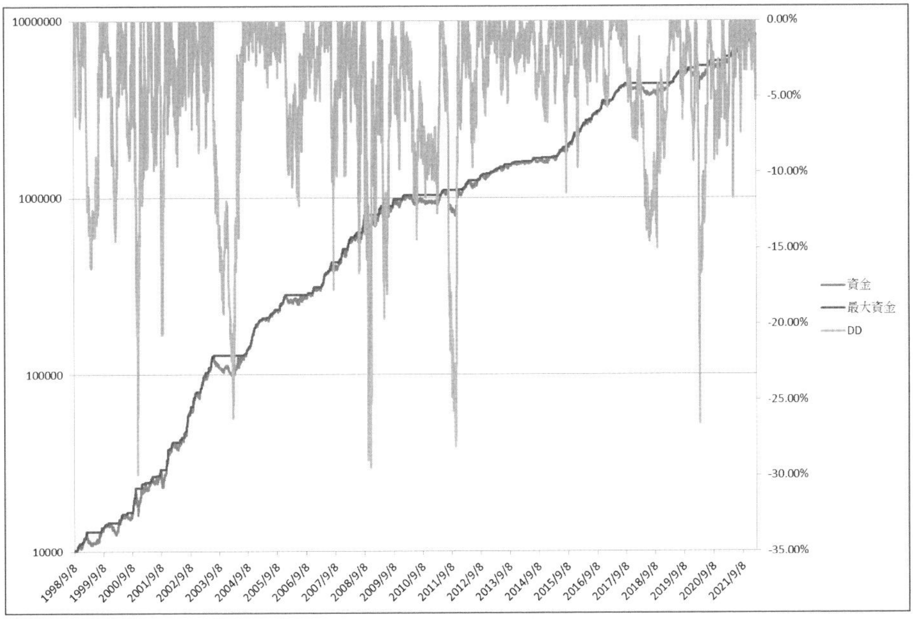

這樣就很容易看出過去歷史的回檔狀況如何了。

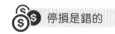

統計最大回檔率

H 模型的歷史績效大約有 5 個比較深的回檔（作者註：第一版時只有 4 個，2020 的新冠疫情打出了第五個大回檔），接近 30%，如果不做數字統計，讓你看上面的圖，你認為回檔幅度超過 10% 的日子有多少，佔多大的比例？我是不知道你會怎麼看，但我看圖的估計有大概二分之一吧！人很容易被極端值吸引目光，我們真的來做個統計看看。

1. 在 AD99 輸入標題「count」。AC100 輸入「DD<-0.1」，AC101 輸入「DD>-0.1」，AC102 輸入「total」。

2. AD100 輸入公式「=COUNTIF($X$2:$X$5844,"<-0.1")」，這就是計算回檔幅度超過 10% 的日數，如果想用回檔幅度設定停損，先以 10% 當作門檻值。

3. 在 AD101 按下 Ctrl + D，會把上面的公式複製下來，再把「<」改成「>」，變成「=COUNTIF($X$2:$X$5844,">-0.1")」，這就是未達 10% 的日數。

4. AD102 輸入「=COUNT(X2:X5844)」，這是計算全部的樣本數。

結果如下：

	count
DD<-0.1	837
DD>-0.1	5006
total	5843

蠻出乎意料之外的吧，只有 14.32% 左右的交易日達到了回檔幅度 10%。

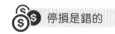

用 MDD 停損，錯的

接下來我要示範為什麼大部份人會認為「停損是對的」。當然啦，你知道我的結論為「停損是錯的」，所以下面的示範是錯誤的，請你一邊看一邊思考。

1. 在 AE99 輸入標題「mean」，表示平均值。

2. 在 AE100 輸入公式「=AVERAGEIF($X$3:$X$5844,"<-0.1",$S$3:$S$5844)」，AVERAGEIF 是設定條件求平均值的函式，我們的條件範圍是 X 欄的回檔幅度，門檻值是 10%，當 DD<-0.1 表示回檔幅度超過 10%，求平均的範圍則是 S 欄的報酬率。

3. 同樣地，在 AE101 按 Ctrl + D，再把「<」改成「>」，公式變成「=AVERAGEIF($X$3:$X$5844,">-0.1",$S$3:$S$5844)」，就是回檔未超過 10% 時的平均報酬率。

4. AE102 輸入公式「=AVERAGE($S$3:$S$5844)」，求取全部平均報酬率。

結果如下：

	count	mean
DD<-0.1	837	-0.17%
DD>-0.1	5006	0.19%
total	5843	0.14%

哇～～，當回檔幅度超過 10% 時的平均報酬率是 -0.17%，跟回檔幅度不到 10% 時的平均報酬率 0.19% 相比，根本是一正一負，一在地上一在天。那當然是要停損啊，還有什麼話好說呢？

喔，不不不，且聽我道來。

	A	Q	R	S	T	U	V	W	X	Y
1	日期	槓桿 1	期貨漲跌	報酬率	資金	留倉口數	交易口數	1 最大資金	DD	
5034	2018/10/26		-64	-0.67%	4006152	425	0	4406531	-9.09%	
5035	2018/10/29		49	0.52%	4026977	425	0	4406531	-8.61%	
5036	2018/10/30		51	0.54%	4048652	-425	850	4406531	-8.12%	
5037	2018/10/31		203	-2.13%	3961527	407	832	4406531	-10.10%	
5038	2018/11/1		63	0.65%	3986336	407	0	4406531	-9.54%	
5039	2018/11/2		83	0.85%	4020117	407	0	4406531	-8.77%	
5040	2018/11/5		-54	-0.55%	3998139	407	0	4406531	-9.27%	
5041	2018/11/6		-43	-0.44%	3980638	407	0	4406531	-9.67%	
5042	2018/11/7		74	0.76%	4010756	407	0	4406531	-8.98%	
5043	2018/11/8		74	0.75%	4040874	407	0	4406531	-8.30%	
5044	2018/11/9		-134	-1.35%	3986336	407	0	4406531	-9.54%	
5045	2018/11/12		22	0.22%	3995290	407	0	4406531	-9.33%	
5046	2018/11/13		-86	-0.88%	3960288	407	0	4406531	-10.13%	
5047	2018/11/14		44	0.45%	3978196	407	0	4406531	-9.72%	
5048	2018/11/15		58	0.59%	4001802	-407	814	4406531	-9.18%	
5049	2018/11/16		-43	0.44%	4018489	410	817	4406531	-8.81%	
5050	2018/11/19		33	0.34%	4031202	410	0	4406531	-8.52%	

量比價先行 / 資金 / 工作表1 / 價格發現 / 工作表2 / 工作表3

就緒

上圖是均量參數為 30，L1 指標為 2.1，槓桿倍數 1 之下的歷史表現，拉到 2018/10/31 可見 DD 為「-10.10%」，這一天的報酬率為「-2.13%」，因為它賠了，所以回檔幅度才會超過 10%，下一個交易日的回檔幅度回到 10% 以內，報酬率是「0.65%」，因為它賺了，所以回檔幅度才會減少。同理，在 11/13 那天也是一樣的狀況，因為報酬率是負的，DD 才會小於 -10%，11/14 回到 10% 以內，報酬率就是正的。

所以上面的公式犯了「後見之明」的錯，真正停損掉的報酬率是下一天的才對，回到安全範圍內的報酬率也是下一天，要把公式中 S 欄的列號比 X 欄的列號加 1，才是操作時真實的狀況。

這和很多投資軟體與投顧解盤用的花招一樣，在出現紅 K 的時候叫進，出現黑 K 的時候喊空，然後把賣出的訊號畫在上方，買進的訊號畫在下方，這其實是不對的。當看到紅 K 或黑 K 時已經收盤了，只能用隔天的價格操作，而且黑 K 是收盤在下方，不能把賣出訊號畫在上面，紅 K 收盤在上方，也不能把買進訊號畫在下面。

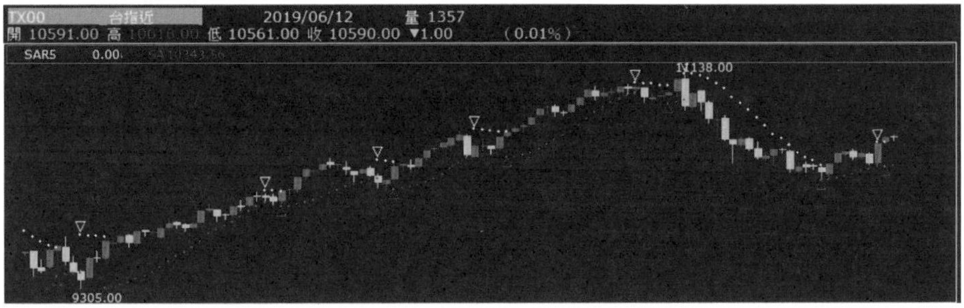

▲ 圖片來源：群益策略王

也有人會和我抬槓，說停損以後可以再找低點進場。那就請你告訴我怎麼再找低點，如果進場又往下，要不要第二次停損？每次停損都會有下一個低點嗎？那你怎麼不乾脆做空，在下一個低點回補，如果你沒有這麼做，就表示你只是在嘴砲而已。

現在知道問題所在了，我們要改公式。

1. AE100 的公式改成「=AVERAGEIF($X$2:$X$5843,"<-0.1",$S$3:$S$5844)」，用 X 欄的回檔幅度來判斷，計算 S 欄的報酬率，S 欄的列號要比 X 欄往後遞延一天。

2. AE101 的公式改成「=AVERAGEIF($X$2:$X$5843,">-0.1",$S$3:$S$5844)」。

3. AD100 的公式改成「=COUNTIF($X$2:$X$5843,"<-0.1")」，因為判讀的區域減少一天，所以樣本數不計算最後一天。

4. 同理，AD101 的公式改成「=COUNTIF($X$2:$X$5843,">-0.1")」。

5. AD102 總樣本數的公式改成「=COUNT(X2:X5843)」。

現在結果變成這樣子：

	count	mean
DD<-0.1	837	0.24%
DD>-0.1	5005	0.13%
total	5842	0.14%

在回檔幅度超過 10% 的時候，反而平均報酬率還比較高。有沒有再度跌破你的眼鏡？看到回檔，正擔心策略是否失效的時候，它卻表現得更好。

那是不是應該在大回檔的時候，加重注碼呢？也就是放大槓桿倍數來操作。說實話，我以前就做過這樣的事，結果並不好。為什麼呢？還記不記得決定槓桿倍數除了要看報酬率，另一個重點是要看風險，也就是標準差，MDD 大的時候雖然期望值較高，但風險也比較大。

以 MDD 區分樣本的標準差（Hard）

下面要教大家計算條件下的標準差，這可以說是相當進階的內容了，建議數理基礎不好的人直接看結論就好了。

這是樣本標準差的公式：

$$s=\sqrt{\frac{\sum_{i=1}^{n}(x_i-\overline{x})^2}{n-1}}=\sqrt{\frac{RSS}{n-1}}$$

所謂的樣本就是指當我們不能取得母體所有的值時，只能以部份的樣本來估計母體的統計值，例如標準差。而我們永遠不能取得全部的報酬率樣本，因為明天永遠會再來，我們永遠不知道明天會帶來什麼樣的驚喜，即使有過去歷史每一天的報酬率，它依然只是估計值。

樣本標準差公式中，根號裡的分子部份：

$$\sum_{i=1}^{n}(x_i-\overline{x})^2$$

稱為樣本總差方和（Residual Sum of Squares, RSS），分母為 n-1 是因為統計學裡，以樣本估算母體的最佳線性不偏估計值（Best Linear Unbiased Estimator, BLUE），必須減低一個自由度，這需要線性代數的知識，我如果把證明寫下來，大概會嚴重影響本書的銷售量，我就自己吞下來了。

現在要進一步把樣本分割成回檔率大於 10% 與不大於 10% 兩個部份，我將依序求取總差方和（RSS），標準差（Stdev），夏普指標（Sharpe）和凱利槓桿（f）。

1. 在 AF99 到 AI99 依序輸入標題「RSS」、「Stdev」、「Sharpe」、「f」。

2. 下面這個公式應該是本書最難的一個公式，就連輸入的方法也很特別，打完公式之後並不是按 Enter 輸入，而是要按 Ctrl + Shift + Enter，這是陣列公式的輸入方法。AF100 輸入陣列公式「=SUM(($S$3:$S$5844-AE100)^2*IF($X$2:$X$5843<-0.1,1,0))」，鍵入之後，按 Ctrl + Shift + Enter 輸入，儲存格應該會顯示公式為「{=SUM(($S$3:$S$5844-AE100)^2*IF($X$2:$X$5843<-0.1,1,0))}」，表示它是一個陣列公式，以後每一次要修改它，都要按 Ctrl + Shift + Enter。

■ 所謂陣列公式就是會把函式中以陣列形式出現的值，一個個代入計算之後，再進行函式的計算。每次都會把所有陣列依序遞迴計算，所以代入的陣列項數必須相同，其它非陣列的參數就是純量，也就是固定的值，在每次遞迴時都不變其值。

- 上式中 SUM 函式裡一共有兩個陣列「$S$3:$S$5844」與「$X$2:$X$5843」，所以會依序計算：

  ($S$3-AE100)^2*IF($X$2<-0.1,1,0))
  ($S$4-AE100)^2*IF($X$3<-0.1,1,0))
  ($S$5-AE100)^2*IF($X$4<-0.1,1,0))
  …
  ($S$5844-AE100)^2*IF($X$5843<-0.1,1,0))

- 在上面的遞迴計算裡，會把各項報酬率與平均值的差做平方，然後照前一天的回檔率若大於 10%（小於 -0.1）乘上 1，若不大於則乘上 0，這樣就只會得到回檔超過 10% 的誤差平方項，最後再用 SUM 函式加總。

- 這樣計算出來就是：

$$RSS=\sum_{i=1}^{n}[(x_i-\overline{x})^2 \ while\ DD<-0.1, 0\ while\ DD\geq -0.1]$$

3. 在 AF101 按 Ctrl + D 把上面的公式向下填滿，然後把「<」改成「>」，記得改完要按 Ctrl + Shift + Enter 輸入，不能只按 Enter 。

4. AG100 輸入公式「=SQRT(AF100/(AD100-1))」，SQRT 是求取平方根的函式，因此這就是算標準差的公式：

$$s=\sqrt{\frac{RSS}{n-1}}$$

5. AH100 輸入公式「=AE100/AG100」，這就是夏普指標：

$$\text{Sharpe Ratio} = \frac{\text{平均報酬率}}{\text{報酬率的標準差}}$$

6. AI100 輸入公式「=AE100/AG100^2」，這是股市的凱利方程式：

$$f = \frac{\mu}{\sigma^2}$$

7. 選取 AG101 到 AI101，按下 Ctrl + D，把上面的公式下填。

8. 在 AG102 輸入公式「=STDEV(S3:S5844)」，STDEV 是 Excel 提供直接計算標準差的函式，前面是因為要分開計算回檔率大於或不大於 10% 的標準差，才需要特殊的方法，不然直接代入 STDEV 函式就行了。

9. 選取 AH99 和 AI99，按 Ctrl + D 下填公式。

結論

終於完成了，跟不上上面腳步的朋友，可以從這個地方再接下去看了。

	count	mean	RSS	Stdev	Sharpe	f
DD<-0.1	837	0.24%	0.32522127	0.019724	0.120061	6.087187
DD>-0.1	5005	0.13%	0.96839607	0.013911	0.090968	6.539123
total	5842	0.14%		0.014887	0.095617	6.422884

看到了嗎？回檔率大的時候，平均報酬率反而比較高，夏普指標也高。但不應該在這個時候提高槓桿倍數，因為風險也比較高（標準差比較大），求算出來的最佳槓桿倍數幾乎是一樣的。

也就是說，不管是否遇上回檔，都應該維持一樣的槓桿倍數來操作，尤其是在遇上回檔時更不應該停下來，因為它的 Sharpe Ratio 更高，表示接下來會有更高的報酬率，只不過最佳槓桿也是一樣的，不應該有「賭輸搏大」的心態。

結論是，如果一個策略的期望報酬率是正數，就會有正的槓桿倍數，習慣上大於 1 叫槓桿，小於 1 叫持股比例，小於等於 0 就叫「不要進場」。

不管是否超過停損門檻，都還是一樣有正的期望報酬率，若停損就是停止操作，就沒有辦法得到策略的期望報酬，如果會有停損的需要，多半這是一個爛策略，比如說進賭場賭博，最好就設定今天可以輸多少錢，把它當娛樂消費，輸光就算了。當然囉，最好就是不要進去賭。

用槓桿倍數才能控制風險

2019 年 6 月 11 日，中國大陸比特幣服務與分析公司—比特易，的老闆惠軼，自殺身亡了。此時有很多傳聞，還不清楚真實狀況，但有一點很確實：他用 10~100 倍的槓桿操作比特幣，虧損超過 4.5 億。

下圖是比特幣近一年來的走勢，2018 年底從 8,000 美元跌到 3,000 美元，到 5 月底又漲回 8,500 美元，5 月 31 日開平，一早突然拉高衝破 9,000 美元，然後急速下殺，盤中摜破 8,000 美元，最後又收回平盤，過完週末又從開盤 8531 美元一路走跌到 7631 美元，跌幅超過 10%，這還不是特例，如果回頭看看它的日 K 線，高低點超過 5% 者比比皆是。

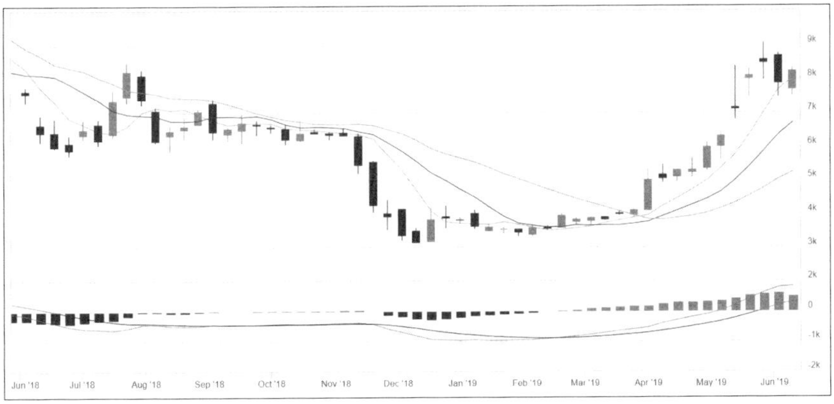

▲ 比特幣在 2018/6 到 2019/6 的價格，單位：美元

也就是說：它的風險極高，報酬率的標準差很大，按照凱利方程式，能使用的槓桿很低，比一般股票要低的多。還記得我說一般股票適用的槓桿為多少嗎？ 0.1，也就是持股比例 10%，惠軼居然使用 100 倍槓桿，這樣子會出事一點都不是意外，而是必然。就像酒駕在高速公

路上飆車，最後撞聯結車身亡，那才不叫意外，不撞聯結車也會飛出車道，或是自己翻車，或是撞上分隔島，總之是必死無疑。

2019 年 6 月 14 日我看財經節目，電視上的分析師強調：「他就是沒有做好停損，停損價到了就要立刻出場，不能拗單…」是這樣嗎？完全不對。

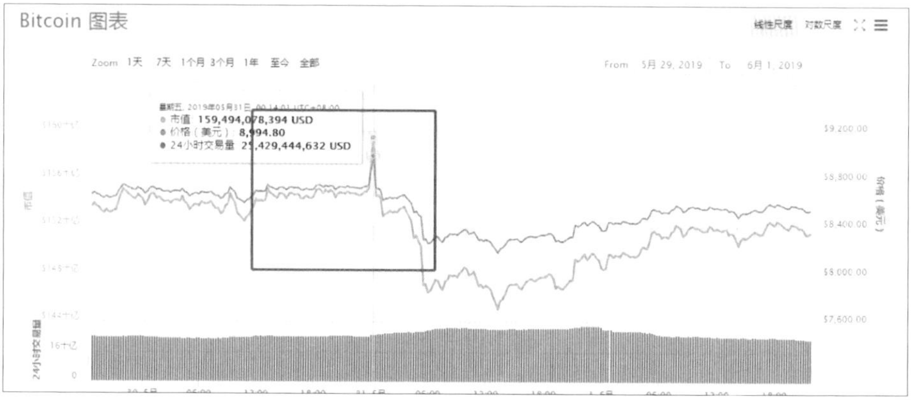

▲ 比特幣在 5 月 31 日的價格走勢兇狠

惠軼是在 5 月底進場做空，你沒看錯，就是在從 9,000 美元往下跌破 8,000 美元之前做空，我不知道他的研究基礎是什麼，聽說是探知有主力在 8,400 美元建立了大量空單，從事後來看，可以說他對消息的掌握與解讀非常準確，於是惠軼陸續以 10 倍、20 倍與 100 的槓桿，建立了幾萬張的合約，就在燭火熄滅前發生了閃燃，比特幣在半小時內由 8,600 美元衝上了 9,000 美元，然後一路下殺，盤中曾經跌破 8,000 美元大關。

只要多撐片刻，他的獲利將像發射出去的太空梭，成為世人矚目的焦點。但是很不幸，回跌之前硬是衝破了 9,000 美元，他用高槓桿操作當然撐不住，於是爆倉，被迫平掉，結果他還是成為了矚目的焦點，但就像挑戰者號太空梭，以另一種形式上了頭條。

他需要的不是停損，而是撐住，能撐住的唯一辦法就是降低槓桿倍數，如果他只用 1 倍的槓桿倍數就能撐住了，2 倍也行，3 倍也行，但是他用了 100 倍。在短短 30 分鐘內由 8,600 美元衝上 9,000 美元，大量空單根本來不及停損，把停損點抓得再緊迫，再怎麼嚴守紀律，都沒有用。最後一波衝上去說不定正是空單停損的貢獻。唯一能夠確實保命獲利的方法，就是調低槓桿倍數。

LTCM 是另一個絕佳的案例，20 年了，人們卻還是一點都沒有學到教訓。

LTCM（Long-Term Capital Management）成立於 1993 年，經營團隊包含天才交易員梅利威瑟 (Meriweather) 和知名學者莫頓 (Merton) 與休斯 (Scholes)，性質上屬於避險基金。

避險基金在當時是很火紅的一種投資結構，主要原因是它大量地運用衍生性金融商品，懂得的人不多，時常有定價錯誤的現象發生，監管單位也無相關法令控管，在稅法上佔有很大的優勢。但印象中大家一定覺得避險基金很敢衝很拚，一點也不避險吧！

那為什麼叫避險基金呢？因為它的操作模式是避險操作。比如說 LTCM 發現美國 30 年期公債發行的時候通稱為當期債券，流動性比較好，市場報價的利率會比較低（價格較高），比如說在 1994 年初時，1993 年 2 月發行的 30 年期公債利率報價為 7.36%，1993 年 8 月發行的當期債券利率則只有 7.24%，利率相差 0.12%，一般稱為是 12 個基點（basis point, bp)(一個基點是 0.01%)。

如果說利率是對借款人的風險評估，那豈不是說美國政府在 29.5 年到 30 年之間的違約風險不一樣了？不合理。所以正確的操作就是賣出當期債券，並且買進非當期債券，等半年後當期債券也變成非當期債券以後，兩者中間的利差就會縮小。

對面值 1000 美元的 30 年期債券來說，12 個基點換算出的價差約 15 美元，如果一年後利差縮小三分之二，那就是 10 美元，大約年報酬是 1%，似乎並不是很迷人，但是 LTCM 利用財務工程技術計算出：同時買進非當期債券的風險並賣出當期債券的風險，只有單純持有債券的 1/25，所以擴大 25 倍槓桿之後的風險，跟單純持有債券風險一樣，如此一來承擔相同風險卻可以得到 25% 的報酬，比單純持有債券賺 7% 多要好多了。

所以呢？它就做了。而這只是它眾多「避險」操作之一。

本來避險操作是用不同商品互相避險，但是放大槓桿倍數之後，就沒有避險效果了。更糟糕的是：連續 4 年報酬率都在 40% 左右，沒有任何一個單月虧損超過 1%，LTCM 喪失風險意識了，所有的員工和原始股東把這些年裡賺到錢與紅利與薪酬，都留在基金裡，在 1997 年底的槓桿倍數提高到了 28 倍，部位規模高達 1300 億。

1300 億，而且大部份是在沒有公開交易的店頭市場裡，也就是說：要平倉得慢慢去尋找願意接手的下一方。當俄羅斯政府在 1998 年 8 月 21 日宣佈債券違約之後，所有的風險性資產突然都被棄如敝屣，這麼說好像不太對，是所有錢都湧向最安全的資產：美國國庫券，所有的信用利差都進一步擴大，擴大到讓人大開眼界、不可思議的地步，根據莫頓和休斯的模型，是從宇宙誕生至今，再重來無數次，也不應該發生一次的狀況，但它就是發生了。

順帶一提，莫頓和休斯在 1997 年 10 月因為他們的模型獲得了諾貝爾獎。

莫頓和休斯的模型假設每一次交易都是獨立不相關的，平均起來應呈現常態分佈，但是他們沒有想到：當他們的規模如此巨大，槓桿倍數又這樣的高，所有的人都會爭著逃離，避免跟他們持有一樣的資產。就像一頭大象要倒下時，所有的人都不會想待在牠的身旁，而莫頓和休斯假設投資人都不是人，應該像螞蟻一樣沒頭沒腦的亂竄。更有趣的是：大家都逃得掉，唯獨 LTCM 逃不掉，因為它太大了，沒有人可以接手它的資產，它自己也不敢拋售，因為必然造成市場崩潰。

他們的槓桿太高了，高到某個地步之後，就無力回天了。怎麼說呢？ 1997 年底的槓桿倍數是 28 倍，1998 年俄羅斯債券違約發生之後，幾天之內就驟升到 55 倍，資產減損不到 100 億，還沒有 10%，怎麼就這麼慘呢？因為槓桿倍數 28 倍，表示自有資本不到 50 億，他們一邊募資，卻遠不及虧損的速度，再過幾週就超過 100 倍了，倒閉已是無可避免的結果。

在文學理論裡說：悲劇就是已知結果很慘，卻只能眼睜睜地看著它發生。哈姆雷特、馬克白是如此，文天祥與丘逢甲亦是如此，「宰相有權能割地，孤臣無力可回天」。

莫頓和休斯雖得了諾貝爾獎，但因為忽略了槓桿與流動性，一輩子桂冠都要蒙塵。

那麼梅利威瑟呢？他隨後又在 1999 年成立了 JWM Partners LLC，並於公司章程裡嚴格設定槓桿倍數不得超過 15 倍。然後呢？ 2008 年金融海嘯時腰斬，結束營業了。15 倍還是太高了啊！

這幾位明星經理人把錯推到大環境對他們不利，怪別人對準他們下手。嗤，如果開時速 50 上路撞車，怪路況不佳還情有可原，開時速 200 在市區跑，根本沒有資格怪別人，就算時速 100 也是不行啊！

A

後記

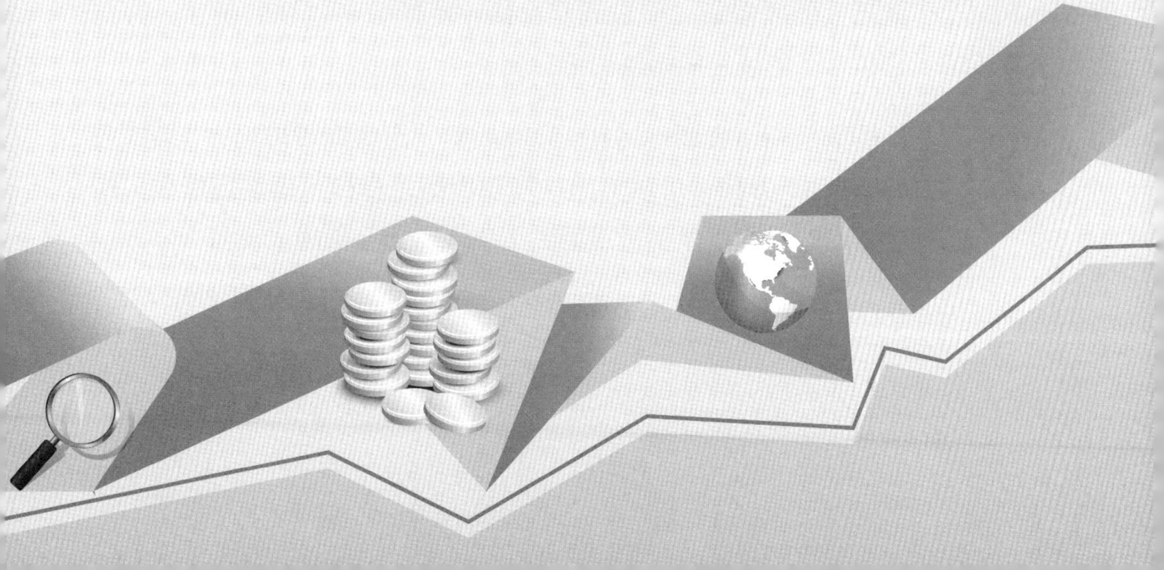

H 模型的知識已經全部告訴大家了，2016 年時我剛剛開始分享這個策略，有很多人似乎不可置信，總是想要找出來它到底哪裡有毛病。我記得有一個香港的朋友，直言我的歷史資料當中為什麼會存在交易日為星期六的記錄，講話很不客氣，彷彿我捏造數據似的。台灣的朋友當然不會有這個疑問，過去常常有調整連休與補休的事情，所以會有週六的交易記錄，不過交易所從今年起跟國際接軌，不會再有週六開盤的事情了。

想得到答案的方法很簡單，自己去做一遍就曉得了。講實話，我非常羨慕各位讀者，花個區區小錢就能得到如此寶貴的知識，簡直就像「天龍八部」裡虛竹誤打誤撞得到逍遙子的一世功力，當年要是有人這樣教我，花再多錢也值得。

「高手叫我不要教的—H 模型」第二版是在 2022 年 3 月底完稿，所提供的歷史資料到 2022/2/25，各位可以自行到證交所與期交所的網站查詢新資料補上去，再把公式填滿即可。

在更新資料時有幾個注意要點補充給大家：

- 在證交所「首頁→盤後資訊→每日市場成交資訊」可以查到加權指數的收盤價，但是成交金額不應該參考這裡的數字，因為它包含了盤後鉅額轉讓與零股交易。

  H 模型是利用股票市場在 13:30 收盤，距離期貨市場在 13:45 收盤還有 15 分鐘，可以算出量指標與價差指標，再進行操作。所以看到的成交量並不是這個到下午 3 點才公佈的成交量。

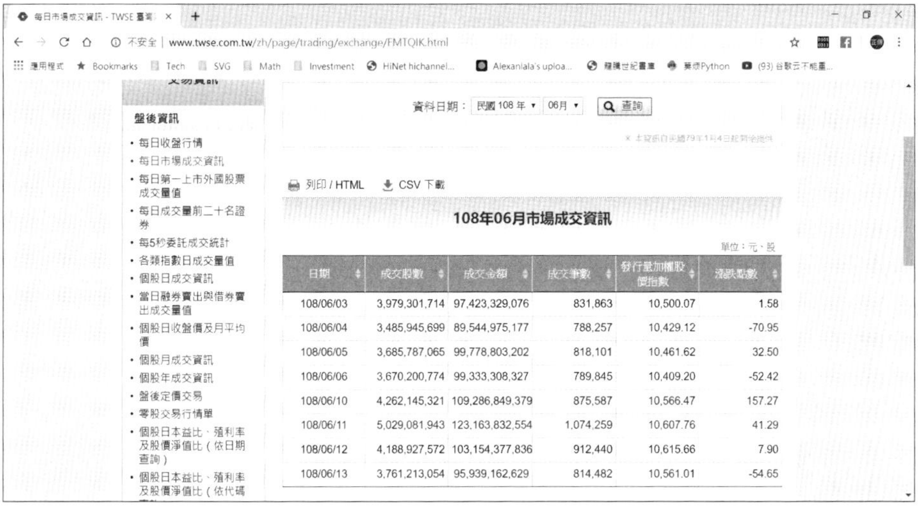

- 每天下午 13:30 分的成交量要到「首頁→盤後資訊→每 5 秒委託成交統計」，拉到最後一頁去看 13:30:00 時的成交金額。

很抱歉的是沒有速成的方法，各券商看盤軟體提供的都是包含盤後的資料，我在 2003 年開始建構資料時，也是一天一天去查詢資料補上去，前後花了好幾個月的時間才完成。從此我就是每天交易每天補資料，一轉眼就十幾年過去了，真是「白首太玄經」啊！

- 至於期貨的收盤價要到期交所的網站查詢：「首頁→交易資訊→交易資訊→期貨→期貨每日交易行情查詢」，要看的「最後成交價」而不是「結算價」，理由一樣，結算價會比較晚公佈，不是在收盤的時候可以看得到。但是這兩個價格通常很接近，如果你願意接受這一點誤差也沒關係。

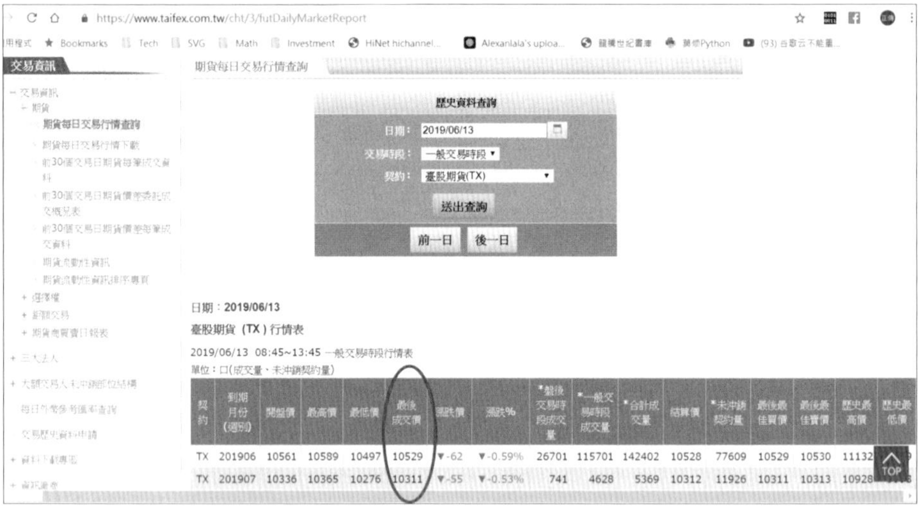

大家可能會發現我最後半年的期貨收盤價和期交所查到的最後成交價有可能出現 1~2 點的誤差，這是因為自從盤後交易開始以後，券商在收盤時跳出最後一盤價格，與更新結算價的時間差很短，原本我用程式自動記錄 14:00:00 的成交價，結果會記錄到結算價，然後我改成記錄 13:45:10 的成交價，又可能發生最後一盤報價還沒更新，但我就接受這個誤差了，畢竟我沒有辦法真的看到最後成交價才做交易，因為那就是收盤了啊！